毒品问题治理新路径

DU PIN WEN TI ZHI LI XIN LU JING

黄锐　编著

法律出版社
LAW PRESS · CHINA
北京

图书在版编目(CIP)数据

毒品问题治理新路径／黄锐编著. -- 北京：法律出版社，2022
ISBN 978-7-5197-6841-6

Ⅰ. ①毒… Ⅱ. ①黄… Ⅲ. ①毒品管理－研究－中国 Ⅳ. ①D669.8

中国版本图书馆CIP数据核字(2022)第110608号

毒品问题治理新路径
DUPIN WENTI ZHILI XINLUJING

黄 锐 编著

责任编辑 董 昱
装帧设计 汪奇峰

出版发行 法律出版社
编辑统筹 法规出版分社
责任校对 张红蕊
责任印制 耿润瑜
经　　销 新华书店

开本 A5
印张 9.875　字数 233千
版本 2022年9月第1版
印次 2022年9月第1次印刷
印刷 唐山玺诚印务有限公司

地址：北京市丰台区莲花池西里7号(100073)
网址：www.lawpress.com.cn
投稿邮箱：info@lawpress.com.cn
举报盗版邮箱：jbwq@lawpress.com.cn

销售电话：010-83938349
客服电话：010-83938350
咨询电话：010-63939796

书号：ISBN 978-7-5197-6841-6　定价：49.00元
凡购买本社图书，如有印装错误，我社负责退换。电话：010-83938349

编委会成员

主　编

黄　锐

工学博士，西南政法大学副教授，西南政法大学刑事侦查学院研究生导师、西南政法大学国家安全学院研究生导师，国家毒品问题治理研究中心研究员，“重庆英才 · 青年拔尖人才”首批入选者。2007年进入西南政法大学从事教学、科研、司法服务等工作，一直致力于传统物证技术的现代化、信息化、智慧化。近年来积极投身禁毒工作研究，与国内外高校、科研院所、实务部门等开展人才培养、科学研究、成果转化等全方位合作，将理论知识、科研创新与社会实践相结合，在毒品的模糊检测技术、城市水体毒品追踪与预警、青少年毒品防控体系建设、社区戒毒康复智慧化创新等方面开展了深入的调研、探索和实践。

副主编

张梓渝

西南政法大学刑事侦查学院研究生，国家毒品问题治理研究中心研究人员。研究方向为物证技术、毒品问题治理。目前致力于探索和研究污水流行病学在毒品问题治理方面的应用，包括污水流行病学在区域毒情监测中的应用、污水流行病学在毒品犯罪侦查中的应用、污水流行病学在社区戒毒康复中的应用。

刘志鸿

西南政法大学刑事侦查学院侦查学专业研究生，国家毒品问题治理研究中心研究人员。主要研究方向为毒品犯罪与治理。目前研究课题为新型毒品的犯罪问题及其技术解决路径。通过对毒品问题、毒品犯罪的深入研究，致力于将现代化技术融入科技禁毒、信息禁毒，进一步完善、拓展毒品问题治理理论体系。

张慧慧

西南政法大学刑事侦查学院侦查学专业研究生，国家毒品问题治理研究中心研究人员。研究方向为毒品问题治理。目前研究课题为基层毒品问题治理、特殊行业人员毛发毒品检测技术及相关理论，并致力于将新型毒品检测技术与基层毒品问题相融合，为毒品问题治理提供更好的解决方案和思路。

编写人员

孟文文

西南政法大学刑事侦查学院侦查学专业研究生，国家毒品问题治理研究中心研究人员。研究方向为物证技术。致力于毒品治理问题研究，包括特殊行业人员吸毒问题、新精神活性物质的法律规制问题以及跨境毒品走私等问题的治理防控等。参与多项毒品课题，并发表相关学术论文。

田俊钦

西南政法大学刑事侦查学院侦查学专业研究生，国家毒品问题治理研究中心研究人员。研究方向为毒品治理及相关技术问题、毒品犯罪侦查等，主要包括社区戒毒社区康复人员检测技术问题、后疫情时代全球新型毒品形势以及我国新型毒品侦查的技术应用等方面研究。参与多项毒品及国家安全相关课题，并发表相关学术论文。

刘冬冬

西南政法大学刑事侦查学院侦查学专业研究生，国家毒品问题治理研究中心研究人员。研究方向为物证技术。致力于毒品治理问题研究，主要包括毒情监测问题研究。参与多项毒品课题，并发表相关学术论文。

目　　录

第一篇　毒品问题治理的理论路径

第二篇　毒品问题治理的技术路径

第三篇 | 毒品问题治理的其他路径

第一篇

毒品问题治理的理论路径

新精神活性物质防控的困境与对策研究

黄　锐　孟文文

一、导读

新精神活性物质，又被称为第三代毒品，是继传统的海洛因、大麻以及合成的冰毒等之后的新型实验室毒品。新精神活性物质是指：未被国际禁毒公约管制，但存在滥用并会对公众健康带来威胁的物质。[①] 新精神活性物质具有理化属性更强、精神作用更甚、未被列管等特点，以合成大麻素为代表的新精神活性物质在全世界范围内呈现泛滥趋势。《2019 年中国毒品形势报告》显示：2019 年全年毒品泛滥势头得到一定控制，但是新型毒品不断出现，新精神活性物质因其涉及范围广、隐蔽性强，必须引起我们足够的重视。

目前，随着新精神活性物质蔓延态势的日益严重，针对新精神活性物质的相关研究也在不断深入，包括对新精神活性物质的成瘾性问题研究、新精神活性物质的长期滥用导致的生理损害研究、新精神活性物质的检测鉴定问题、芬太尼类物质的列管问题等，关于新精神活性物质的研究更多的是从毒品的发展趋势、检验检测以及禁毒管

---

① 张国威：《拉丁美洲地区毒品政策研究》，中国人民公安大学 2019 年硕士学位论文，第 157 页。

理部门如何通过优化机制加强协作，对相关违法行为进行打击等方面展开，对于新精神活性物质总体管控对策问题涉及较少，笔者主要通过分析新精神活性物质防控面临的主要问题，从法律层面、技术层面以及管理层面有针对性地提出新精神活性物质的防控对策。

二、新精神活性物质防控面临的主要问题

（一）法律管制不全

首先，我国对新精神活性物质的列管尚不到位。2015 年 10 月 1 日起，我国开始实施《非药用类麻醉药品和精神药品列管办法》，一次性列管 116 种新精神活性物质。2018 年 9 月 1 日起，中国列管的新精神活性物质已达 170 种。根据公安部、国家卫生健康委、国家药监局联合发布的公告，2019 年 5 月 1 日起，芬太尼类物质列入《非药用类麻醉药品和精神药品管制品种增补目录》。① 尽管我们一直都在努力将新发现的新精神活性物质纳入管制，但是新精神活性物质的列管名单数量并不全面。新精神活性物质设计的出发点就是逃避法律监管，管制速度和设计研发速度之间不匹配，新精神活性物质不断研发升级，以赶超监管速度来规避法律制裁。目前对新精神活性物质的检测还没有确立统一的检测标准，实验室检测到的新精神活性物质，其化学性质、药理性等方面只能从化学角度加以评价。尽管对新精神活性物质检测方法很多，例如，对芬太尼类新精神活性物质的检验方法包括高效液相色谱法、气相色谱—质谱联用法、放射免疫法等，②但能否将其定义为毒品还需要依据相关的法律、国标规定的指

① 胡碧霞：《三部门联合发布公告　5 月 1 日起对芬太尼类物质实施整类列管》，载《中国药物依赖性杂志》2019 年第 2 期。

② 王继芬、吕昱帆、范琳媛、董泽、冯源：《芬太尼类新精神活性物质及其检验方法进展》，载《科学技术与工程》2020 年第 6 期。

标等加以认定,面对涉及方方面面的复杂的毒品问题,国家禁毒执法部门在对新精神活性物质的控制上显得较为棘手,更倾向于走发现了再管制的立法和执法捷径。

其次,新精神活性物质数量计算标准不健全。目前新精神活性物质数量计算主要采用的计算方法包括直算法、估算法、折算法。[①]计算的规范不明晰、不统一,且规范缺乏体系性,新精神活性物质的数量计算关系到此类毒品犯罪的量刑,如果不能有一个完善的数量计算体系,那么将影响我国禁毒工作的开展,“估算法”具有很大的不精准性,[②]直算法的计算方式相对滞后,折算法将是未来新精神活性物质数量计算的一个趋势,通过严格折算,判断新精神活性物质数量,以此定罪量刑。当前阶段,对于新精神活性物质的折算有一定标准,但是在面对层出不穷的新型毒品时,还需要更完善细致的规定来指导毒品数量的计算和认定。

最后,新精神活性物质定罪难。由于对新精神活性物质的认定上还存在困难,因而,我们无法对涉及新精神活性物质案件的当事人进行定罪,因为一方面从法律上未确立对新精神物质的毒品定性检测标准,另一方面从当事人角度讲,新精神活性物质通常以各种各样的形式出现在大众面前,其本人是否明知所涉物质是毒品也很难认定,因此无法确认其主观故意,只能从其他违法角度加以分析判断。这就导致了司法机关在处理新精神活性物质案件中的尴尬处境。

---

① 直算法是指不需要通过其他换算方式,直接运用刑事法规范规定的数量标准,将毒品数量与法定刑幅度的直接对应。估算法的原理是事先给定裁量标准,再将涉案毒品数量与之相印合,最后在综合考虑的基础上选择法定刑。折算法的运行原理是在待计算毒品和法定刑之间确定一个折算参照和折算标准,然后将不能直接根据数量量刑的毒品数量,依此标准折算为参照毒品数量,进而选择法定刑。

② 梅传强、盛浩:《新精神活性物质数量计算的困境、症结与完善》,载《中国人民公安大学学报(社会科学版)》2020 年第 2 期。

（二）源头管理欠缺

新精神活性物质的源头管理主要是对用来制成毒品的原料的管控问题，新精神活性物质又被称为实验室毒品，就是因为其具有通过化学品合成的特点。被直接用来合成毒品的化学原料种类不一，目前对可用于制造毒品的化学原料的管制已有多部法规，如已先后制定、修订了《易制毒化学品管理条例》《非药品类易制毒化学品生产、经营许可办法》《麻醉药品和精神药品管理条例》等一系列行政法规。① 但是，这些法规标准不一，在实际管控过程中造成了一系列的麻烦。此外，制毒必需的常见配剂都是很常见的大宗化学品，因而，对此我们不能“一刀切”，这就造成了新型毒品不断更新换代，新精神活性物质控制力度有限的局面。

（三）流通渠道广泛

1. 无害传播

新精神活性物质的伪装性极强，其在传播过程中，往往被包装成普通物品、食品、饮料等，造成对其接触者的误导。宁波慈溪警方破获的一起新精神活性物质案中，涉案毒品被伪装成“保时捷”品牌标志的饮料，该饮料中含有能够使人致幻、兴奋的新精神活性物质。各种网红饮料层出不穷，例如，被青年人追捧的名为“咔哇”的网红饮料就含有 y－羟基丁酸，其无害化包装使使用者仅仅作为一种新潮的饮品消费，却不知已经沾染了毒品。电子烟也成为新型毒品的伪装掩护，据《法治日报》报道，新疆乌苏市缉毒警方在一辆小轿车上查缉的一杆电子烟中，发现含有毒品的黄色液体，经分析该电子烟被掺入四氢大麻酚或合成大麻素类新精神活性物质。新精神活性物质往往伪装成我们熟悉的“零食”、“饮料”以及“网红减肥药”，具有迷惑性的

---

① 游彦、邓毅、赵敏：《第三代毒品——新精神活性物质（NPS）发展趋势评估、管制瓶颈与应对策略》，载《四川警察学院学报》2017 年第 1 期。

外观和大肆宣传诱导可能会使无知的青年逐渐染上毒瘾。在一些KTV、酒吧、夜店等特殊场所，人员复杂，不法分子往往会利用这一特点，借交友、娱乐等便利向对方传播花样繁多的新精神活性物质，大多数人在不知情的情况下尝试了这些伪装的毒品，而一旦上瘾，则会再次寻找途径进行购买，从而一步一步走进不法分子设下的圈套，导致陷入吸毒购毒的死循环，最终不仅影响自身及家庭的正常生活，还有可能因此走上犯罪的道路，破坏社会和谐。

2. 网络贩毒

在传统贩毒渠道被严格管控的前提下，不法分子开始涉足互联网，由于网络具有即时性和隐蔽性等特点，其很快就成为涉毒活动的重要手段和载体，迅速发展为毒品违法犯罪新的传播平台和联络渠道。2019年我国全年共破获网络涉毒案件6957起，抓获犯罪嫌疑人1.2万名，缴获毒品2.9吨，分别占全国总数的8.3%、10.6%和4.5%。[①] 由于网络联系方便、安全和网上支付简单、快捷等特点，越来越多的涉毒人员放弃传统的当面交易的贩毒模式，转而利用网络虚拟身份进行线上毒品交易，付款方式也随着技术的改进多采用支付宝、微信等电子支付方式，网上秘密联络、快递物流寄递、电子转账支付已经成为毒品交易的新常态，相当一部分毒品联络与交易都是通过隐蔽方式进行的，即时聊天工具还具有“撤回”“删除”“阅后即焚”等功能，更增加了其犯罪的秘密性，使办案人员追踪查控难度加大。除贩毒活动的隐秘性不断增强外，吸毒活动隐蔽性、私密性特点也逐渐增强，传统的聚众吸毒，娱乐场所吸毒人数减少，吸毒活动也呈现从线下转入线上的趋势，贩毒者利用网络社交软件建立“吸毒聊天室”，隐匿身份、并要对接暗号，要进入毒友圈，进群必须先直播吸

---

① 中国禁毒网:《2019年中国毒品形势报告》，载《中国禁毒报》2020年7月23日，第3版。

毒,侦查人员即使获取进群方式,也会被踢出群聊,这给侦查机关的缉毒工作带来了很大的难度。

3. 物流运送

人体藏毒成本高,快递贩毒大大降低了成本,贩毒分子只需对普通快件进行伪装,承担普通邮件、包裹的货运费用即可。物流寄递渠道贩毒案件大幅上升,2019 年全国全年共破获物流货运渠道贩毒案件 491 起、邮寄快递渠道贩毒案件 2037 起,同比分别上升 29.6% 和 32.4%,共缴获毒品 4.9 吨。[①] 而且物流寄递渠道贩毒属于典型的"人货分离"贩运方式。毒贩填写快递、物流单据不使用真实姓名和真实联系方式,常将收件地址写在公共场所,在收取快递时也不亲自出动而是利用不知情者代取包裹;与此同时,一些物流中心、快递公司在登记核实寄件人员身份方面并不严格,对快递的具体物品查验不仔细,例如,毒贩们采用专业密封手段,对油画、电脑主机、香烟、茶叶包进行替换并重新封装后,快递单位如果不仔细检查则难以发现,尤其是新精神活性物质本身就被制作成具有邮票、巧克力等普通物品的外观的产品,在快递运送过程中更不存在障碍。

(四)民众认识不足

对于新精神活性物质来说,有时候只需浅尝少许,可能就会染上毒瘾,影响正常的工作生活,甚至毁掉自己的一生。被宣传为"无害""不成瘾"的新精神活性物质,对人体的伤害其实非常大,它会对人的神经、精神系统产生不可恢复的损害。因其所产生的强烈的致幻或兴奋作用而广泛吸引消费人群,但是其药物依赖性极强,吸食者一旦使用过后便会不断重复用药,停药后就会出现戒断症状,迫使其不断获取毒品以满足吸毒的欲望。同时,新精神活性物质种类繁多,形态

---

① 中国禁毒网:《2019 年中国毒品形势报告》,载《中国禁毒报》2020 年 7 月 23 日,第 3 版。

多样，效果各异，常常被包装成其他的零食、汽水等物质销售，普通民众对此无辨别能力，由于新精神活性物质不断更迭，甚至一些禁毒民警对于新出现的新精神物质类伪装物也难以辨别。

除此之外，在KTV等年轻人聚集较多的娱乐场所，有时候沾染毒品并不只是因为难以辨别新精神活性物质，而是在预感可能是毒品的情况之下，迫于朋友的邀请、碍于情面等原因，而加入这种新精神活性物质的滥用中。北京大学邱泽奇教授调查发现，92%的人第一次吸毒时是被邀请的，80%以上的人初次吸毒时是完全被“请客”的。[①] 这就说明，青年人对毒品的认知不够，很多时候领他们走向深渊的可能仅仅是自己的好奇心和朋友的诱惑。对于青少年来说，在以往我们的毒品危害宣传过程中，他们对海洛因、病毒等毒品的危害有所了解，故而对这些较为传统的毒品比较排斥，但是对伪装过的新精神活性物质的认识不足，在好奇心、求同感的驱使之下，青少年往往更容易成为新精神活性物质的受害者。此外，明星吸毒时有发生，这些人的价值观出现偏差，导致一些青年人在错误的价值观指引之下将吸毒作为一种时尚，作为彰显自己身份的象征，对毒品的危害认识明显不足。

三、新精神活性物质的防控对策

（一）法律规制

1. 确立相关列管和检测标准

对新精神活性物质防控的前提是需要我们对新精神活性物质的充分认识与认定，目前，我们对新精神活性物质的认定主要还是通过《非药用类麻醉药品和精神药品管制目录》列管的方式，一般是发现

---

① 赵文忠、蒋丽华、张文鹏：《论首都特色禁毒文化的构建》，载《北京人民警察学院学报》2010年第3期。

了再列管，不断增补目录。在发现一种新的未列管的新精神活性物质时，我们很难将其定义为毒品加以管制，因此给侦查机关侦查毒品犯罪带来困境，因而我们有必要确定新精神活性物质的认定标准，除了要定期更新精神药品目录之外，还应该上升到法律法规层面对新精神活性物质的认定标准加以规定，制定专门法规进行管制，此外，可配合出台司法解释和规范性文件以应对新精神活性物质法律适用问题。[①] 2017 年 10 月印发的《100 种麻醉药品和精神药品管制品种依赖性折算表》，其中包括少数新精神活性物质折算标准。自 2019 年 5 月 1 日起，芬太尼类物质已经被国家整类列管，芬太尼类物质属于新精神活性物质，但是新精神活性物质又不限于芬太尼类物质，还有其他各种类型的精神物品，芬太尼类物质的整类列管是按照母体结构相似进行分类的。除此之外，还可以尝试根据药理作用进行列管，某种精神物质虽然和芬太尼类物质母体结构不同，但是却有着相似的药理作用，这种情况下，我们也应该将其归为此类进行管制，以加大对精神物质的管控，遏制新精神活性物质迅速蔓延的局势。因而，除了根据母体结构进行整类列管外，我们还需要对新精神物质的药理性进行分析总结，才能确立新精神活性物质的认定标准，实现对新精神活性物质的精准控制和严厉打击。

新精神活性物质管制还可以借鉴域外管制方案，包括：以英国为代表的单行立法模式；[②]以美国为代表的临时列管模式，[③]临时管制生效后有效期 1 年，给予立法机关足够的立法时间对其实施正式管

① 杨丽君：《我国新精神活性物质的立法管制》，载《中国禁毒报》2020 年 5 月 15 日，第 6 版。

② 单行立法是在毒品管制的立法之外，通过专门的法律规范解决具有毒品属性但是不易分类或列举管制的物质。

③ 临时列管是在不改变毒品管制基本制度的基础上，通过立法程序的简化或者设立特别的程序，缩减列管毒品所需的时间。

制,1 年结束后若未正式管制还可延长 6 个月;[①]此外还有类似物列管模式,若实践中发现的某种未被列管的精神物质与已列管的毒品存在“实质相似性”,这与前文提及的某种精神物质与已列管的毒品存在母体结构、药理作用相似,则可以将其认定为管制类似物,并以司法裁判的形式呈现。尽管这是以判例法为代表的美国所倡导的,但是与我国罪刑法定原则并不冲突,类似物列管办法本身可以视作毒品犯罪之罪刑法定的依据。因而,对于域外毒品管制模式可以在分析我国新精神活性物质具体情况的基础上借鉴。[②]

此外,目前化学物品鉴定检测实验室的现有技术可以对新精神活性物质进行化验检测,检测得出相关化学物质的组成元素及含量等,通过分析能够判断其化学特性,但是由于新精神活性物质具体的检测标准未确立,因而我们在化验之后虽然能够判断其化学性质,但是在达到何种指标才能称作新精神活性物质却存在困难,因而就产生了新精神活性物质检测有技术无标准的局面。因为实验室作为一个技术部门,只发挥技术检验的功能,不承担确定标准的任务,因而,还需要相关部门确立新精神活性物质检测规范,并且从法律层面加以规定。

2. 打击新精神活性物质犯罪

对新精神活性物质的法律规制不仅要包括对毒品本身的认定检测标准的确立问题,而且应该从法律层面对其涉及的相关犯罪活动规定相应的法律后果,包括对各个环节的犯罪进行打击。对相关的非法制造、运输新精神活性物质制毒原料的行为进行相应的法律规

---

① 包涵:《新精神活性物质管制的国际经验和中国路径》,载《公安学研究》2018 年第 3 期。

② 姜宇、王雪、陈帅锋:《论我国新精神活性物质管制模式的完善》,载《中国药物滥用防治杂志》2019 年第 2 期。

制,针对不同类型的违法违规行为处以行政或者刑事处罚,将新精神活性物质的防控纳入毒品管制中。首先,对制毒行为的打击,由于新精神活性物质具有实验室合成的特点,因而必须对化学实验室的化学品出入进行严格登记,对非法购入制毒原料的行为进行管控,而且一经发现有合成新精神活性物质成品或者半成品的出现,除了特殊用途之外即使未投入流通也应对其进行惩治;其次,对贩毒行为的严惩,由于新精神活性物质成品具有强伪装性、交易具有隐蔽性等特点,对于其贩毒所建立的用于发展购买源的平台 QQ 群、微信群等也必须加以管控,对涉案用户进行追踪严查,参与贩毒人员必须承担相应的法律后果;再次,对毒品传播的法律规制,对于各种娱乐场所非法传播兜售新精神活性物质产品的行为除了从行业规范上进行规制外,还应从法律上针对不同情形规定相应的法律后果;最后,对吸毒致幻暴力危险行为的法律惩治,吸毒致幻导致的思维紊乱、神志不清等情形不能成为吸毒导致暴力行为的排除条件,对吸食未被明确认定为毒品的新发现的新精神活性物质导致的暴力行为也应该参照吸毒致幻暴力行为对当事人按故意犯罪进行惩处。

3. 强制毒检立法

根据《戒毒条例》第 19 条之规定,社区戒毒人员应当根据公安机关的要求,定期接受检测。随着新精神活性物质的日益泛滥,常规的毒检已经难以对新精神活性物质进行检验,2018 年 5 月,奉化公安分局在对一期公寓吸毒案件进行侦查的过程中,并未检测到当事人的吸毒情况。后经查证,二人吸食的是一种叫“蓝精灵”的毒品,①属于新精神活性物质,通过常规尿检是无法检测出来的。因此,在当前毒检模式下,有些在案的吸毒者一方面经不住毒品的诱惑,另一方面为

① 邹雯:《浅析新精神活性物质“蓝精灵”的危害与预防》,载《法制博览》2018 年第 35 期。

了躲避定期的复检,又转向了吸食新精神活性物质,因此,在对吸毒人员进行复检时,除了常规毒品的尿检之外还应该增加对新精神活性物质的检测,以及采用毛发检验等方式弥补尿检结果的不可靠性。

此外,对于一些诸如教师、医护人员、安保人员、公共交通司机等与公共安全密切相关的特殊行业人员,应该将毒检设为行业准入门槛,对从业人员进行强制毒检,立法确立一套完善的毒检、复检体系,将新精神活性物质的检验纳入毒检范围。例如,可以通过制定《将毒品检验纳入特殊行业从业人员入职体检范围的规定》等措施将对特殊行业人群的毒品检验上升到法律制度层面,规定特殊行业涵盖哪些领域,具体的体检包含对哪几类毒品的检验,采取哪种检验方法,需要特殊行业人群提供哪些检材等内容。目前来说,毛发检验因其取材方便、检验时效长等优点,比较适合用于特殊行业人群入职体检中的毒品检验。在检验内容上,由于新精神活性物质的泛滥,除常规毒品的检验外,还应该将常见的新精神活性物质如芬太尼类物质纳入毒品检测的范围中。这些行业具有很强的公共性质,该行业人员吸食毒品造成的社会危害更大。因此,将这些与公共安全密切相关的特殊行业人员从法律上进行强制毒检确有必要,在新精神活性物质泛滥的新形势下,将新精神活性物质的检验纳入毒检范围更是当务之急。

（二）技术推进

1. 提高毒品可疑物识别技术

尽管新精神活性物质伪装性强,不少被包装成零食的外观,但是只要仔细辨别还是能够发现端倪的,因此,关键就是提高辨别毒品可疑物的能力,一方面,要求禁毒人员增强对新精神活性物质相关知识的了解,在实务中发现疑似新精神活性物质的物品时能够精准判断;另一方面,更多地运用先进技术设备,提高新精神活性物质的检验水平。由于毒品运输渠道广泛,因此必须对多渠道进行把关,对于零散地乘坐火车、飞机进行运毒的,要加强安检把控,提高安检识别技术,可疑物自动报警,配备便捷式毒检设备,当场对毒品疑似物进行检验。此外,可以利用大数据对订票时间、是否托运行李等情况判断哪些人员较为可疑,进而对其本人以及携带包裹进行仔细核查;对于不法分子采取网上联络、运用物流快递进行毒品交易传递的,要在接收快递时,严格做好登记,对寄件者本人及其身份证进行拍照扫描录入快递信息系统;同时,对快件的检查应该严谨细致,必要时要求打开所寄物品检查是否夹带,对不配合者拒绝寄送,最重要的是可以借助高科技手段进行检测。据云南公安机关透露,针对快递运毒的行为,会使用毒品检测仪来检测待寄包裹是否存在毒品。有的快递可以打开检查,有的为了保障客户隐私不受侵犯未经允许不能私拆包裹,毒品检查就陷入了困境。这时候可以借助爆炸物毒品检测仪,例如TSV－800解决该问题,该种毒品检测仪主要通过使用仪器的专用试纸在包裹上擦一下,再把试纸放在毒品检测仪的检测口上加热检测即可得出结果,检测后的结果会显示在毒品检测仪的显示屏上。在发现有毒品成分后,屏幕上会显示检测出了哪种毒品,我们可以在技术上对该仪器不断优化,使其能够检测的毒品种类更多,实现对新精神活性物质的检测,将新精神活性物质通过物流快递运送的渠道彻底截断。

2. 提高动态监测水平和研判分析能力

涉毒案件立案之后,侦查机关可以采取技术侦查措施,运用监听等手段对毒品犯罪进行追踪调查,但是像监听之类的技术侦查手段只能在立案之后才能实施。在立案之前,在日常的禁毒防控工作中,对于新精神活性物质的监测可以从几个方面入手,对易制毒化学品的流通控制通对过易制毒化学品的异常消费行为人进行调查,可以从制毒源头上对不法分子进行打击;还可以通过对异常账户进行排查,对行为人异常消费进行多方面调查实现对吸毒人群的动态监测,由于毒品属于高消费品,因此吸毒者为获取毒品大多会走上"以贩养吸"的道路,以方便低价获取毒品。同时,因为吸毒者与贩毒者在持有毒品时在定罪上存在区别,部分贩毒者为逃避法律责任也会采取"以吸掩贩"的方式。因为吸毒者与贩毒者时常存在重合,在对新精神活性物质进行防控时,要将吸毒贩毒综合起来考虑。对吸毒人员的动态管控的传统的吸毒人员管理模式,主要是依靠人盯人,借助社区公职人员和社区治安积极分子以及普通民众等力量进行监控,从而有效掌握吸毒人员的现实表现。信息社会背景下,应逐步运用现代信息化手段对吸毒人员实施动态监控,借助于信息资源高度共享、超越地域界限的特性,使每一名吸毒人员特别是流动吸毒人员的活动轨迹实时暴露在各级各地的公安机关面前,公安机关可以准确地洞悉吸毒人员去向,并在全国范围内建立全面的吸毒监控系统,真正实现对吸毒人员来去行踪等的动态管控。①

信息的获取是对新精神活性物质防控的基础和前提,在吸食新精神活性物质的资料获取以及新精神活性物质犯罪相关数据的收集方面,应运用信息化、网络化手段,提高信息获取能力和扩大数据总量,在获取信息的基础上,建立一支高素质的专业侦查分析队伍,对收集的相关信息进行分析研判。

3. 新精神活性物质成瘾治疗的技术突破

对于新精神活性物质的防控,还应该从新精神活性物质成瘾治疗的技术突破方面入手,庞大的吸毒市场是新精神活性物质肆虐的根源,由于新精神活性物质成瘾性强,难戒除,所以一旦沾染便会走

---

① 王勇:《当前县级公安机关开展禁毒工作路径探析》,载《中国禁毒报》2017 年 2 月 10 日,第 3 版。

上吸毒的不归路。因此,在进行新精神活性物质的毒品防控时,除了要从制毒、贩毒、传播等层面进行打击,还应该致力于新精神活性物质的成瘾治疗,帮助吸食者戒除毒瘾。与传统毒品的抑制性不同,新精神活性物质更多地表现为兴奋性,其表现出的戒断状态也与传统毒品不同,因为吸毒戒断状态一般是吸食状态的方向表现,所以在传统毒品戒断状态下对吸毒者造成的疼痛会更强烈,而第三代新型合成毒品戒断时则表现为精神萎靡、注意力不集中等状态,其主要危害是对人们认知的损害。上海市精神卫生中心的赵敏教授称:针对新精神活性物质的毒性特点,对新精神活性物质毒瘾治疗主要从认知修复方面入手,对其治疗主要有药物治疗与非药物治疗,目前医学上更倾向于非药物治疗,主要运用计算机系统训练,包括认知康复系统训练 CCAT,从注意偏移矫治、社会认知、情感认知、决策平衡训练等方面对新精神活性物质成瘾者进行戒断康复治疗。新精神活性物质的成瘾治疗的技术突破,可以帮助吸食者戒除毒瘾,减少吸毒人群从而控制需求量,从供求关系角度对新精神活性物质进行控制。

(三)管理落实

1. 完善禁毒管理机制

禁毒工作一方面要依赖于公安机关的打击处理,另一方面还要依靠社会力量。在宣传教育、社区戒毒、治疗康复等领域,政府各级部门还需要进一步提高思想认识,加大相互协作力度,进一步明确责任分工,全面搞好新精神活性物质禁毒工作,建立一套完善的禁毒系统,把握新精神活性物质的发展趋势,创新毒品治理模式,建立新精神活性物质防控综合治理体系;构建新精神活性物质风险评估机制,新精神活性物质列管涉及维护社会稳定、打击毒品犯罪等多个方面,必须严格而科学,因此需要建立完善的新精神活性物质风险评估体系，通过严格论证，为新精神活性物质列管论证提供科学依据。① 由于新精神活性物质出现晚，种类多，因此相关禁毒工作部门必须广泛普及新精神活性物质的知识，提升工作人员的禁毒意识水平和知识水平。鉴于新精神活性物质属实验室合成的特点，可以建立配套的实验室及其鉴定中心，加大对高校实验室的经费投入，加强高校相关领域的高端人才培养，以应对新精神活性物质的发展势头，引导高校和其他科研单位对新精神活性物质的多种演变形式加以实验合成，为新精神活性物质的列管提供实验数据支撑，以实现新精神活性物质的收录列管，并利用最新科研成果和检测技术，对实际禁毒工作中发现的新形式的新精神活性物质进行鉴定。

除此之外，毒品问题不是一国一区的问题，而是整个世界范围内的国家都面临的共性问题。世界各国应加强合作，为此，联合国毒罪办设立了“全球合成毒品检测、分析、报告和趋势项目（SMART）”，收集新精神活性物质的数据并进行分析。国际麻醉品管制局启动“离子项目”，并开发了新精神活性物质事件联络系统（IONICS），开展联合调查和相关信息交流。各国应积极参与，共同应对新精神活性物质泛滥问题。

2. 加强源头管理，增强防范控制能力

新精神活性物质的源头管理主要是对用来制成毒品的原料的管控问题，新精神活性物质具有化学合成的特点，因而要对其进行管控，首先就要对易制毒化学品进行严格管控，易制毒化学品管制是构建禁毒防控体系的基石。② 相关部门要建立一套完善的监管体系，对

① 周志刚：《新精神活性物质风险评估》，载《四川警察学院学报》2019 年第 4 期。

② 张黎、张拓：《新精神活性物质的滥用危害与防控问题研究——以构建我国禁毒防控体系为视角》，载《中国人民公安大学学报（社会科学版）》2013 年第 4 期。

易制毒化学品、管控化学品加大管制力度。首先,对非药品类易制毒化学品企业实行登记备案管理,对于这些企业,市应急管理部门要抓好管理,防止制贩毒团伙从企业获得制毒原料。其次,安监部门还必须加大对非药品类易制毒化学品许可的事后检查力度,易制毒化学品的监管要实现分级管理,各级管理部门要强化对本辖区范围内非药品类易制毒化学品生产经营单位的监管,实时掌握企业经营非药品类易制毒化学品的种类、销售量、购买量等情况。最后,要抓住重点,对醋酸酐等重点品种开展专项督查,严格把控这些化学品的出入,对正常交易的化工产品也应密切关注其产销动向,做到有的放矢。只有从制毒的源头加以控制,才能有效减少毒品的生产和销售,才能实现禁毒防控工作的标本兼治。

3. 扩大管控范围

随着互联网的发展,以及国家打击毒品犯罪力度的不断加强,传统的贩毒方式受到了很大限制,一些不法分子把贩毒的空间从线下转移到线上,利用互联网视频聊天网站进行吸贩毒活动。一些青年男女利用视频交友网站设立的虚拟“房间”,“聚众”吸食毒品,并相互交流自身吸毒体验,甚至在聊天室中直接售卖毒品。因此,在对新精神活性物质的管控问题上,互联网是一个不可忽视的领域,必须对各网站、聊天群等实施严格监管,在发现涉毒嫌疑立案后,必要时组织人员实施监控。

出租屋、宾馆这些相对私人的空间更容易成为吸毒的最佳场所,例如,福建省厅禁毒总队在一宾馆房间内查获林某及陈某、杨某、雷某等数名吸毒人员;上海卢湾区缉毒人员接到举报后将在该区的一个出租屋内正在吸毒视频的一对男女抓获,并将其当场控制,在其床垫下面还发现了大量毒品。因为新精神活性物质伪装性强,经常被伪装成零食、饮料等在 KTV 等场所传播,传统上我们的禁毒部门主要是对娱乐场所严加监管，但是吸毒贩毒者为了逃避监管和打击，逐渐转向宾馆、出租屋等场所。因此，侦查机关还应做好侦查阵地控制及侦查情报工作，对宾馆、出租屋等区域加大禁毒防控力度。

执照不全的黑网吧，甚至没有完善的上网登记体系，这些地方往往鱼龙混杂，因此也成了吸毒者聚集的地方，例如，四川“8·31”专案组查处了一起在一黑网吧内吸毒的案件。抓获的24名人员中，尿液毒品检测呈阳性的共计12名，其中有7名吸毒人员承认在该网吧吸毒，吸毒工具每天随意放在电脑桌上。执照不全的黑网吧对进入人员不加限制，对吸毒行为也没有管制，使其成为吸毒者逃避监管的容身之地，并加以传播，吸引更多的旁观者加入其中，特别是心智尚不健全的未成年人。

随着物流业的快速发展，毒品的运输从传统的海上贸易、人体藏毒、夹带等方式转为快递运送，因为快递运毒具有隐蔽性强、成本低廉等特点，很快就成为贩毒的一大渠道。因此，我们除了对传统的毒品防控节点如车站、机场、海关等进行把控之外，还应该将快递行业纳入毒品防控范围。

四、结语

新精神活性物质日益渗透到社会各个领域，越来越多的人，特别是年轻人在不知情的情况下接触到这些毒品，并逐渐成瘾，深受其害。新精神活性物质的出现为禁毒工作的开展带来了新的难题，其具有化学合成、种类繁多、类型复杂、伪装性强、传播渠道广泛等特点，在法律层面又没有统一的认定检测标准，导致侦查机关对其打击难度大。因此，应该从新精神活性物质防控存在的问题入手，从法律层面、技术层面、管理层面寻求解决这些问题的对策，以更好地促进新精神活性物质防控工作的开展。对新精神活性物质进行研究,分析其特性,进而从技术角度和制度层面对其进行规制,加强对新精神活性物质的防控,最终减少因吸毒贩毒而引发的犯罪,促进社会和谐。

新形势下跨境毒品输入犯罪的侦查对策研究

黄　锐　孟文文

一、研究背景及意义

(一)研究背景

近年来,境外毒品跨境输入我国境内的趋势明显,全国缴获的毒品中,境外输入占据比例较大。《2019年中国毒品形势报告》显示,2019年,全国共缴获各类毒品65.1吨,其中国内制毒案件缴获冰毒、氯胺酮等主要毒品2.7吨,同比下降50.5%,占全国缴毒总量的4.1%;明确来源于境外的毒品35吨,同比上升7.5%,占全国缴毒总量的53.7%。根据各地办案部门的不完全统计,其他不确定来源的缴获毒品大多数也产自境外。《2020年中国毒情形势报告》显示,2020年,全国缴获海洛因、冰毒、氯胺酮等主要毒品26.3吨,其中来源境外的22.4吨,占全部主要毒品的84.9%。中国国内毒品制造呈现萎缩之势,制毒规模、产量和工厂窝点持续减少,在国内毒品消费市场所占份额明显下降。随着国产毒品产量减少及毒品价格暴涨,境外毒品向我国渗透不断加剧,迅速抢占市场。

由于境外输入的毒品在我国毒品市场上占据极大比重,因此控制毒品跨境输入成为当前禁毒工作的重点。随着全球化的不断深入,信息网络化的快速发展,以及技术水平的不断提高,毒品跨境输入表现出一些新特点,特别是毒源地区局势发生变化,直接影响全球的毒品犯罪。当前世界受到新冠疫情的冲击,跨境毒品犯罪也在一定程度上受到影响。中国正处于和平崛起的关键时期,把握全球毒品发展动向,遏制境外毒品输入中国刻不容缓。当前侦查机关在应对毒品跨境输入问题方面做了很多努力,但是仍存在一些难点和不足,新形势下毒品跨境输入呈现出新特点,而新形势的发展,又为侦查工作的改进提供了一些技术方面的参考和国际合作的创新思路。

(二)研究意义

实践中,厉行禁毒一直以来都是我国一贯的立场,禁毒工作随着国家经济、社会、法治道路的建设而不断发展,禁毒理论也随之不断纳入新内容,并逐渐形成了一整套行之有效的政策、措施和工作模式。世界发展新形势下,毒品跨境输入犯罪也呈现出新的特点,本文的研究旨在将毒品跨境输入问题置于世界发展新形势之下,分析新形势下的毒品跨境输入概况,总结毒品贩运的新模式、新路径、新特点等,并分析新形势下应对毒品跨境输入的侦查现状与难点,从而有针对性地提出侦查应对策略。从侦查技术转化运用,完善禁毒体系,搭建大数据情报平台,促进国际合作等角度探索当前毒品跨境输入问题的解决办法。

二、国内外研究现状

(一)国外研究现状

国外学者对跨境毒品犯罪侦查的研究主要侧重于以下几个方面。

1. 针对某一类型毒品跨境走私的分析研究

包括对海洛因、可卡因、大麻、芬太尼等毒品的跨境分析研究，侧重于实证研究，一般从微观角度进行研究。

2. 从国际合作角度探索与邻国或关系国共同治理跨境毒品犯罪

例如，美国尝试与墨西哥就毒品走私犯罪建立合作机制，并参与国际禁毒合作。

3. 对边境贩毒情况的建模分析预测

较多的外文文献在研究跨境贩毒问题时，在收集数据后进行数学建模，通过统计分析某地区过境毒品犯罪数量，达到对未来犯罪预测的目的，进而为侦查打击跨境毒品犯罪提供借鉴。

4. 从技术角度探索监测打击跨境毒品犯罪的侦查策略

例如，对涉案物品的检测技术的革新和转化，提高侦查机关办案的准确率和效率，以及美国建立毒品情报数据库，保证对毒品犯罪的快速反应等。

（二）国内研究现状

跨境毒品犯罪成为学界关注的热点。近年来国内的相关研究成果主要体现在以下几个方面。

1. 以我国某地区为切入点讨论跨境毒品问题

比较典型的有以云南、广西、广东为切入点展开研究毒品跨境走私进入中国的问题，分析入境渠道，贩卖手段等，进而提出侦查打击的建议。李灵希在《广西边境地区毒品走私问题及其治理》一文中，提出广西毒品问题的治理要建立公开查缉的长效合作机制，强化边境“三非”与务工人员管理，加强与越南跨境禁毒的执法合作。郭鑫、王大伟的《云南边境地区入境运输毒品管控对策研究》一文，阐述了云南是境外毒品走私入境的通道，走私入境的多种方式以及如何有效打击等。

2. 从国际侦查协作角度研究跨境毒品治理问题

其中，陈正明、徐晋在《国际协作打击毒品跨境走私》一文中，从总体上谈到了国际侦查协作，应对毒品跨境走私问题；陈帅在《中国与东盟国家合作治理毒品犯罪的政策研究》一文中，站在区域合作治理毒品问题的角度，从毒品问题的治理政策、侦查打击等多个层次探讨中国与东盟国家如何更好地应对毒品犯罪问题。此外，还有刘新的《中国与金三角周边国家禁毒合作研究》，刘宇的《中缅边境毒品运输通道与方式的实证研究》，唐刚的《中缅命运共同体背景下打击跨国毒品犯罪的警务合作》，张玲玲的《中塔合作打击跨境毒品犯罪研究》等都是从国际侦查协作角度研究跨境毒品问题的。

3. 从走私渠道角度研究跨境毒品犯罪对策问题

例如，石延博的《打击国际邮件走私毒品犯罪对策研究》以及路长明、吕国林的《行邮渠道走私毒品犯罪的特点及查缉对策》等文章主要是从行邮走私的角度，来研究跨境毒品走私的问题，分析犯罪特点并提出相应的对策建议。周珊的《我国海上走私毒品犯罪的形势特点及侦防对策》以及彭伟的《我国空港口岸毒品走私防控对策研究》等分别是将海上和航空两个走私渠道作为切入点，有针对性地分析该走私路径下毒品跨境走私的具体表现，并概括侦查机关应对毒品跨境犯罪时的策略改进。

4. 跨境毒品犯罪的涉黑涉恐问题

胡向阳、张巍的《毒品恐怖融资的行为构造与趋势研判——以网络交易为视角》一文，阐述了毒品犯罪与恐怖主义相互交织，毒品融资是恐怖组织维持机构运转和策划恐怖活动的重要资金来源，并以暗网毒品交易为切入点，提出防范打击对策。富育红的《阿富汗与巴基斯坦地区毒品——恐怖网络问题探析》认为，阿富汗与巴基斯坦地区恐怖主义参与贩毒活动，增加了该地区毒品问题的治理难度。

从上述梳理可以发现,学界在对跨境毒品犯罪问题的研究上,主要着眼于单个视角,从跨境毒品犯罪的某个局部入手,例如,从某一毒品类型、某一地区、某种检验技术等分析跨境毒品犯罪的相关问题。从国内外相关文献来看,国外学者更侧重于现状分析和技术研究,而国内学者则更偏向于治理对策研究。近年来我国社会在探讨跨境毒品犯罪治理的过程中,各个领域的研究人员也提出了不同视角的治理策略,形成了较为丰富的理论成果。但是,对我国而言,跨境毒品走私主要针对的是跨境毒品输入的问题,特别是在世界发展新形势下,毒品跨境输入犯罪的侦查研究,还未有深入、系统的理论研究成果。因此,本文着眼于新形势下毒品跨境输入的侦查对策研究,从而夯实这个领域的理论研究。

三、研究方法和思路

(一)研究方法

1. 比较研究法

本文将对国外跨境毒品犯罪侦查对策进行考察,进而分析西方国家现行侦查对策有无值得我国借鉴之处,探求对此类犯罪侦查的规律。通过对其他国家跨境毒品犯罪侦查的研究和借鉴,为我国跨境毒品输入犯罪侦查的完善建议提供理论支撑。

2. 文献研究法

通过搜集已发表论文,分析跨境毒品输入犯罪的研究现状,以此为基础重点研究新形势下跨境毒品输入的新特点,并重点探究新形势下的科技发展等带给我们侦查机关哪些启示,从而提出有针对性的对策与建议。

3. 实证研究法

本次研究,拟与相关禁毒部门合作,调查边境地区打击毒品跨境输入的具体情况,包括法院审理相关案件的情况,海关查处毒品情况,公安机关打击情况,分析近年来毒品跨境输入形成的新变化、新特点,总结侦查经验与不足。

(二)研究思路

本文首先是对毒品跨境输入犯罪的概述。从总体上概括毒品跨境输入犯罪的现状,并对毒品跨境输入犯罪的特点和变化进行总结:跨境贩毒组织专业化、毒品跨境输入大宗化、跨境毒品种类多样化、入关跨境方式灵活化、走私入关路径多元化等。进而对毒品跨境输入犯罪问题的原因进行剖析,主要从经济原因、技术原因、政治原因以及疫情原因等几个层次展开。其次是当前毒品跨境输入的侦查困境及原因。困境主要包括:犯罪情报收集困难、犯罪升级打击困难、涉外涉网取证困难、跨境合作侦查困难。一方面,跨境毒品输入犯罪不断升级;另一方面,侦查机关本身存在的技术更迭速度慢,制度制约因素多,跨境合作机制不畅,效果不理想。最后,针对以上困境,从侦查技术改进和侦查机制优化两个层面提出解决困境的对策建议。其中,侦查技术改进包括情报获取技术升级、拦截查控技术升级、检验取证技术升级。侦查机制优化包括禁毒情报机制优化、侦查打击机制优化、侦查取证机制优化以及国际合作机制优化。

四、跨境毒品输入犯罪概述

(一)跨境毒品输入犯罪的概念

1. 毒品输入犯罪

《刑法》第 347 条规定,走私、贩卖、运输、制造毒品,无论数量多少,都应当追究刑事责任,予以刑事处罚。第 350 条规定了非法生产、买卖、运输制毒物品、走私制毒物品罪以及相应的处罚。根据《刑法》的有关规定,走私罪是指单位或者个人违反海关法规,逃避海关监管，运输、携带、邮寄国家禁止进出口货物、物品或者依法应当向国家缴纳税款的货物、物品进出境，数额较大、情节严重的犯罪行为。“走私”犯罪是一种双向打击，分为输入和输出两个方面，我国侦查机关在侦查实践中，不仅对向内走私犯罪进行打击，而且对向外非法输出犯罪进行查控。与走私毒品罪和走私制毒物品罪有所不同的是，本文所论述的毒品输入犯罪，强调“输入”。笔者认为，境外输入的毒品在我国毒品市场上占据极大比重，控制毒品跨境输入也是当前禁毒工作的重点。

本文研究跨境毒品输入犯罪，其涵盖毒品和制毒物品等输入的范围，侧重讨论毒品及制毒物品的输入过程中的犯罪，包括走私毒品入境、走私制毒物品入境以及相关的贩卖、运输等环节犯罪。

2. 跨境概念界定

仅在某个国家范围内活动的贩毒组织数量较少，跨越国域、地域、法域界线已经成为贩毒活动的新特点。本文讨论的跨境指的是跨法域。

（二）跨境毒品输入犯罪的现状

1. 跨境毒品输入规模大

随着信息网络化的发展和技术水平的不断提高，贩毒团伙的犯罪能力显著提升，境内外贩毒集团相互勾结，势力明显壮大，有些贩毒组织利用自身优势，控制了一个区域的贩销市场，甚至形成跨国贩毒网络。合成毒品制毒前体不断丰富，制毒工艺越来越简单，导致毒品产量大增，毒品单次查获量巨大，屡破大宗贩毒案件。数据显示，仅 2016 年，全国就破获单案缴毒量公斤级以上毒品案件 5458 起，打掉制贩毒团伙 5459 个；破获公安部毒品目标案件 961 起，抓获幕后组织策划者1138名。[①] 2019年9月,云南出入境边防检查总站发布消息,两周内破获四起大宗毒品案,缴获各类毒品109.6公斤,抓获犯罪嫌疑人7名。[②] 2019年,湖南省摧毁一个特大走私贩毒集团,抓获223人,缴获毒品705公斤,530公斤毒品藏在39个树桩内。特别是疫情发生以来,毒品跨境贩运受阻,毒贩的贩运困难增大,贩运频次减少,单次贩运量增大。2020年11月,重庆渝北警方破获一起特大运输毒品案,犯罪嫌疑人一次性从云南向重庆运输高纯度毒品海洛因75.7118千克。[③] 2021年上半年,全国移民管理机构半年破获毒品案件571起,抓获犯罪嫌疑人665名,缴获毒品5.55吨、制毒物品323.58吨。毒品跨境输入大宗化很重要的一个原因在于境外毒品的规模化生产,2020年1~3月,缅甸禁毒执法部门在北掸邦地区,查获1.43亿片甲基苯丙胺片剂和441公斤甲基苯丙胺晶体;2020年8月13日,在缅甸掸邦南部查获准备从缅甸走私至马来西亚和印度尼西亚的甲基苯丙胺999.8公斤;2020年8月16日,缅甸查获一批准备从缅甸走私贩运至马来西亚海域的甲基苯丙胺晶体,缴获甲基苯丙胺晶体1380公斤。[④]

2. 毒品跨境输入路径广

毒品跨境输入我国境内已经从最初的云南等几个入境点,发展到现在的“多头入境”。世界三大毒源地的毒品都不同程度流入我国,我国也从毒品过境国转化为既有过境地又有消费地的性质。“金

---

① 《2016年中国毒品形势报告》,载中国禁毒网2017年3月17日,http://www.nncc626.com/2017-03/27/c_129519255_2.htm。

② 《云南告破四起大宗毒品案缴毒109.6公斤》,载搜狐网2019年9月5日,https://www.sohu.com/a/338948929_115239。

③ 《重庆渝北警方破获特大运输毒品案　缴获海洛因重量创重庆市单案记录》,载光明网2021年4月9日,https://m.gmw.cn/baijia/2021-04/29/1302263268.html。

④ 李静、李云鹏:《全球化背景下“金三角”地区跨国毒品犯罪研究》,载《云南警官学院学报》2021年第3期。

三角"仍是我国毒品的主要来源,"金三角"毒品入境主要包括两条:一条是跨越中缅边境,从缅北地区经由云南入境;另一条是转运到越南,跨越中越边境,从广西入境再中转到广东,入境地点也在不断扩展,由原来的凭祥、东兴扩散到百色、崇左等地。厉行禁毒政策的推行,加大了对中缅边境毒品犯罪的打击力度,因此,中越边境作为境外贩毒组织跨境输入毒品的主要入境口,其地位不断上升。毒品经由广西进入境内之后,在华中地区中转集散,再销往西北、华北和东北等地区,贵州、湖南、湖北也是重要的毒品中转集散地。重庆在毒品贩运过程中的地位也逐渐上升,新疆、东北、广东等沿海延边地区也是重要的入境地。《2020年中国毒情形势报告》显示,境外输入毒品情况:"金新月"海洛因主要从广东走私入境,南美可卡因主要藏匿于远洋货轮集装箱中,从我国东部沿海等地入境。北美大麻走私入境逐渐增多,境内人员主要利用境外通信软件进行联系或进入暗网购买,下单成功后将通过海外邮包的形式完成交货,一般都是从东南沿海入境,辐射范围可达中国的17个省份。目前,流向或流经我国海岸及附近海域的路线主要有:一是"金新月"海洛因、非洲大麻通过海运货柜渠道由广东海港走私入境;二是缅甸地区冰毒经安达曼海峡通过海运由广东、福建港口或附近海域走私入境;三是南美贩毒集团与港台籍毒贩相互勾结,通过海上渠道,将大宗可卡因从广东、河北、上海等港口进入我国境内。①

(三)跨境毒品输入犯罪的表现特点

1. 跨境贩毒组织专业化

跨境贩毒组织专业化体现在四个方面。

第一,贩毒组织业务多样化。相关资料显示,在2017年,仅欧洲

① 周珊:《我国海上走私毒品犯罪的形势特点及侦防对策》,载《湖南警察学院学报》2018年第5期。

境内就有65%的贩毒集团涉足其他犯罪，比如贩卖人口、走私枪支、偷运移民等。① 澳大利亚的一项探索高级别毒品贩运与其他严重有组织犯罪之间关系的研究项目，通过编辑和分析一个包含450个涉及高级贩毒和其他严重有组织犯罪的刑事案件的开源数据库，绘制了澳大利亚毒品贩运和其他有组织犯罪的联系。研究显示近1/4（24.4%）的案件涉及同时被控严重及有组织罪行，包括交易犯罪收益、枪械罪行、欺诈、贪污及担任犯罪组织成员。②

第二，贩毒组织结构网络化。为应对侦查机关的全链条打击，贩毒集团也一改传统的纵向组织结构，转为横向网络结构，该结构具有组织灵活、联络方便、再生能力强等优点，发展得很速度。现代毒品走私犯罪集团组织形式从传统金字塔式，转为横向的、非正式的、联系松散的网状结构。因此，这些组织的命令或指令很少来自组织结构中传达的集中权力。贩毒网络大多是由松散连接的细胞或节点组成，这些细胞或节点由彼此之间没有联系，或对他人知之甚少的成员组成，所以很多下线也不可能了解主要贩毒分子。③ 因此，即使侦查人员查获了毒品，也难以凭借几次交易揪出幕后的贩毒集团。④ 此外，尽管一个特定毒品犯罪网络中的贩运者在毒品贩卖或运输过程

---

① Europol, SOCTA. European Union Serious and Organised Crime Threat Assessment 2017, Publications office of the European Union (14, Dec. 2021), https://op.europa.eu/en/publication - detail/ -/publication/a0c983b4 - 1db0 - 11e7 - aeb3 - 01aa75ed71a1/ language - en/formatPDF/source - search.

② See Hughes C E, Chalmers J, Bright D A., *Exploring interrelationships between high - level drug trafficking and other serious and organised crime: an Australian study*, Global Crime, Vol. 21, No. 1, Jan. 2020, p. 28 - 50.

③ See Li S D, Liu J., *Network characteristics and organizational structure of Chinese drug trafficking groups*, Asian Journal of Criminology, Vol. 12, No. 1, 2017, p. 63 - 79.

④ 陈帅：《中国与东盟国家合作治理毒品犯罪的政策研究》，昆明理工大学2016年硕士学位论文，第7～12页。

中，往往会被分配特定的职责和角色，但是一些团伙成员也可能是其他贩运网络的一部分，这就使警方难以全面监测他们的活动：当他们在所参与的不同团伙之间转移时，他们的角色可能会发生变化。正是这些跨国实体的灵活性，以及它们不同的工作方法、可变的组织规模和对同行的强大影响，使毒品犯罪的执法任务极具挑战性，尤其是在跨境毒品走私层面。[①]

第三，贩毒组成人员职业化。毒品犯罪团伙以民族、国籍作为组织属性，在边境一带形成了集产、供、销、洗钱等一条龙的地下贩毒集团。[②] 贩毒集团组织严密，集团头目经常在境外对毒品走私活动进行全盘指挥，利用大量的人力、物力、财力以保证走私毒品的活动能够顺利进行。成员多为职业毒贩，具有较强的应变能力，能够对局势变化做出预判，并能灵活应对，转变犯罪方式和行动路径。犯罪人员经过严格培训和明确分工，上下线之间进行单线联系，大大增加了侦查打击的难度。

第四，贩毒集团运作产业化。毒品走私利润巨大，一旦被抓获面临的刑罚也极为严重，为了逃避打击并保持高额利润，毒品走私越来越向专业化方向发展。例如，东南亚贩毒集团（越老边境）通常通过小规模生产商的分布式网络进行，这些生产商向毒贩提供原材料，然后出售到亚洲以及北美、西欧、非洲等。[③] 跨境网络往往具有流动结

---

① Luong H T, *The organisational structure of transnational narcotics trafficking groups in Southeast Asia: a case study of Vietnam's border with Laos*, Trends in Organized Crime, Vol. 23, No. 4, 2020, p. 385 – 411.

② 林泽华、梁春香：《西南边境地区跨境毒品犯罪问题及其对策》，载《广西警察学院学报》2018 年第 1 期。

③ Europol, SOCTA. European Union Serious and Organised Crime Threat Assessment 2017, Publications office of the European Union (14, Dec. 2021), https://op.europa.eu/en/publication – detail/ –/publication/a0c983b4 – 1db0 – 11e7 – aeb3 – 01aa75ed71a1/ language – en/formatPDF/source – search.

构,其特点是从贩运活动的准备阶段到后期阶段都有复杂的作案手法,使犯罪网络能够实现其目标。境内外贩毒组织长期潜藏在边境,利用现代通信、电子支付等技术手段实施犯罪,甚至采用卫星定位技术掌控贩毒全局,贩毒过程专业化,人员组织系统化。从人员的招募、分工,到贩毒链条各个环节的组织安排,均配备了专业人员进行操作,他们彼此分工明确、密切配合,贩毒组织规模不断扩大,逐步实现了产业化。

2. 跨境毒品种类多样化

跨境输入的毒品既包括传统毒品也包括新型毒品以及新精神活性物质。当前,我国最主要的毒品滥用是海洛因和冰毒,近年来,冰毒和氯胺酮等苯丙胺类兴奋剂的生产迅速增加,这表明吸毒者人口的构成发生了变化,金三角地区的市场需求也在变化。金三角地区的国家都报告说安非他明类兴奋剂广泛供应,其中缅甸制造的价格最高。① 除此之外,为了吸引更多的人吸食毒品,毒贩不断研究新花样,通过改变毒品形态、变换包装、更改名目等方式引起大众的好奇心,迷惑公众,特别是年轻人。新精神活性物质往往伪装成公众熟悉的"零食"、"饮料"以及"网红减肥药",具有迷惑性的外观和大肆宣传诱导可能会使无知的青年逐渐染上毒瘾。在一些"KTV""酒吧""夜店"等特殊场所,人员复杂,不法分子往往会利用这一特点,借交友、娱乐等便利向对方传播花样繁多的新精神活性物质,导致一些人在不知情的情况下尝试了这些伪装的毒品。② 例如,"浴盐""蓝精灵""犀牛液""小树枝""0 号胶囊"等,具有极强的伪装性。登录国外相关精神健康的网站,我们可以看到名目繁多的 NPS, Plant Food

① See Chin K, Zhang S X. , *The Chinese connection*: *Cross - border drug trafficking between Myanmar and China*, Final Report to The United States Department of Justice Office of Justice Programs National Institute of Justice, 2007, p. 6.

② 黄锐、孟文文:《新精神活性物质防控的困境与对策研究》,载《云南警官学院学报》2021 年第 1 期。

（植物性食物），Bloom（绽放），Cloud Nine（九云），Ivory Wave（象牙波），Lunar Wave（月波），Scarface（疤面），Vanilla Sky（香草天空），或 White Lightning（白色闪电）。① NPS 已成为一种全球现象，来自世界所有区域的 126 个国家和地区报告了一个或多个 NPS。截至 2020 年 12 月，各国政府、实验室和合作伙伴组织已向毒品和犯罪问题办公室关于 NPS 的预警咨询部门（EWA）报告了 1047 种物质。市场上出售的新型精神活性物质与受国际管制的物质（如大麻、可卡因、海洛因、LSD、摇头丸或甲基苯丙胺）具有相似的作用。从 2020 年 12 月报告的合成 NPS 的影响来看，大多数是兴奋剂，其次是合成大麻素兴奋剂和经典致幻剂，近年来合成阿片类药物显著增加。

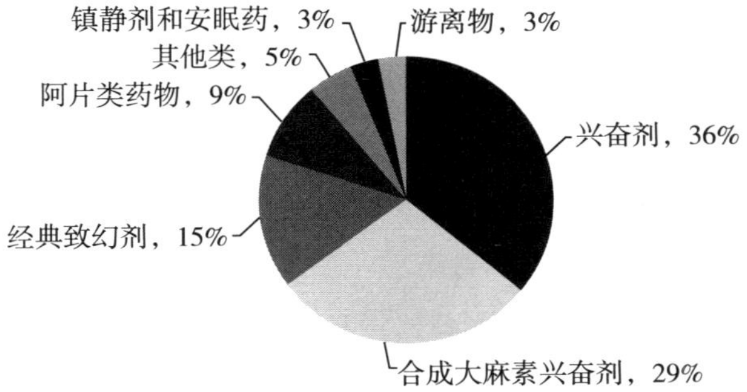

图 1　按作用组划分的合成新精神活性物质（截至 2020 年 12 月）②

3. 入关跨境方式灵活化

入关跨境方式灵活化主要体现在跨境渠道的选择、跨境藏毒手段的改进两个方面，跨境走私毒品犯罪团伙专业化发展，入关跨境方

① 相关资料内容来源于美国互联网医疗健康信息服务平台 WebMD 2021 年 12 月 10 日，https://www.webmd.com/mental-health/addiction/street-drugs-risks#1.z。

② 毒品和犯罪问题办公室：《关于新型精神活性物质的预警咨询》，载毒品和犯罪问题办公室预警咨询处 2021 年 12 月 10 日，https://www.unodc.org/LSS/Page/NPS。

式随着禁毒措施的变化而适时作出调整,体现出灵活性的特点。

从跨境渠道上来说,陆路、航空、海运等都被贩毒分子作为走私毒品入境的渠道,但不同时期、不同类型走私的侧重点有所不同,人体藏毒一般采用航空途径,贸易夹带等倾向于陆运和海运。新冠疫情暴发后,传统的贩毒渠道也随之发生改变,全国破获陆路贩毒案件3.3万起,同比下降25.7%,破获航空、铁路等渠道贩毒案件明显下降。由于海运受疫情影响较小,大宗毒品通过海运走私过境情况突出,海警部门连续破获多起海上贩毒大案。此外,近年来网络毒品犯罪激增,"互联网+物流"贩毒模式因其方便快捷且隐秘性强,越来越受到毒品犯罪分子的青睐,而相应的跨境毒品寄递也必须引起我们的高度重视。2020年全国共破获物流寄递渠道贩毒案件3011起,缴获毒品4.3吨,分别上升9.5%和1.1%。全国共破获网络毒品案件4709起、抓获犯罪嫌疑人8506名,缴获毒品856.9公斤,分别占全国总数的7.4%、9.2%和1.5%。①

从跨境手段上来说,运毒方式不断改进,藏毒手法升级更新,任何物品都可以被毒贩们用来藏匿毒品。从国外的打击情况来看,得克萨斯州在拖拉机运载的椰子中查获价值约30万美元的冰毒;美墨边境查获4000磅价值为80万美元藏有大麻的假酸橙;休斯敦警方在挖掘机的吊臂内发现了60捆大麻和13公斤冰毒,价值70万美元;秘鲁警方追回了2吨价值为1.75亿美元伪装成芦笋装运的可卡因;圭亚那警方在纽约肯尼迪机场查获藏有价值67000美元可卡因的鞋子等。② 包裹夹带一直是毒贩惯用的交易手段,但是近年来从侦查机

---

① 《2020年中国毒情形势报告》,载澎湃新闻2021年7月18日,https://m.thepaper.cn/newsDetail_forward_13635015。

② 数据资料来源于abc13EYEWITNESS NEWS 2017年2月17日,https://abc13.com/society/busted-heres-the-top-12-craziest-drug-disguises/1757701/。

关打击的结果来看,人体吞服携带、生活用品夹层藏毒、机器设备掏空藏毒、液体毒品伪装成面膜、毒馅粽子快件等新的藏毒手段层出不穷。犯罪手段日趋现代化和智能化,随着我国边检、海关部门加大检测力度和提高侦查能力,毒贩使用更加伪装隐蔽的手法走私贩毒。毒贩藏毒手法变幻多端,侦查机关防不胜防,从国内情况来看,广东省破获一起境外毒贩利用潜水艇走私毒品的案件;广州市公安机关破获一起将海洛因溶解于特殊药水制成的溶剂之中,经过精心伪装的特大贩毒案件;深圳警方破获一起通过二手交易平台贩毒案件,犯罪分子将毒品藏在遥控器中邮寄给买家。①

（四）跨境毒品输入特点的形成原因

1.经济发展提供契机

经济全球化背景下,国际间的交流频率加快,跨国有组织犯罪、国际贩毒等问题突出,犯罪手段也不断更新升级,给我们防范、打击犯罪带来极大的考验。随着经济全球化的深入发展,国际贩毒持续蔓延,跨境毒品犯罪越发猖獗,毒品的跨境输入严重危害国人身体健康,阻碍国家发展。经济全球化带来生产全球化,贸易全球化以及金融全球化等,②从不同层面影响着跨境毒品犯罪的发展。生产全球化加强了国际间协作,促进全球物品流通,也为跨境毒品走私提供了可乘之机,贩毒人员利用跨国经济活动的空隙与漏洞实施毒品贩运。此外,经济全球化加剧了国际竞争,传统产业遭受冲击,企业转型导致失业人员增多,这部分人员很可能为贩毒组织所利用,加剧跨境毒品犯罪的发生。贸易的全球化在很大程度上推动了世界人员与物品

---

① 《挨了！二手交易网站竟隐藏贩毒网络,13 人受审》,载百家号 2020 年 1 月 9 日,https://baijiahao.baidu.com/s?id=1655243411925931377&wfr=spider&for=pc。

② 李锡海、张亚奇:《经济全球化与跨国犯罪》,载《江苏警官学院学报》2011 年第 2 期。

的流通,贩毒分子也往来于各国实施毒品犯罪,并通过各种伪装逃避打击。随着“一带一路”的深入推进,开放的空间和方便的地理条件使围绕“一带一路”沿线国家发生的跨境毒品犯罪增多。公安部禁毒局相关数据显示,从2014年起,跨境毒品犯罪呈快速增长趋势,毒品犯罪占跨境犯罪总数的70%左右,需要引起重视。世界三大毒窟之二“金三角”和“金新月”都在“一带一路”沿线范围内。[①] 国际大宗贸易之下,跨境陆上、海上货物往来频繁,也使毒品走私有了更丰富的载体与掩护,毒品走私量更大。另外,易制毒化学品的跨国流动也为毒品犯罪提供了便利。金融全球化为跨境毒品走私提供金融工具,加速了赃款转移和洗钱犯罪。全球金融联通缩短了犯罪过程,且电子货币的使用增加了资金流动的隐蔽性,为跨境毒品犯罪提供了很大支持。

2. 技术进步网络普及

技术的发展延伸了犯罪的实施空间,丰富了犯罪工具,跨境犯罪难度降低,跨境毒品走私犯罪更加猖獗。技术发展对跨境毒品输入造成的影响主要体现在两个方面:一是毒品制造:技术的发展辐射到各个领域,制毒工艺流程不断简化,制毒犯罪门槛降低,制毒周期缩短,在巨额利润的诱惑之下,越来越多的人涉足制毒行当,犯罪组织壮大,制贩毒品数量激增。此外,制毒前体不断前移,新的制毒前体层出不穷,为打击毒品犯罪,执法机构加强了对制毒前体的管控与查处,因此犯罪分子趋向于寻找未被管制的制毒化学前体代替受管制前体。[②] 我国化工产业兴盛,易制毒化学品外流现象严重,部分易制毒化学品出口境外后又被用作制毒原料制成成品,再销入境内。二

---

① 陈娇、赵长明:《“一带一路”倡议背景下的区域禁毒合作研究》,载《警学研究》2019年第5期。

② 张黎、陆垚:《跨境毒品犯罪演进趋势与防控策略研究》,载《山东警察学院学报》2018年第1期。

是毒品贩运:技术发展为毒品跨境输入犯罪提供了辅助工具,降低了犯罪难度。无论是运毒载体的选择,还是藏毒手段的改进,无疑都是技术进步的结果。各种电子通信技术也被毒品犯罪分子运用于犯罪之中,以实现上下线之间的联络,并逃避侦查打击。

信息网络化的快速发展推动传统犯罪转型升级。截至 2021 年 6 月,我国网民规模达 10.11 亿,较 2020 年 12 月增长 2175 万,互联网普及率达 71.6%。[①] 信息网络化发展的背景之下,传统毒品犯罪借助网络展现出新的特点,网络涉毒行为相关信息的操作通过电脑程序完成,犯罪分子很容易转移、消灭电子证据。毒品跨境走私也通过互联网发布毒品信息,招募犯罪成员,并在网上完成洽谈,最后线下物流交货,给公安机关打击毒品犯罪组织带来困难。互联网拓宽了毒品跨境输入的渠道,提高了境内外联通效率,网络掩护下的毒品跨境输入犯罪涉案地域广、涉案人数多,也在案件发现、取证、落地等方面给侦查机关带来很大的挑战。[②]

3. 局势动荡政策变化

《2020 年中国毒情形势报告》显示:我国 2020 年缴获的主要毒品中源于境外的占到了 80%,这些毒品包括从"金三角"地区输入的传统毒品以及合成毒品,从"金新月"地区输入的海洛因,此外源自南美的可卡因渗透加剧以及北美大麻走私入境增多。这些毒品主要来源地国家及地区的局势变化,会对世界毒品走私产生不同程度的影响。

"金三角"地区反政府地方武装众多,地方武装养军护军的经济

---

① 央视新闻:《第 48 次〈中国互联网络发展状况统计报告〉发布:我国网民规模超十亿》,载百家号 2021 年 8 月 27 日,https://baijiahao.baidu.com/s?id=1709206361768414559&wfr=spider&for=pc。

② 胡青、刘杨:《网络涉毒犯罪的侦查难点及对策》,载《云南警官学院学报》2018 年第 6 期。

来源严重依赖毒品经济,导致该地区罂粟种植面积居高不下。缅甸是世界第二大鸦片生产国,缅甸国内局势动荡不安,动荡的政治局势不仅影响其国内经济的发展,而且将会对包括中国在内的邻国的禁毒形势造成重要影响。联合国开发计划署预测,到 2022 年,经济衰退将使缅甸近一半的人口(约 2500 万人)陷入贫困。因为鸦片经济是贫困经济,贫困地区的人们往往希望从鸦片经济中赚钱。[①] 缅北地区合成毒品的制造贩卖进一步加剧,合成毒品与传统毒品并驾齐驱,正在逐步实现由传统向合成毒品制贩为主的转型。

"金新月"正日益成为贩运到中国西部,特别是新疆地区的非法毒品的来源。阿富汗有着悠久的罂粟种植和收获历史。截至 2021 年,全球 90% 以上的非法海洛因和欧洲供应量的 95% 以上来自阿富汗。[②] 2020 年全球罂粟种植面积回升,达到 29.5 万公顷,同比增长 24%。这一增长主要是由于阿富汗的罂粟种植增加了 37%,而绝大多数鸦片是在阿富汗生产的。随着美军从阿富汗撤出,塔利班重新掌权。为建立一个具有合法性并为国际承认的政府,塔利班将禁毒承诺作为突破口,但是,如果阿富汗的局势得不到有效控制,社会秩序和民生环境得不到改善,那么毒品经济就无法转变。而且,毒品收益是塔利班财政的主要来源,倘若塔利班政府财政持续困难,那么将无法兑现禁毒承诺,导致塔利班形式上承诺禁毒,实际上难以控制国内的毒品制贩局面的出现。

当前在北美地区,加拿大全境以及美国的 11 个州的大麻实现全面合法化,大麻合法化直接导致吸毒人数激增、大麻扩散加快,并提

---

① Myanmar's Economic Meltdown Likely to Push Opium Output Up, SaysUN. https://www.voanews.com/a/east-asia-pacific_myanmars-economic-meltdown-likely-push-opium-output-says-un/6206434.html.

② 数据来源于 en.wikipedia.org:https://en.wikipedia.org/wiki/Opium_production_in_Afghanistan#cite_note-1,最后访问日期:2021 年 12 月 10 日。

高世界毒品市场的活跃度,也使各国治理毒品问题的难度加大。北美合法大麻市场在2020年达到160亿美元。展望未来,IMARC集团预计该市场在2021～2026年将以26.2%的复合年增长率增长。[①] 北美两国大麻合法化后大麻产品的种类增多、效用增强。《2021年世界毒品报告》显示,在过去24年中,世界部分地区的大麻效力增加了多达4倍。根据该报告,2002～2019年,欧洲的Δ9－THC(大麻中的主要精神活性成分)的百分比从约6%上升至11%以上。[②] 大麻合法化导致大麻的获取更容易,进而使国际毒贩走私大麻利润受到一定影响,贩毒集团会调整贩卖毒品的种类,改为冰毒和海洛因等毒性更强的毒品。

五、新形势下毒品跨境输入的侦查困境

(一)走私情报收集困难

1.情报获取来源单一

一般的刑事案件的主要线索来源有,公安机关或者检察院直接发现的犯罪事实或线索,单位或个人报案或举报,被害人的报案或控告,犯罪人自首。但是毒品跨境输入犯罪的隐秘性特征致使侦查机关获得犯罪线索的渠道几乎都发挥不了作用。毒品交易者即便是在闹市地点接头甚至交货,普通百姓也很难发现异样,所以通过单位或个人举报很难实现。毒品走私犯罪严格意义上讲没有真正的被害

---

① 《北美合法大麻市场:2021－2026年行业趋势、份额、规模、增长、机会和预测》,载United nations 2021年12月14日,https://www.imarcgroup.com/north－america－legal－cannabis－market。

② 毒品和犯罪问题办公室:《〈2021年世界毒品报告〉:大流行影响加剧了毒品风险,因为年轻人低估了大麻的危险》,载United nations 2021年12月20日,https://iran.un.org/en/133178－unodc－world－drug－report－2021－pandemic－effects－ramp－drug－risks－youth－underestimate－cannabis。

人,吸毒者也往往会选择包庇毒贩,因此不存在被害人的报案。实务中,贩毒者与侦查人员斗智斗勇,几乎不会主动自首,而且一些被诱骗或强迫人体藏毒入境的运毒者,即便一开始有报案的想法,但是经历了重重关卡入境之后,比起自首,更渴望得到对方承诺的巨额利益,而一旦完成运毒,也就很难逃避法律制裁了,这种情况下,更不可能再去自首了。所以,公安机关只能通过一些手段自己发现毒品犯罪线索,比如通过线人提供的毒品交易线索,查缉毒品犯罪。

政府新闻稿或媒体报道的大部分毒品缉获不是检查站拦截或随机检查的结果,而是从线人那里收集情报的结果。部门信息员、秘密力量、群众工作共同组成了禁毒人力情报网络,然而目前我国禁毒人力情报网络尚不健全,秘密力量的物建与管理不统一,相关工作效率低,多方情报难共享等问题,导致难以形成禁毒打击合力。技术情报建设先天不足,技术革新速度赶不上犯罪的升级速度,技术情报在体态情报源时表现不佳,技术情报需要专业人员研判,不可避免地带有滞后性等。情报工作在毒品跨境走私案件中有着极其重要的作用,但是,情报来源单一也是我们必须要面对的实际问题。

2. 涉毒情报细化障碍

跨境毒品输入犯罪集团组织严密,运筹能力和反侦查能力极强。这种能力反映在贩毒路线、藏毒手段和彼此联系的变化上,这种变化是经济全球化以及科技革命发展的结果。犯罪组织技术水平越高,反侦查能力越强,我们获取毒情信息就越难。毒品情报收集困难的表现除了毒情获取来源单一之外,还有涉毒情报细化障碍,涉毒情报难以直接成为案件破获的突破口。这种障碍体现在两个方面:一方面是情报获取迟延,另一方面是情报信息有限。

情报获取迟延是贩毒分子技术不断革新,手段不断高明带来的结果。毒品走私犯罪本身交易时间短,交易地点隐蔽多变,作案不留痕迹,犯罪分子之间的联络方式也很隐晦,很多情报只能通过监听监视等技术侦查手段才能获取,但是技术侦查手段的使用前提是已经发现毒情线索,并且需要有正式的审批手续。所以,就导致一部分毒品走私犯罪难以被发现,即情报获取迟延。

情报信息获取有限同样是受到主客观条件的限制,致使特情人员难以打入敌人内部,并且贩毒手段不断升级,线上线下交织,毒品跨境输入情报收集受到区域跨度大、涉外因素多等的制约,导致侦查机关搜集线索能力弱,毒情掌握不全面。真实全面的毒情信息是侦查机关破获毒品跨境输入犯罪的关键,也是全链条打击毒品犯罪的重要因素,真实有效的毒情信息有助于侦查机关对犯罪分子的犯罪时间和犯罪地点准确定位,利于毒品犯罪案件的侦破。

(二)毒品走私打击困难

1.制毒前体外流出境

《2020 年中国毒情形势报告》显示,易制毒化学品流失得到遏制,但对其前体管控难度大。为克服列管化学品获取困难的问题,毒品犯罪分子将犯罪前移,把目标转移到易制毒化学品前体上。先购买未被列管的易制毒化学品前体,从而逃避监管和打击,然后再将这些前体进行化学加工,合成制造毒品所需的原料,如此一来,越来越多可能被用作制毒原料的非列管化学品流入非法渠道,加大了查控难度。中国的制毒活动十分活跃,甚至有些地方形成了制毒村,例如广东汕尾的博社村,最终被清剿后发现了 18 个犯罪集团,77 座制毒厂,生产毒品数量占据全国的 40%,进而也降低了毒品的价格,致使更多人吸食毒品,社会影响极其恶劣。近年来,在我国禁毒执法部门严厉打击之下,国内合成毒品制造活动呈现萎缩趋势,但是这些制毒分子并未就此停止制毒,而是将窝点转移境外,与境外贩毒组织相勾结,继续生产合成毒品,并导致了国内大批制毒化学品外流。云南省不仅是毒品跨境输入的入口，更成为制毒物品走私出境的出口，“金三角”地区的地下制毒工厂的原料很大一部分来自中国，国内制毒物品通过云南省的中缅、中老、中越边境地区走私出境，有了丰富的制毒原料，“金三角”地区的制毒物品走私活动更加活跃。2018 年，中国禁毒执法部门开展了以“打击毒品渗透入境和制毒物品入滇走私出境”为目标的“净边”专项行动，共破获制毒物品案件 34 起，缴获制毒物品 618 吨；2019 年 1 ~ 6 月，中国云南禁毒执法部门查获中国列管的制毒物品 235.6 吨、非列管化学品 1023.5 吨。① 制毒物品走私问题依然严峻，因此，相关单位必须相互配合，重视制毒物品走私问题，严加把控制毒物品流转的各个环节，加大查缉力度，严防制毒化学品流入非法渠道以及走私出境用于制毒，避免加剧全球毒品问题。

2. 箱包藏毒手段更迭

箱包藏毒是相对传统的走私手段，贩毒者将毒品藏在行李箱夹层或经过伪装将其混于普通货物中，逃避关卡检查运输入境。箱包藏毒案件包括多种类型，有的利用个人背包携毒翻山越岭，偷越国边境，有的利用公路运输，将毒品藏至货车底部或者车厢夹层，还有的利用跨境运输船舶货仓运毒……各种藏毒手法层数不穷，技术含量越来越高，令人防不胜防。2021 年 6 月，青岛海关缉私局联合青岛市公安局，共同查获一起特大外籍船舶走私毒品案件。该船舶来自南美洲某港口，装载 6.7 万余吨散装大豆，在货仓内共发现 9 个可疑包裹，包裹内物品经鉴定全部为毒品可卡因，重量合计 215.37 公斤。②

一些贩毒组织凭借其雄厚的经济实力，采用先进通信技术并购

① 李静、李云鹏：《全球化背景下“金三角”地区跨国毒品犯罪研究》，载《云南警官学院学报》2021 年第 3 期。

② 海淀公安：《特大走私毒品案告破：215.37 公斤毒品可卡因藏匿于 6.7 万吨大豆中！》，载海淀公安网 2021 年 12 月 10 日，https://baijiahao.baidu.com/s? id = 1703639573443331867&wfr = spider&for = pc。

买高科技设备，用于作案前的联络、毒物运输交易、预警逃匿等毒品犯罪的全过程。在一些毒品走私犯罪集团中不仅配备了诸如窃听、定位、秘密报警装置等“高科技”设备，还雇用了大量高技术人才。他们掌握多领域知识，专业化运作，产业化经营，作案不留痕迹，大大增加了侦查工作的难度。GPS/BDS追踪器可实现远程开关机操作，并能对环境进行监听，境外贩毒者将其夹藏在毒品中，可以远程追踪毒品，并利用它的拆除报警、漏光报警以及拍照等功能实现反侦查，即便侦查机关查获毒品，也难以追根溯源，找到境外贩毒组织。而且，境外毒贩并不自行完成运毒工作，而是借助不知情的跨境货运人帮其运毒，一般趁出境货车司机熟睡时，派人将已装好GPS/BDS追踪器的毒品，固定于货车底盘大梁与水箱中间，大货车回国的同时，毒品也被带入境内。在入境后，境外贩毒组织则通过毒品上安装的GPS/BDS追踪器确认毒品的位置，再安排人员秘密拆除取下，大大降低了自行运毒的风险，这种人货分离的走私毒品手法具有较高的智能化水平。①

走私毒品最重要的一关是跨越边境，偷挖边界地洞，跨越边境铁丝网，乘船渡河这样的方式早已不再新鲜，境外贩毒者不断探索新的运毒方式，有不法分子开始使用无人机运毒。对无人机的管控除了黑飞还必须重点防范利用无人机运毒的问题。无人机贩毒具有灵活性强，受地理环境影响小的特点，贩毒者远程遥控无人机，跨越边境，利用搭载摄像头判断周围环境是否安全，安全降落后再派人取货，实现人货分离。2021年8月，西班牙南部警察捕获了一台巨型“藏毒”无人机，该无人机来自法国的贩毒组织，4.5米巨型“贩毒”无人机可

---

① 路长明:《利用网络及定位系统走私毒品案件侦防对策》，载《辽宁警察学院学报》2021年第6期。

载300斤货,自主飞行7小时。[①] 墨西哥提华纳警方也在坠落在超市停车场的无人机上发现了6磅冰毒,价值48000美元。坠落是由于超出无人机载重以及对续航能力判断失误造成的。据美国缉毒署估计,每年毒品走私者利用无人机跨越墨西哥边境运毒并成功的次数超过了150次。[②] 我国边境线长且蜿蜒曲折,地势复杂,无人机贩毒将给侦查机关带来新的挑战。

3. 人体藏毒难查难防

人体藏毒是指将人体作为运毒工具,实现毒品的转移,从而达到运输毒品的目的。人体藏毒包括两种形式,一种是体表藏毒,另一种是体内藏毒。体表藏毒是犯罪人通过夹带的方式将毒品固定藏匿在体表。通常利用衣服夹层、腰带、鞋子、女性内衣、卫生巾等藏毒,或者将毛巾、衣物等用毒品溶液浸湿藏毒,还有直接捆绑于身体表面或利用义肢藏毒等。体内藏毒则是指犯罪人将被塑料或避孕套包裹的毒品吞入体内或塞入下体,到达目的地之后再将其排出或取出。这种藏毒方式相较于体表藏毒更为隐蔽,也更加危险,一旦毒品包装发生泄漏,那么运毒者的生命安全将面临威胁。从全国范围内来看,2016~2020年审结案件中有730起人体藏毒案件,其中云南省高达409起,湖北、重庆、广东分别达到42起、42起和22起。[③] 参与人体藏毒的人群大致可分为两类:一类是法律意识淡薄的无业者,为谋生计抱有侥幸心理,被胁迫或在金钱的诱惑下走上人体藏毒之路;另一类是老、幼、孕等社会弱势群体,因为该部分特殊人群在刑法上享有一定的减免权利。

---

① 全球无人机网2021年12月14日,https://www.81uav.cn/uav-news/12/29/30203.html。

② 搜狐网2021年12月14日,https://www.sohu.com/a/127992273_117107。

③ 数据来源于中国裁判文书网。

人体藏毒本身就具有较高的隐秘性,而且十分灵活和自由,运毒马仔将毒品吞入体内,需要借助专业的技术设备才能发现。如果运毒者自己不会露出马脚,在车站、机场、口岸等人流量大的地方,混迹于人群当中很难被发现。在跨境毒品走私多发的口岸和火车站,检查部门的X射线透视设备或者超声影像技术设备等专门人体藏毒查缉设备配备不足,[①]该设备价格昂贵,但对其他危险物品探查效果不佳,全面普及安装并不现实。很多地区在人体藏毒案件发生时多与医院合作,做腹部X片、B超、CT影像等。因而,相较于其他类型的运毒方式,人体藏毒具有较强的隐蔽性,更难被发现。随着藏毒运毒的科技含量不断提高,运毒者藏匿手段趋向智能化发展,使发现查验此类犯罪更加困难。人体藏毒案件数量较大,涉案人员众多,情报难获取等诸多因素导致难防难查困境。此外,人体藏毒的查缉可能还涉及人身权利保护的问题,不当的查缉方式可能侵害嫌疑人的人身权利,实践中,侦查人员在侦办疑似人体藏毒案件时顾虑较大,一般只有在有确切把握时,才能对嫌疑人实施相关检查措施,否则可能遭遇侵权控告。

4. 网络贩毒跨境寄递

网络毒品犯罪逐渐趋于成熟,形成了“互联网+第三方平台支付+物流邮递”的贩毒模式,互联网不仅被不法分子用作贩毒联络手段,还成为其发布毒品和制毒原料的工具,同时互联网平台也成为不法分子实现运毒“马仔”的物色和引诱的工具,整个联络与交易过程均使用暗语,以逃避打击。交易谈妥之后,一般使用微信、支付宝等在线支付方式完成付款,然后由卖家以快递包裹的形式交货。一些地方的快递收寄检验程序不严格,实名寄递落实不到位,致使犯罪分

---

① 杨亚飞:《人体藏毒安全检查相关问题探究》,甘肃政法学院2017年硕士学位论文,第17页。

子有机可乘。这种钱货分离的方式降低了人赃俱获的风险，隐蔽性高且成本更低，因此越来越多的毒品犯罪分子采用这种贩毒模式。毒品走私大量采用跨境寄递的方式，以逃避打击。《2020 年中国毒情形势报告》显示：全国共破获物流寄递渠道贩毒案件 3011 起，缴获毒品4.3吨，分别上升 9.5% 和 1.1%。全国共破获网络毒品案件 4709 起、抓获犯罪嫌疑人 8506 名，缴获毒品 856.9 公斤，分别占全国总数的 7.4%、9.2% 和 1.5%。普通的论坛、贴吧等社交平台以及二手物品交易平台等，成为贩毒分子发布毒品信息、寻找买家、物色运毒人员的聚集地。便捷的第三方电子支付手段让网上毒品交易毫无障碍，便捷的快递寄送、跑腿等服务更降低了贩毒人员的露面率，极大地增加了侦查机关的查缉和取证难度。

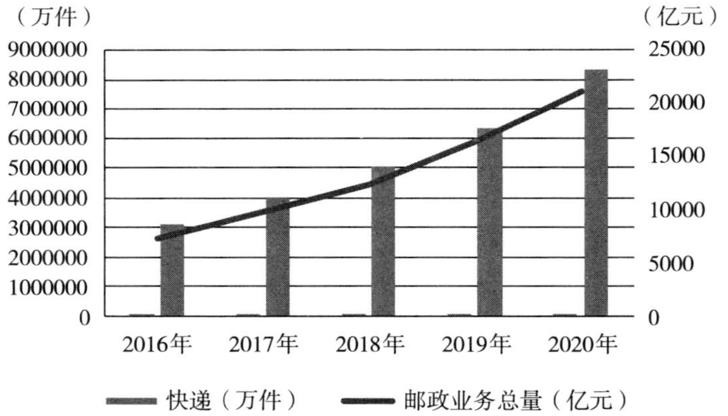

图 2 邮政业发展情况①

① 图中数据来源于《中国统计年鉴》中 2016 ~ 2020 年的全国邮电业务基本情况。

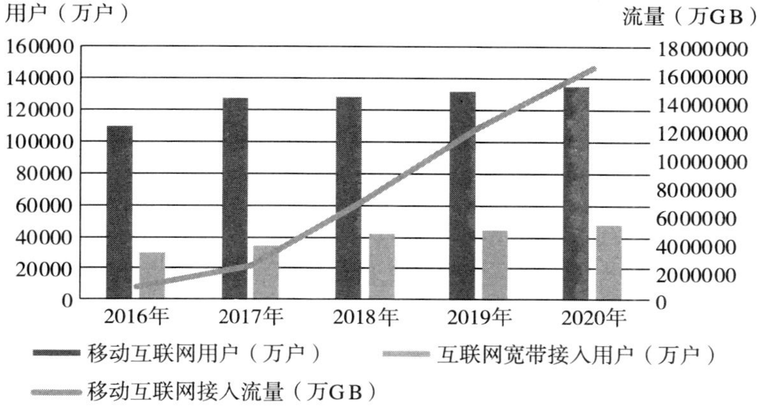

图 3 互联网主要指标发展情况①

除传统的互联网之外，毒品交易还存在暗网运作。暗网是全球执法机构需要共同面对的挑战，网站来源很难追踪、加密通信很难解密、加密货币交易也很难溯源。在暗网市场上进行毒品交易已经成为执法活动中需要高度关注的话题。基于对 19 个主要销售毒品黑市的网络爬行技术的分析表明，2011 ~ 2020 年，除了在美国以外，黑市销售总体呈上升趋势约 74% 的交易，或约 90% 的暗网销售都与毒品有关。所有暗网市场加在一起显示了药品销售的总体增长情况，2011 ~ 2020 年，最低年增长率翻了一番，平均估计总销售额几乎增长了 4 倍。② 尽管黑市仅占全球毒品交易的一小部分，但它们正在改变毒品市场的社交网络，引入了毒品卖家和买家之间联系的新范式。通过难以追踪的加密货币（如比特币或蒙乃罗）、洋葱路由器（TOR）网络和私人信息加密的结合，使新的黑市得以广泛传播。由于这些

① 图中数据来源于《中国统计年鉴》中 2016 ~ 2020 年的互联网主要指标发展情况。

② 数据来源于《2021 年世界毒品报告》。

匿名因素,在暗网市场上,卖家和买家可以安全地交易非法商品和商品,极大地降低了风险,也给我们发现和打击暗网毒品犯罪带来了困难。①

物流寄递不断朝着国际化方向发展,贩毒分子借此也开辟了新的贩运渠道。国际特快专递以及邮政包裹等都成为贩毒分子走私毒品的便捷方式,通过夹带、伪装成普通物品等完成毒品走私。在公安机关查处的寄递走私毒品犯罪案件中,贩毒分子伪装手段层出不穷,有直接夹藏在衣物、电子产品、生活物品当中的;也有进行包装,伪装成日常生活用品或化妆品的;还有将毒品混杂于其他零食、饮料中,到货之后再通过一些技术手段进行提取……这些伪装藏毒手段多样且不断翻新,给我们的进出口邮件包裹的检查工作带来极大挑战。

(三)跨境输入取证困难

1. 毒品流转迅速

毒品走私犯罪一般都经过缜密计划,精心伪装,贩毒现场十分隐蔽,交易不留痕迹物证,也很难有目击者。因此,侦查机关只能凭借获取的情报进行侦查,但是,犯罪分子非常狡猾,经常变换交易地点,除非当场查缉,人赃俱获,否则很难获得直接的证据证明毒品走私行为。而且毒品走私多为有组织的犯罪,有多人参与,侦查机关往往只能抓获一些马仔,很多情况下毒品经多次转手,由于难以查清货源、查明货主,被抓获的犯罪分子有可能因为证据不足而仅能被认定非法持有毒品罪。由于毒品犯罪中各环节参与者只是追求利润,通过毒品转手获利而不关注毒品的下一步流向,所以在很多毒品案件侦

---

① See Bertola F. *Drug trafficking on Darkmarkets: How cryptomarkets are changing drug global trade and the role of organized crime*, American Journal of Qualitative Research, Vol. 4, No. 2, 2020, p. 27 – 34.

查中，侦查人员难以获知毒品去向，因此收集完整证据，对跨境贩毒集团进行全链条打击就变得困难。而且在运输毒品案件中，往往采用人货分离式，一旦出现意外，犯罪分子随即切断线索，这类案件的藏毒手段隐秘，难以排查到嫌疑人，最终易成为“无主”毒品案。毒品走私犯罪取证的另一大难点在于毒品一经脱手，就很可能被吸毒人员吸食掉，该部分证据就难以收集和定量了，所以只能通过其他证据相互佐证，形成证据链证明毒品走私行为。对于国际邮件走私毒品犯罪，除了部分邮局设有海关监管部门可直接当场进行查验外，一般均由邮局送交海关查验，并实行海关、邮局会同查验制度。但是海关在查验过程中发现涉毒邮件后，常常找不到当事人，毒品和贩卖者的分离增加了毒品走私犯罪查缉的难度。

2. 涉外因素众多

毒品跨境输入涉及跨境犯罪的侦查问题，境外毒品走私犯罪人为方便跨境输入毒品而与国内不法分子相勾结，因此造成对同案犯查缉的困难，境外取证难度增大。比如金三角毒品入境地中缅边境、中越边境地区，核实犯罪嫌疑人身份尚且存在困难，更不用说其他方面的侦查取证了，缅甸边民、我国四川凉山和我国新疆等一些地区一些人群贩毒行为打击处理难问题日益突出，这部分人多数为怀孕或哺乳期妇女、艾滋病人或老弱病残人员，语言不通，无身份证明，侦查取证难度大。跨境毒品输入的部分犯罪行为的实施发生在境外，需要考虑涉外犯罪的管辖等问题，司法机关不能直接进行境外调查取证，只能通过境外司法协助，但是这种取证方式效率不高，也难以获取高质量、证明力强的证据，在证明跨境毒品输入犯罪时，难以形成完整的证据链，导致在此类案件的侦办过程中陷入僵局。

3. 涉网情况复杂

随着涉网毒品犯罪越来越多，互联网虚拟空间犯罪的一些共性问题也反映到毒品犯罪上来,其中之一就是电子取证问题。毒品犯罪分子利用互联网的隐蔽性实施犯罪,但是即使是网络空间也会留下电子痕迹,因此,这些犯罪分子为了不被发现,往往会使用大量的暗语进行交流,或者开设私密直播间,外人难以进入。犯罪分子在察觉暴露时,会第一时间破坏电子设备,清除数据,致使侦查机关不能获取到毒品犯罪的直接证据。为了更好地惩治毒品犯罪活动,侦查机关不断研究网络取证技术,提高从电子设备中获取犯罪证据的水平。但是,跨境毒品走私集团凭借其雄厚的经济实力,往往会将更加先进的技术运用于毒品犯罪中,更具隐蔽性和破坏性。因此,还需要研究更加先进的数据挖掘等技术,从电子设备中发现并固定犯罪分子留下的蛛丝马迹。

(四)跨境合作侦查困难

毒品的跨境输入案件往往具有显著的跨境性,包括海峡两岸之间以及不同国家之间的毒品流动,因此跨境合作侦查对于打击毒品跨境走私十分必要,但是,跨境合作侦查往往难度较大。

1. 港澳台地区

大陆和港澳台地区的跨境毒品犯罪活动不断升级,制毒贩毒规模持续增大,毒品犯罪组织化、集团化趋势明显。但我国大陆与港澳台地区在毒品管制、信息交换、侦查缉捕、侦查取证等方面都存在差异,因此在具体案件处理过程中会有障碍。首先,大陆毒品管制采用毒品目录列管,港澳台地区实行附表式列管,二者管制种类的增加均要进行修订,具有滞后性。其次,区域间存在信息壁垒,未能建立健全区域毒品监测预警机制和禁毒情报共享机制。再次,涉毒人员在缉捕方面存在争议,大陆一直强调涉及境外的财物赃款要全部追缴,因此会产生分歧。最后,涉毒案件的取证存在问题,尽管《海峡两岸共同打击犯罪及司法互助协议》规定了跨境毒品犯罪的证据交换,[①]但规定得不具体,侦查人员亲自取证难实现,实际取证程序烦琐,缺乏可操作性,影响了跨境毒品犯罪案件的侦办。

2. 周边国家地区

尽管我国积极加入相关的国际公约,与周边国家建立了侦查合作关系,但是在处理跨境毒品输入问题时,还是要面临跨境合作审批流程长、人员合作交流存在障碍、长效合作机制未建立等问题。一案一合作的侦查合作模式和烦琐的审批流程,大大降低了跨境侦查合作的效率。近年来,云南省边境地区主动加强与缅甸地方政府的禁毒会谈会晤、执法交流,但仍存在执法合作深度不够的问题,如在打击境外毒枭、打击境外毒品加工厂等方面成效不明显。目前,由于毒情形势的变化,大量毒品过境,国内警方将大量精力投入堵截毒品过境贩运工作中,而在毒品专案经营中与国内和境外相关地区的合作,特别是与港澳台等地区的执法合作存在欠缺,应予以加强。[②] 跨境合作渠道单一,跨境毒品输入犯罪侦查协调配合机制尚未形成,各国执法机关对采取的控制下交付类型存在分歧,联合执法存在责任推诿的问题等。当前亟须建立高效的国际侦查合作信息网络平台,畅通合作渠道,建立完善的合作机制,加快跨国毒品走私犯罪信息的交流与传递速度,有效打击贩毒活动。作为主要的区域组织,东盟自 1976 年以来一直致力于减少金三角地区的毒品生产,但由于其试图将各国联合在一起解决这个问题的努力主要是呼吁性质,因此一直效果有限。内部腐败和缺乏资源也是东盟推进有意义的立法行动以限制

---

① 张黎、陆垚:《跨境毒品犯罪演进趋势与防控策略研究》,载《山东警察学院学报》2018 年第 1 期。

② 刘爱娇、乔义然:《中缅边境地区跨境毒品犯罪的形势及对策》,载《四川警察学院学报》2021 年第 2 期。

金三角地区毒品生产和贩运的一个重大障碍。①

六、新形势下毒品跨境输入的侦查对策升级

(一)情报获取技术升级

1. 搭建毒品跨境输入大数据情报平台

有效情报的收集是缉毒工作的关键,在技术飞速发展的今天,大数据被应用到各个领域,并不断延伸拓展。大数据可以实现智能化预测,海量收集信息,借助相关分析技术可以从大量的数据信息中,筛选出有价值信息。因此,大数据的有效利用可以在公安侦查中发挥重要作用,禁毒工作的开展需要情报引领实战,有效整合信息资源,发挥科技作用。当前大数据已经渗透到我们生活的方方面面,表现为不同的形式,人们在网络平台和移动终端设备的日常使用过程中,无时无刻不在产生数据。在毒品走私类案件的侦办过程中,侦查部门可以将嫌疑人的这些蛛丝马迹统一收集整理,作为分析、预测和判断走私毒品犯罪动向的重要依据,从而推理出嫌疑人的具体动向和犯罪目的,进一步缩小打击范围。通常情况下,制造、走私毒品类犯罪在每个步骤都会产生大数据资料,从研究制毒技术到分销毒品,每一步都会有信息存留于大数据库。禁毒部门侦办案件需要将犯罪嫌疑人个人数据、侦查业务相关数据、公安管理相关数据、社会信息数据等进行整合,并进行共享。2018 年,公安部禁毒局和云南省公安厅,共同实施建设了“国家禁毒大数据云南中心”,可以此为基础展开,在毒情严重的几个省市也建立了禁毒大数据情报平台,并相互联系,数据交流共享。禁毒大数据平台建设可以多渠道收集涉毒信息,例如通过在各省市设立污水监测点,定期收集更新毒情监测情况,并

---

① See Harper N, Tempra N., *Drug trafficking in the Golden Triangle: The Myanmar problem and ASEAN effectiveness*, Jurnal Sentris, Vol. 1, No. 1, 2019, p. 116 - 124.

实时上传到大数据情报平台。此外,利用 Lorenz 曲线可以对毒品犯罪案件的时间、空间、模式分布状况进行分析,通过分布分析可以发现毒品犯罪案件的分布规律并预测未来发展趋势,为禁毒部门提供决策支持。对机场、海关、邮政部门等的人、物信息数据库的分类分析,可以有针对性地应对各种类型的跨境毒品输入案件。

大数据情报平台不仅需要对传统犯罪方式进行分析,还要进行网络信息挖掘。对于涉网犯罪,可以借助深度学习技术进行网络涉案的信息挖掘。深度学习在图像、语音的识别以及自然语言处理等领域得到了广泛应用。利用深度学习的方法通过优化算法模型,可以实现涉案文本识别。通过搭建多任务混合神经网络的涉案文本识别模型,采用多任务学习的方法对涉案文本中的敏感词实体和文本类别进行同时识别,利用二者之间的关联性,进一步提高涉案文本识别的准确率。可通过设计具体算法模型实现涉案文本识别系统的建设,以此提高侦查实战中涉毒类文本的识别效率。此外,暗网涉毒也不容忽视,与整个国际毒品贸易相比,所分析的黑市规模可以忽略不计,例如,丝绸之路的收入以数千万美元计算,而国际毒品贸易以数千亿美元计算。然而,黑市的可扩展性和指数级增长的重要性并不源于其产生的收入,而是源于其对未来毒品买卖方式可能产生的影响,很有可能出现大的犯罪创新。① 传统警察无法在复杂的暗网地带开展执法工作,需要提升技术能力并获得更多资源支持,同时还需要更好的国际合作和网络巡逻。单纯的关停暗网并不能够最有效地打击毒品走私,犯罪分子往往可以另开门户,发展新的交易网,暗网毒

① Bertola F. , *Drug trafficking on Darkmarkets: How cryptomarkets are changing drug global trade and the role of organized crime*, American Journal of Qualitative Research, Vol. 4, No. 2, p. 27 – 34.

品的交易量依然保持较高水平。[①] 无论在暗网上交易什么,最后都需要通过线下物流运输,因此与快递物流服务更好地合作,查控物流路线就非常重要。一方面要提高暗网信息的挖掘技术,另一方面要找准线上线下结合点,作为突破口,深挖物流数据信息,倒查暗网涉毒犯罪。

2. 培养毒品跨境输入情报研判专业队伍

大数据驱动侦查可以提高办案效率,优化办案程序,高效串并案件,实现侦查收益最大化,符合侦查效益原则的要求。大数据不仅能够实现信息筛查,还能够在过滤不相干数据的基础上,解析关联数据信息。在此基础上需要侦查机关建立禁毒情报科学研判工作机制,将信息资源最大限度转化为实战指引,指导科学办案。要明确情报的前瞻性作用,不断探索前沿技术,把握大数据、云计算、AI 等科技的内在逻辑,并将其融会贯通、综合运用,深度分析研判大数据情报信息,着力提高应对跨境毒品输入我国的监测预警能力和侦查打击能力。不仅要能够精准打击,还要能从源头防控、及时拦截查控毒品跨境输入犯罪。[②]

建立禁毒情报科学研判工作机制的核心是培养专业情报研判人员,要建立一支高素质数据情报研判人才队伍。一方面,在警察院校学生培养方案中,要与时俱进与实务需求相联系,注重培养数据分析人才,加强相关新技术的学习,并进行实战培训;另一方面,让禁毒情报工作的重要性深入各地区禁毒部门和基层禁毒工作机关中,对禁毒部门现有情报人员进行有针对性的情报研判业务培训。要加强情

---

① Namli U. , *Behavioral Changes among Street Level Drug Trafficking Organizations and the Fluctuation in Drug Prices Before and During the Covid - 19 Pandemic*, American Journal of Qualitative Research, Vol. 5, No. 1, 2021, p. 1 - 22.

② 李静、李云鹏:《全球化背景下"金三角"地区跨国毒品犯罪研究》,载《云南警官学院学报》2021 年第 3 期。

报信息人员获取情报的能力，同时更要注重培养其分析和研判禁毒情报的能力，传统人力情报和现代数据情报在毒品走私案件侦办中都具有重要作用。这就要求情报信息员既要懂得现代警务技术，又要掌握传统的人力情报工作方法，形成禁毒情报工作忠实可靠的中坚力量。[①] 情报信息人员要加强侦查专业知识的储备，提升大数据侦查能力和对数据情报的研判能力。要培养大数据分析思维，提高数据库的分类建设与运营管理能力，提升数据挖掘能力，构建算法模型等。有效利用各种数据库资源，挖掘案件信息线索，将信息研判结果与落地情报相结合，让数据以线索的形式呈现出来，真正指导毒品跨境输入案件的侦办。

（二）查控打击技术升级

在打击毒品犯罪中，针对毒品交易的高度科技化，应加大信息化的投入，采用大数据分析技术和区块链技术，追踪监控毒品交易全过程，预测毒品交易的发展趋势，针对毒品交易的最新特点做出有效的应对。

1. 出境管控技术升级

（1）易制毒化学品管控。

控制易制毒化学品流入非法渠道是应对毒品生产制造的有效手段，易制毒化学品在生产、流通的整个过程中会产生巨量的数据，这些数据使易制毒化学品的规模、流向等清晰可查。大数据、云计算等技术可以帮助我们对易制毒化学品流通的全过程进行有效监控，从而判断易制毒化学品的流失方向，并监测易制毒化学品的使用情况，同时还能够更好地把握制毒工艺的发展趋势。易制毒化学品全过程可查使我们能够及时发现相关的违法行为和犯罪线索，避免其流入非法渠道甚至流出境外。因而，为应对易制毒化学品流失、流出境外

---

① 孙圣辉：《信息化背景下禁毒人力情报面临的问题与对策探析》，载《法制与经济》2020 年第 11 期。

的现状,应用大数据技术是易制毒化学品管控工作的必然选择。[①] 此外,还应高度重视麻精药品的管理工作,强化麻精药品全流程各环节管理,将区域内处方信息进行联网,加强手术室药品的安全防范,将麻精药品的使用及回收进行严格管理,规范麻精药品的处方权限,依托现代化院内物流系统和信息化平台,加强麻精药品全流程管理,实现来源可查、去向可追、责任可究的全程闭环式可追溯管理。[②]

(2)疑似运毒贩毒人员管控。

在已经审结的毒品犯罪案件中,参与跨境贩毒的相当一部分犯罪分子,或被网上招募带货,或被亲友拉拢入伙,从云南等地出境,前往缅甸,携带或吞服毒品后再入境。利用大数据,通过对旅客身份信息筛查,航班往返情况以及携带行李物品的情况分析,可对相关人员往来目的进行判断,对可疑人员进行标记,并在必要时对其进行盘问调查。

2. 入境查控技术升级

(1)箱包藏毒走私路径查控。

通过对检测非法物质残留的便携式仪器改进,可有效提高对箱包藏毒走私入境犯罪的查缉水平。大气压化学电离耦合离子阱质谱仪(APCI - ITMS)可以检测护照表面上的非法物质残留,并且这种方法可以部署在诸如飞机场等环境中,例如海关对于护照表面非法物质残留的检测。将 SERS 和 PSI - MS 与两用等离子纸基材相结合,可用于现场非法药物的确认。此外,拉曼光谱与环境采样的耦合,便携式质谱仪可在单台仪器上进行现场高通量证据确认,便携式表面增强拉曼光谱和纸喷雾电离质谱法可用于鉴定和确认纸上的芬太

---

① 张涛、王明媚:《大数据背景下对易制毒化学品管控的思考》,载《云南警官学院学报》2021 年第 1 期。

② 《国家卫生健康委办公厅关于加强医疗机构麻醉药品和第一类精神药品管理的通知》,载福建省卫生健康委员会 2020 年 9 月 16 日,http://wjw.fujian.gov.cn/xxgk/fgwj/gjwj/202009/t20200916_5386823.htm。

尼;KS 统计数据可用于研究与贩毒有关的可疑钞票。[①] Action News 报道了 Viken Detection 开发的高科技设备便携式 X 射线扫描仪,查获了价值 13 亿美元的可卡因,这是到报道时间为止美国历史上最大的缉毒案。这项技术正在以指数方式改变美国境内和费城南部帕克海运码头等入境口岸打击贩毒的斗争。[②] 如图 4、图 5[③] 所示。

图 4　缉毒警察使用扫描仪对汽车检查

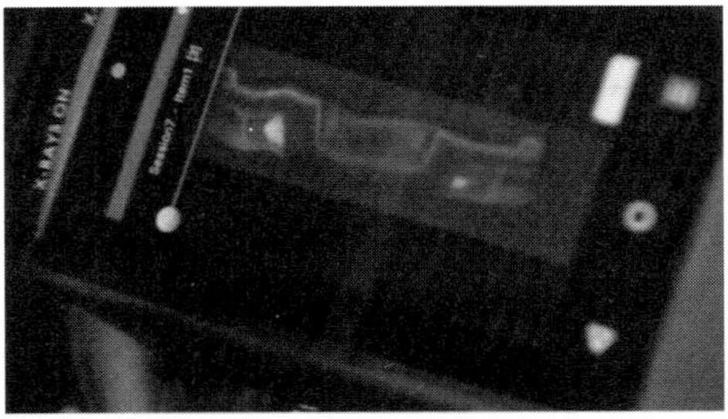

图 5　汽车尾部扫描结果显示情况

---

① Pinorini Maria Teresa, et al., Detection of cocaine on euro banknotes; Development of a practical approach for the interpretation of suspect cases, Forensic Science International, 2020, 309.

② High technology used to make $1.3 billion cocaine bust. https://6abc.com/philadelphia-packer-marine-terminal-south-high-technology-used-to-make-billion-dollar-cocaine-bust/5407056/.

③ 图片来源于 2019 年 7 月 19 日 Action News 的报道。

(2)人体藏毒走私路径查控。

随着人体藏毒犯罪分子藏匿毒品的手法多样化、智能化、科技含量越来越高,以及人权保护越来越规范,人体藏毒犯罪的探查工作更加复杂和困难。人体藏毒探查技术和设备向着更全面、更快更准确、高度集成化、更人性化、智能化的方向发展。各国都在加大对新型人体探查技术和产品设备方面的投入,研究新型的检查技术和设备,将新技术的优势转化为实际可行的探测手段,为保障公共安全筑建起坚实的屏障。中位直射式双能量 X 射线人体内外藏物检查系统是公安部第一研究所研制成功的一种人体安全检测仪器。其采用透射式 X 射线技术,利用线扫描式 X 射线透视成像技术原理,获取待检对象的 X 射线高、低能图像,依据人体内外物体的特殊轮廓边缘特征,构建人体样本数据库,设计图像识别处理软件算法,将被检测到的透视图像中的无机物与有机物用不同的颜色标记以便进行区分,从而能够有效地显示毒品及其他违禁品。平板探测器采用非晶硅平板探测技术,具有更强的成像质量和图像宽容度,探测效率高,所以能够大幅度地降低单次辐射量。平板 X 射线透射成像系统结构简单,对人体藏毒嫌疑人进行检测时只需要将平板放置在人体需要检测的部位,就可以将采集的信息直接转化成数字成像,图像生成速度快,成像时间小于 10 秒,适合现场快速检测的需求,平板 X 射线透射成像系统适合在禁毒一线现场探查人体藏毒犯罪。

(3)国际邮件毒品走私查控。

与电子商务发展相关的国际邮政运输量激增,使各国执法机构更难发现并阻止包含非法和不安全产品的邮件包裹进入国内。物流寄递业的国际化发展,为毒品犯罪分子提供了新的更安全、更便捷的贩运渠道。生活用品、红酒、进口零食、电子产品等都被贩毒分子用来夹藏毒品,犯罪分子为降低风险往往采取分包的方式,藏于寄递物品夹层,以逃避打击。各种藏毒手段五花八门,这对进出境邮件的查验工作带来了不小的挑战。韩国仁川海关表示,2021 年第一季度破获了 189 起向韩国走私毒品的案件,其中,182 起案件涉及国际运输。查获包裹或信件中隐藏的毒品数量达到了 96 公斤,比一年前的 57 公斤增加了 68% 。[①] 应对国际邮件毒品走私,可以从以下几个方面着手。

建立国际邮件电子数据跟踪系统,美国国会于 2017 年通过了《合成药物贩运和过量预防(STOP)法案》,以防止芬太尼和其他阿片类药物通过国际邮件包裹运送到美国。STOP 法案要求美国邮政服务(USPS)海关和边境保护局(CBP)建立一个先进电子数据(AED)跟踪系统,跟踪来自外国的邮政包裹和货件。[②] 电子数据跟踪系统可以记录邮件的寄件人信息和相关物品信息等,设立电子数据跟踪系统,也可以方便相关部门对近年来查处的邮件走私案件信息数据进行整合与分析,以便判断邮件包裹问题率高的国家与地区,从而加大对高风险地区邮件包裹的检查监控力度。

增强包裹定位和检测技术以提高运营效率,扩展定位和检测程序,提高扫描、检测和拦截邮件中非法药物的速度、准确性和效率。在涉毒包裹跨境输入高度活跃地区集中投入更多的查缉力量和配备先进的查验设备,在邮件入境源头锁定、检测和拦截毒品。相关计划的实施需要各禁毒部门的相互配合和执法机关的持续参与。

适时开展控制下交付工作。运用技术设备对出入境邮件进行逐一查验,发现可疑邮件包裹时要立即拆开查验。在确认邮件涉毒之

---

① The Korea Herald:Drug trafficking via international shipping surges in S. Korea, http://www.koreaherald.com/view.php? ud=20210413000794.

② Center For Data Innovation:Better Data on International Mail Packages Could Reduce Illegal Drugs and Counterfeits, https://datainnovation.org/2021/05/better-data-on-international-mail-packages-could-reduce-illegal-drugs-and-counterfeits/.

后，相关部门要立即对涉毒邮件包裹展开调查取证。贩毒分子往往具有较强的反侦查能力，在“人货分离”的交易方式下，交易双方都不露面，寄递采用虚假身份信息等导致缉私人员通过邮件检查，询问工作人员等方式不能获取有力的证据，所以必要时，应通过控制下交付等方式，以获取更多与案件相关的直接有力证据。

实施战略培训计划，为所有寄递业员工提供全面的年度培训。这些强制性培训，包括可疑包裹辨识，危险物品种类区分，技术设备的配备与使用，以及如何联系邮政检查服务和其他相关法律执法机构等。除此之外，还应落实实名寄递规则，对各寄递营业部门进行考核，严格奖惩制度。对举报寄递营业网点不规范经营行为者给予奖励。

3. 境内拦截技术升级

(1)涉案人员的轨迹判断。

毒品犯罪会在一定范围内留下活动轨迹，当前侦查机关可利用一系列电子信息记录，有效判断犯罪分子的轨迹情况，并予以追踪查证。这些信息包括民航、铁路身份信息和行程信息，高速公路交通信息，酒店宾馆入住信息，电子支付消费信息，银行转账金融信息等。民航、铁路、公路等信息能够反映乘客的行程轨迹，对在毒品生产、中转、消费地区具有高活跃度的乘客，信息系统通过智能筛查可以将其进行标记，公安机关可以根据标记结果对涉毒高风险乘客进行排查。一方面是将相关乘机人员的身份信息与数据库中的有犯罪前科者信息加以比对，另一方面与情报信息提供的嫌疑人线索加以对比、分析，从而发现涉毒犯罪线索。通过对目标对象的轨迹分析，不仅能够及时发现毒品犯罪活动，还能够顺藤摸瓜厘清涉毒犯罪团伙的结构体系和人员组成。支付交易信息也是侦查机关办理涉毒案件的重要证据来源，金融信息系统可以利用交易金额、交易目的、客户身份信息以及通常性的交易金额、交易对象等加以对照分析，以便从中甄别资金交易的性质是否合法。[1] 通过调查可疑资金流，可以发现毒品违法犯罪活动并阻止毒赃洗钱活动。

在公安机关确认犯罪嫌疑人轨迹的过程中，视频监控贯穿始终，航班进出港口信息、酒店住宿信息、交通卡口信息、各经营场所信息等都离不开监控视频信息。Chaitanya AK、Kartheek CH、Nandan D. 等人作了关于实时人脸识别与跟踪犯罪揭露的研究，该研究从三个方面展开：第一个是引入图像表示，称为积分图像；第二个是应用 Ada Boost 学习算法；第三个是级联框架，包括观察、生物识别和视频编码。研究的主要目标是实现一个使用现场可编程阵列（FPGA）来跟踪和检测人类表情的实时系统。此外，采用计算机控制闭路电视中的云台变焦（PTZ）摄像机，用于面部监控系统，并提出了人脸矩阵分区方案以加速人脸跟踪过程。[2] 人工手动用于监控视频查找目标人员效率低下，且视频分辨率低，很难凭借嫌疑人的形象来定位和跟踪他。因而，监控视频信息的有效利用要依赖人脸识别技术的运用，需要开发通过实时监控录像，基于犯罪分子的参考数据集检测和识别犯罪分子的监控信息系统。监控系统一旦找到最佳匹配，就会保存识别出罪犯的实时裁剪图像，在此基础上授权办案人员可以访问该图像以定位和跟踪罪犯或用于进一步调查。[3]

综上，侦查机关在对涉案人员的轨迹追踪过程中，要综合运用公

---

① 李云鹏：《"大数据"时代背景下，"轨迹"在毒品犯罪侦查工作中的应用研究》，载《云南警官学院学报》2018 年第 5 期。

② Chaitanya A K, Kartheek C H, Nandan D. , *Study on Real – Time Face Recognition and Tracking for Criminal Revealing*, Soft Computing: Theories and Applications. Springer, Singapore, 2020, p. 49, 857.

③ Patil S P, Yadav G S, Kudalkar S D, et al. , *Criminal Identification For Lowresolution Surveillance.* Viva – Tech International Journal for Research and Innovation, Vol. 1, No. 4, 2021, p. 1 – 6.

安机关内网信息系统、视频联网监控系统、互联网相关数据库系统等信息,运用相关技术进行信息比对,从中发现和确认犯罪嫌疑人的活动轨迹。

(2)涉案车船的定位追踪。

涉案车船与犯罪嫌疑人紧密关联,涉毒人员如果是车主或车主的关系人,那么明确涉案车辆轨迹信息也就相当于锁定了犯罪嫌疑人。正确运用车辆定位系统和涉案车辆的视频分析研判方法,可以准确、快捷地查明并定位涉案车辆。通过"以车找人"方法能够为案件的侦破工作迅速打开突破口。① 车辆轨迹的摸排可以从道路卡口视频监控信息、GPS 定位信息系统、停车场系统记录信息、道路违章信息、收费站记录信息等方面着手。

道路卡口监控视频能够记录经过车辆的号牌信息及车内人员物品状况,侦查人员可以据此分析涉案人员数量。此外,车型比对智能分析系统的建设,还可以帮助侦查人员对车型进行智能检索分析,完成对车辆特征识别等工作,提高对车辆管理、比对和分析的效率。② 全球智能交通系统(ITS)已经处于深度整合阶段。ITS 最重要的推动因素之一是车辆定位和跟踪技术。全球卫星定位系统(GPS)能够为用户提供定位帮助,但同时也能记录用户的活动轨迹,这些轨迹信息在犯罪侦查中发挥着重要作用。在密集的城市环境中,由于卫星信号的阻塞和多径效应,GPS 的精度下降是不可避免的。为了提高车辆定位精度和修正采集轨迹中的误差,朱晓等人提出了一种基于集成方法(GOI)的车辆定位方法,利用支持向量机回归(SVR)解决

---

① 李云鹏:《"大数据"时代背景下,"轨迹"在毒品犯罪侦查工作中的应用研究》,载《云南警官学院学报》2018 年第 5 期。

② 邵雷、闫薇、周东:《涉案车辆视频图像的分析研判方法研究》,载《辽宁警察学院学报》2021 年第 4 期。

GPS停运条件下的车辆位置预测问题，通过设计一种局部收缩粒子群优化算法（LS－PSO）处理基于GOI的SVR建模过程中的参数优化。道路试验表明该算法在车辆定位精准度方面显著优于现有bp神经网络等算法。[①]

在数字地图中，由于车辆定位不准确或道路网络简化，需要额外的技术来估计车辆在地图上的位置。杜普伊斯·约翰等人描述了一种在道路地图上实现车辆定位的方法，主要是将防抱死制动系统（ABS）和电子稳定程序（ESP）传感器数据用于建立运动更新模型。在基于图的路网表示法上，采用粒子滤波方法实现车辆定位。实验表明，在一个由380公里的可驾驶道路组成的道路网络中，误差中值为3.6米，汽车传感器所获得的性能与高端GPS/INS设备相似。[②]

（三）检验取证技术升级

1. 毒品检验技术改进

（1）对涉毒、吸毒人员的毒品检验。

对于吸毒者我们通常通过测量尿液、血液以及唾液中的分析物来检测，替代样本基质还包括头发和汗液。打击毒品犯罪不是单纯的查获拦截毒品，还包括查获之后的准确定罪量刑，因此毒检技术的升级十分重要。

头发中的毒品检测可以补充传统的血液和尿液分析，因为它扩大了检测窗口，并且可以区分重度使用、中度或轻度使用。被毛发中的角质蛋白固定的毒品可以长期稳定地保留在毛发中，毛发检测时

---

① Xiao Z, Li P, Havyarimana V, et al., *GOI: A novel design for vehicle positioning and trajectory prediction under urban environments*, IEEE Sensors Journal, Vol. 18, No. 13, 2018, p. 5586－5594.

② Yohan D, Merriaux P, Vasseur P, et al., *Vehicle positioning in road networks without GPS*, 2015 IEEE 18th International Conference on Intelligent Transportation Systems. IEEE, 2015, p. 1803－1809.

间范围可达半年甚至更久，且任何部位毛发均可提取，获取方便且易于保存，毛发毒品检测仪器采用无创检测，避免病菌感染，10 分钟内即可获得检测结果，高效准确适合实战。施瓦茨等人通过实验，在白种人毛发样本中检测到麻醉药品、阿片类药物、抗抑郁药、抗精神病药等 100 多种合法和非法药物的浓度分布，以及主要代谢物的浓度分布。这些数据可为其他实验室初步评估毛发毒检的结果提供有用的基础。[①] 毛发检验毒品技术要在打击毒品犯罪中发挥更大作用，还需要进一步推广并优化。

范德海德等人的研究表明唾液中可卡因浓度高的个体在指纹中沉积的汗液中也存在高浓度，这表明两种基质中可卡因的浓度存在直接关系。[②] 马克·哈德森等人则通过实验设计了基于荧光的侧流药物筛选盒，用于通过直接测量单个指纹的汗液轻松检测个人的药物使用情况。该方法可以从单个指纹样本中检测 4 种不同的药物类别（四氢大麻酚、可卡因、阿片类药物和安非他明）。4 种药物类别的结果准确度为 93% ~99% 。指纹样本易于收集，并且该检验十分快速，样本收集时间仅为 5 秒，总分析时间不到 10 分钟，可用于快速筛查个体的药物使用情况。[③]

---

① Musshoff F, Schwarz G, Sachs H, & et al., *Concentration distribution of more than* 100 *drugs and metabolites in forensic hair samples*, International journal of legal medicine, 2020, p. 1 – 7.

② van der Heide, S., García Calavia, P., Hardwick, S., Hudson, S., Wolff, K., Russell, D. A. (2015) A competitive enzyme immunoassay for the quantitative detection of cocaine from banknotes and latent fingermarks. Forensic Science International, 250, p. 1 – 7.

③ Hudson M, Stuchinskaya T, Ramma S, & et al., *Drug screening using the sweat of a fingerprint: lateral flow detection of* Δ9 – *tetrahydrocannabinol, cocaine, opiates and amphetamine*, Journal of Analytical Toxicology, Vol. 43, No. 2, 2019, p. 88 – 95.

(2)对查获毒品的检验。

首先,对侦查过程中查获的毒品疑似物进行检验,判断疑似物是不是毒品,是何种毒品。其次,在后续的定罪量刑中还需要更深入精确的纯度判断,进行重量换算,以正确量刑。此外,通过系统化、精细化的检验,还可以通过毒品样本中的元素含量判断被检测毒品的地理来源。所以,为了准确判定毒品的地理来源或贩运路线,就需要对已知来源的毒品样本进行分析。刘翠梅等人开发了一种 ICP – MS 方法同时分析可卡因中的无机元素,在对 183 个缉获的可卡因样品进行分析后获得了元素浓度范围。超声辅助溶解—电感耦合等离子体质谱法可同时分析可卡因样品中的 26 种无机元素(钠、镁、铝、钾、钙、钒、铬、锰、铁、钴、镍、铜、锌、砷、硒、钼、银、镉、锑、钡、镧、铈、铊、铅、钍和铀)。因此,可通过对一定年份缉获的大量可卡因样本的分析,获得可卡因样本中的元素浓度范围,以及对应的地理来源。① 此方法可类比用于其他毒品的检测,此后查缉的对应毒品均可与检测结果相比对,以判断毒品的地理来源和贩运路线,从而有助于实现全链条打击。

2. 涉毒取证技术升级

(1)虚拟机取证技术。

网络环境本身仍有许多安全问题有待解决,贩毒分子们利用电子技术平台进行犯罪活动增加了毒品犯罪的多样性和复杂性,使警方很难找到有力的证据,从而增加了侦破犯罪的难度。随着大数据技术的发展,电子证据在刑事审判中的审查和应用越来越受到重视。电子证据的有效利用,能够帮助侦查机关确定涉毒犯罪行为的很多相关细节,但电子数据量大且形式众多,且存在易丢失、易被篡改等

---

① Liu C, Hua Z, Meng X., *Profiling of illicit cocaine seized in China by ICP – MS analysis of inorganic elements*, Forensic science international, 2017, 276: 77 – 84.

问题,因此必须提高电子取证的技术水平,当前常用的技术包括高效截包技术、会话重建技术和专家识别系统等。

物联网覆盖多个层面,包括异构设备、互联网络和各种通信协议和应用。由于物联网设备的大量涌入,开发一种新的流程来调查物联网相关事件已成为一种必要,物联网取证技术的发展,将在侦查机关办理案件中发挥重要作用。物联网取证研究主要是虚拟机取证等,包括从物端提取数据和从云端提取两个方面,云端数据可通过在云服务端提供接口为取证人员完成物联网的电子取证,也可通过物端提取用户的日志、数据、痕迹等数据的方式相互关联以重构用户行为时间线,进而分析用户的数据操作行为规律。[①] 一些研究人员已经提出了物联网环境下的安全分析和取证调查的模型或框架。Kebande和 Ray[②] 提出了一个用于物联网基础设施的通用数字取证调查框架。该框架将现有的数字取证技术映射到物联网基础设施,包括三个主要过程:主动过程、物联网取证过程和反应过程。Zawoad和 Hasan[③] 提出了一个支持物联网环境中可靠调查的取证感知模型。物联网取证分为设备级取证、网络级取证和云级取证三层。Hirano[④] 等人提出一种名为 LogDrive 的框架,通过虚拟块设备主动收集数据,来监测云环境中的数据异常,并以时间序列的调查方式呈现被覆盖

---

① 徐达:《基于物联网的电子取证研究》,载《网络安全技术与应用》2021 年第 7 期。

② V. Kebande & I. Ray, *A generic digital forensic investigation framework for Internet of Things (IoT)*, Proceedings of the Fourth IEEE International Conference on Future Internet of Things and Cloud, 2016, p. 356 – 362.

③ S. Zawoad & R. Hasan, *FAIoT: Towards building a forensics aware ecosystem for the Internet of Things*, Proceedings of the IEEE International Conference on Services Computing, 2015, p. 279 – 284.

④ Hirano M, Tsuzuki N, Ikeda S, & et al., *LogDrive: a proactive data collection and analysis framework for time – traveling forensic investigation in IaaS cloud environments*, Journal of Cloud Computing, Vol. 7, No. 1, 2018, p. 18.

或删除的证据文件。[①] 虽然已有大量的研究集中在计算机取证、网络取证和云取证上，但物联网取证领域的研究却十分有限，尚需进一步加强。

(2)智能终端设备取证技术。

智能终端设备取证技术可围绕毒品犯罪分子之间的通信方式以及毒资流向等展开。通信方式：通话清单、电子邮件，获取通信地点，进行嫌疑人比对；即时通信软件，运用技术手段恢复数据，收集聊天记录。国外学者的相关研究显示，犯罪分子也会使用更复杂的沟通方式或其他加密通信程序，如 WhatsApp 等。毒资流向：第三方支付平台，例如微信、支付宝、Applepay、Paypal 等支付工具完成交易支付；银行账户转账，使用他人银行账户进行转账交易；电子虚拟货币，为逃避打击，有的犯罪分子会使用游戏币、比特币等虚拟货币进行交易支付。

随着毒品犯罪分子采用的技术越来越先进，其隐蔽性更强，且破坏力更大。因此，需要不断改进取证技术，推进数据挖掘技术升级，利用深度学习、BP 神经网络、支持向量机、K－Means 算法等，从涉毒嫌疑人智能终端设备中挖掘相关数据信息，作为证明涉毒犯罪的有力证据。[②] 近年来电子证据分析系统逐渐发展，其任务就是从复杂的电子证据中寻找有力的证据，从而帮助侦查人员快速破案。国外的电子取证发展较早，例如，美国一家计算机取证公司开发的 DIBS；英国 VOGON 公司开发的基于 PC、Mao 和 Unix 系统的数据采集和分析系统 Flight Server。国内也有一些公司开发了相关取证产品，比如

---

① 卢曦、揭萍、刘肖辉：《打击跨国毒品犯罪警务合作机制之完善》，载《广西警察学院学报》2017 年第 3 期。

② 黄士超：《数据挖掘在网络取证中的应用与研究》，载《网络安全技术与应用》2020 年第 1 期。

厦门美雅公司的取证大师 FM2008，上海基诺网络安全技术发展有限公司开发的中型取证系统 DiskForen 等。此外，吴宜兰、张静等人提出了改进的 FP - Growth 算法 ISPOtree，该算法只需要浏览一次数据库，效率更高，且在支持度和冗余度最优条件下，可以挖掘出更多的关联规则。①

在电子取证方面，国内的相关部门应积极与技术公司及科研单位以及其他技术人员共同努力，加强合作，发展更先进实用的取证系统。电子取证涉及公民隐私的保护问题，因此还需要严格限制取证主体，制定相关规则，从法律层面进行规范。

（四）跨境侦查合作平台技术升级

建立侦查资源的支援平台，通过专家、设备等方面的侦查资源支持，可以最大化地发挥各国侦查机关的专长，迅速提高侦查效率，把打击毒品犯罪的不利因素减到最少。加强各国在技术上的交流。面对当今高科技、有组织化的国际毒品犯罪，我们应该引用新的技术、新的设备武装自己，在与毒品犯罪作斗争的过程中，更要采用各种高科技的技术手段，因为犯罪分子可能利用人体的特殊部位，利用动物、食物，交通工具、集装箱，化学方法或雇用老人、小孩和孕妇来贩运毒品。犯罪分子也是全副武装，拥有对抗侦查的武装力量。因而技术、设备资源的更新装备必不可少。各国科技的发展水平参差不齐，在侦查合作中要相互交流，学习借鉴，国际侦查合作才会长期稳定地发展下去。

国际侦查协作具有较强的专业性和针对性，建立一支高素质、高技术水平的侦查队伍势在必行。针对毒品犯罪，可以建立涉外毒品

① Wu Y. & Zhang J., *Building the electronic evidence analysis model based on association rule mining and FP - growth algorithm*, Soft Computing, Vol. 24, No. 11, 2020, p. 7925 - 7936.

犯罪案件办理专业队伍。在选拔侦查人员时，着重考察基本素质和执法水平，有的放矢地对各国的侦查制度和语言文化进行培训，提高他们的理论和实践能力。侦查队伍中还可以吸收通晓国内外法律文化的专业人才，在侦查过程中答疑解惑，可以更好地开展侦查工作，也有利于合作方之间的友好交流。此外，我们还应积极同国际刑警组织和世界各国进行交流和合作，加强互助互信，为日后的合作打下坚实的基础。在毒品犯罪侦查过程中，除了加强装备的更新研发外，还需要各国之间友好互助，装备资源较好的国家主动向相对落后的国家提供装备保障，加强互信；相对落后的国家可以积极主动给予其他资源共享，加强互助，方能在毒品犯罪侦查实战中实现更默契的合作。

七、新形势下毒品跨境输入的侦查机制优化

（一）禁毒情报机制优化

1. 完善禁毒特情工作，发展禁毒数据情报

特情在毒品犯罪案件的侦办过程中扮演着重要的角色，要继续保持并完善特情线人的设置。在一些毒品使用概率较高的场所，例如酒吧、KTV 等地，与相关经营者建立毒情通报制度，做好特情物建，定期向侦查机关汇报情况，积极配合警方侦查。每个地区都有该地区毒情发展的特点，因此，侦查机关应在详细分析区域动态的基础上制定相应的对策。例如，可以与社区建立密切联系，了解哪里是药品流通的热点区域。可开通情报中心平台通过专用电话热线和举报邮箱的方式，方便普通民众发现毒情及时反映，拓宽涉毒情报来源渠道，以更好地确定特定地区的毒品市场规模和发展情况。特别是针对跨境毒品输入问题，在边境地区做好禁毒宣传，设置奖励制度，鼓励民众揭发举报涉毒行为。

数据情报是当前毒情收集的一个大趋势，大数据毒情监测平台建设，有利于侦查机关通过技术分析，从海量信息中发掘涉毒信号，在毒品犯罪案件侦办中争取更多的主动权。侦查机关通过对大数据的分析，不仅可以获知是否有毒品犯罪将要发生，还可以通过数据分析，判断犯罪组织的具体情况，适时调整侦查方向和部署重点，更加精准地打击毒品犯罪。侦查机关利用技术手段多维度收集海量的数据资源，从中筛选有价值的毒品情报，因而情报更具客观性。但是，数据情报也存在自身固有的缺陷和不足，犯罪不断升级，情报技术的发展速度可能赶不上犯罪分子犯罪升级速度，毒情获取迟延，情报加工分析研判耗时长。此外，数据情报的最大局限是容易被反侦查，如果犯罪分子实施反侦查策略，侦查机关将会获取虚假情报，误导侦查。

优化禁毒情报机制需要将禁毒特情工作与禁毒数据情报相结合，二者各有优势但又存在不足，无论单靠人力情报还是单靠数据情报，都很难精准把握毒品犯罪全貌，斩断毒品犯罪链条，彻底摧毁贩毒组织。信息网络化发展的背景下，要搭建大数据情报平台，同时又要完善特情制度，改造传统的人力情报。技术要依托于人的运用，优化禁毒情报机制应充分发挥二者优势。针对不同案件特点、不同区域分布情况选择合适的情报收集方式，二者有机结合，完善禁毒情报配套工作机制，建立标准并细化落实。

2. 建立各方协调机制，促进禁毒情报共享

情报是毒品犯罪侦查的生命线，跨境毒品输入犯罪具有组织性，涉及面广、跨区域、跨国境的特点。因此，要想更好地对其实施侦查打击，就需要建立各方协调机制，促进禁毒情报信息共享。各地方禁毒部门要在本辖区内积极部署，通过各种渠道收集大量的涉毒情报信息，针对跨区域的毒品犯罪，要全面把控犯罪动向，就需要建立各

方协调机制，推进区域禁毒情报共享。

跨区域毒品犯罪需要地方侦查机关的配合，不仅需要地方警力协助，还需要综合利用各地涉毒情报线索，但情报资源十分宝贵，具有一定私有性质和保密性质，只有在当前的毒情信息交流框架之下，着力改进业务评价机制，协助办案纳入考核，才能促进地方侦查机关将有价值的情报资源与其他侦查机关共享，着力提高涉毒情报线索区域间传递效率。建立各方协调机制有利于整合现有涉毒情报信息，打破不同省市情报线索对接壁垒，改善不同区域情报沟通障碍现象，有效利用毒情线索，避免资源浪费。这也是毒品犯罪跨境跨区域的特点决定的，禁毒情报共享可以帮助侦查机关顺藤摸瓜，掌握上下游犯罪的关键联系。比如，针对盐城籍犯罪人员生产和销售羟亚胺给惠东籍毒贩用于制造氯胺酮的情况，涉案地公安机关就要建立起区域间的情报线索交流、研判和分析机制。从而提高毒品犯罪情报跨区域交流分享效率，大大增加案件破获的成功率。

（二）侦查打击机制优化

1. 全链条禁毒体系的落实与延伸

毒品犯罪属于有组织犯罪，往往涉及多地区甚至跨国境，运作专业、隐蔽性强，涉毒资金数额大且追缴难，所以“一案一查”的侦查模式难以有效打击毒品犯罪，必须贯彻“全链条打击”的缉毒侦查模式，落实全链条禁毒体系，并不断延伸。不仅要关注跨境毒品犯罪的上下游，还要把握毒品跨境输入的全过程。

落实全链条禁毒体系。“全链条打击”是 2014 年 9 月 29 日百城禁毒会战部署会提出的概念，会议提出要“强化从深挖贩毒到延伸打击制毒的全链条打击措施，多角度深挖和严厉打击制毒犯罪”。毒品犯罪的犯罪链条长，每种毒品犯罪都是这个链条上的一环，彼此之间相互联系，相辅相成。从制毒前体的管控、易制毒化学品外流到制毒犯罪的打击相辅相成,从毒品的运输、毒品的流转贩卖再到毒资追缴环环相扣。在庞大的毒品分销网络里,存在多个上家与下家,他们彼此复杂交织、因果顺承,一旦掌握某一毒品犯罪的证据,通过深挖就能发现其他的毒品犯罪。所以,在收集毒品情报的过程中要使用发散思维,重视前期经营,毒品案件涉及人员众多,成员之间联系复杂,只有细致分析,才能完全掌握毒品犯罪的具体构成。只有充分收集犯罪证据,查明多个上下家之间的交易关系,查明毒品来源和毒品去向,赃款流向等,才能彻底打掉整个贩毒大网络。

全链条禁毒体系延伸。全链条禁毒体系的延伸主要是指要把握毒品跨境输入的全过程,包括入境前、入境时、入境后。跨国性以及跨区域性是毒品犯罪的重要特点,随着跨国跨境贩毒活动的增多,形成了大量的国际贩毒集团,一些外国籍人员受缅北、南美等国际贩毒集团的雇用藏毒入境,国内也有大量人员被招募或诱骗前往国外,充当“马仔”携带毒品再入境。国内贩毒组织与缅甸大毒枭相勾结,形成跨境贩毒网络,有组织、有计划地向我国境内大肆贩运毒品。① 针对跨境毒品输入问题,应该从毒品输入的全过程入手,强化跨境毒品输入情报收集,了解境外毒品输入动向,强化边境查缉和跨境空邮查缉,严加把控各种入境渠道,做好对毒品及易制毒化学品的拦截,对于已经入境的毒品要强化内陆查缉,做好涉案人员的追踪和涉案财物的追缴。

2. 协同治理体系的实践与深化

协同治理是指为了共同的社会治理目标,将利益相关者集中到

---

① 王雪晴、肇恒伟:《试论“全链条打击”缉毒侦查模式》,载《北京警察学院学报》2020 年第 2 期。

一起形成协同共同体，实现资源共享、责任共担的一种治理理念。①近年来，我国不断完善毒品问题治理体系，开展了一系列禁毒戒毒工程，“6·27”青少年毒品预防教育工程、“8·31”社区戒毒社区康复工程、“4·14”打击制毒专案机制、“5·14”禁毒堵源截流机制等措施的出台都具有显著的协同治理特征。

毒品跨境输入我国之后，一般会将几个地区作为集散中转中心，再向全国各地辐射，所以各省市地区的禁毒缉毒工作密切相关，在侦查办案过程中，需要多地联合经营，共同侦查，涉案地区侦查机关要加强合作，联合研判，协作侦查。各地区除了就某一大案形成专案组之外，还应丰富协作的组织形式，形成区域侦查协作常态化。全国的侦查工作是一个整体，各地的侦查机关也是一个整体，要将打击毒品犯罪工作做好，需要全国各地的侦查机关相互配合、密切合作。只有区域侦查协作常态化，各地警力资源有效整合，才能遏制毒品跨境输入和境内蔓延的趋势。

协同治理不仅包括机关体系内部协同，还涵盖了其他领域和部门。除了侦查机关之间要加强合作外，还应推动完善军警民联防机制，侦查机关与其他机关相配合，防控打击与治理相结合。强化基层基础工作，以地方党委政府为主，充分依靠部队、边防、公安等部门发动基层组织，积极参与边境管控，开展巡逻守候、查缉毒品、管控吸毒人员、举报违法犯罪线索等，形成抵御毒品渗透的坚实屏障。加强收戒工作和康复工作，由县（区）、乡（镇）党委政府组织，相关部门参与，健全社区戒毒康复工作机构，充实工作人员，落实相关措施。加强高校科研机构和禁毒部门合作，推进缉毒禁毒打击技术及检验技术等的研发与升级，切实服务于打击毒品犯罪工作，并积极在各阶段

① 曹威：《协同治理视角下的全链条打击毒品犯罪机制研究》，中国人民公安大学2020年硕士学位论文，第21页。

学生之间开展毒品宣传教育。2021 年 9 月 20 日,毒品和犯罪问题办公室阿富汗及邻国区域方案在线并在子方案三的框架内举行了第二次专家组会议(EGM),即“预防教育环境中的药物滥用,和治疗弱势群体的药物依赖”。COVID-19 直接影响了教师、学校和学生、家庭,所以会议的召开十分必要,并应通过区域计划平台继续定期交流教育环境中青年预防药物滥用的经验,将相关解决方案落实到各个国家。[①] 健全执法部门和通讯部门协作机制,以互联网为核心,利用无线网络将物体的信息上传,实现人与物、物与物相联,形成高效、便捷、专业、全面的业务协作平台,实现涉案特定互联网数据的及时推送和快速查询。

(三)侦查取证机制优化

1. 转变取证思路

在案件的侦办过程中,侦查人员要树立正确的证据意识,第一时间及时收集、固定与案件有关的所有证据。各级侦查机关在办理毒品案件时,不能仅仅停留在破案了事,要使犯罪分子得到应有的判决,要求我们的侦查机关在办案过程中获取的证据要经得起辩方的质证。侦查办案人员在办案初期,必须针对案件的性质建立完整的案件证据锁链模型,并在案件的侦办过程中按计划根据实际情况加以实施。适时组织缉私一线民警针对毒品走私案件的取证和证据应用进行培训,聘请具有较高素质的检察官、法官,从案件审查、审理的角度讲解我们所提取的嫌疑人的犯罪证据是否已形成完整的证据锁链,且能够证实案件真实情况,使侦查办案人员对案件证据的应用有

---

① 联合国毒品犯罪问题办公室:《预防教育环境中的药物滥用第二次专家组会议(EGM)》,载 UNODC 2021 年 9 月 20 日,https://www.unodc.org/rpanc/en/Sub-programme-3/the-second-expert-group-meeting-egm-on-preventing-drug-abuse-in-educational-settings.html。

新的认识，从而提高其提取、运用证据的能力。缉私部门必须更新观念，积极学习和应用现代科学技术，特别是提高运用刑事科学技术手段提取、固定毒品走私案件中涉案证据的能力，以提高我们的查缉毒品走私工作的效率和质量。充分运用刑事科学技术为侦查办案服务，"重证据、轻口供"，要充分运用刑事科学技术手段对毒品嫌疑物及其包装物、填充物、伪装物等有关物证进行技术处理，提取固定痕迹、文件检验和DNA等物证检材，为锁定嫌疑人、顺利破案打下坚实的基础。

2. 规范取证过程

针对不同类型的毒品犯罪应制定相应的取证规范要求，例如：询问证人的规范、搜查物证的规范、互联网毒品犯罪的取证规范、国际邮件走私毒品犯罪取证规范等。在毒品走私犯罪的场合下，最重要的物证主要有以下几种：查获在案的毒品，运输毒品的交通工具，藏匿毒品的物品、器皿，走私毒品的毒资等。毒品走私案件中最重要的犯罪证据就是查获在案的毒品。事实上，提高对毒品走私犯罪案件的侦破率，最关键的是要加强对走私毒品的查获。对于被查获的走私毒品必须及时予以扣押和保全。一是对查获的走私毒品要妥为保存并及时取样送检获取鉴定意见；二是及时开具扣押清单，并要求犯罪嫌疑人签名、捺指印；三是要拍摄照片附卷，一般应将毒品放在查获部位或者将藏匿毒品的包装、伪装物一同拍照，必要时还应责令犯罪嫌疑人站在查获地点一并拍照。

随着数字取证技术的发展，需要对电子证据的取证进行规范。各种数字取证系统层出不穷，这些技术在帮助侦查机关恢复、提取嫌疑人犯罪电子证据方面起到了重要作用，但是，技术本身涉及用户隐私安全问题。例如物联网取证可能面临服务商、外部攻击者篡改数据等风险，因此，必须制定相关取证法律规范，明确授权取证主体、规范取证流程、限定平台权限范围以及规定协助取证义务等。

3. 国际协助取证

对国外涉案人员相关证据的收集，需要通过国际组织、双边合作机制等途径，开展国际侦查合作，国际刑警组织作为协调各国预防和打击国际性犯罪的政府间国际组织，在传递交换犯罪信息、发布国际通报、查控与引渡等方面起到了重要作用。因此，侦查机关在发现与国外贩毒人员相关的痕迹、物证时，应及时对其进行提取、保存，并通过国际刑警组织，及时向有关国家通报案件线索、委托调查取证等。世界海关组织是专门研究海关事务的政府间国际组织。为了有效遏制毒品走私犯罪活动，加强各国海关的情报交流，世界海关组织建立了地区情报联络处。因此，各国海关在查获涉毒邮件后，可以通过世界海关组织建立的情报交流平台，将与该邮件相关的寄递单号、收寄件人信息等及时通报给有关国家，以便开展下一步的侦查工作。

（四）国际合作机制优化

1. 拓宽合作渠道

（1）加强执法合作。

双边警务合作。解决非法毒品问题是世界各国的共同责任，这是一个跨国问题。中国应积极与周边国家拓展禁毒合作范围，不仅需要在查缉方面加强打击贩毒活动，更重要的是进行源头打击以及终端打击。建立中国与周边国家专门的禁毒协调机构，派遣警务联络官，实施禁毒多部门联合执法措施，加强双方禁毒情报信息交流和案件信息交换，协助毒品跨境输入案件在境外的调查取证，以及在涉案犯罪嫌疑人的追踪及赃款追缴等方面进行合作。定期开展联合扫毒行动，重点打击境外贩毒集团和跨境毒品走私团伙，重点捣毁境外制毒工厂和贩毒窝点。不断推进与国内相关地区的禁毒执法合作，加强联系，根据各地毒情实际，建立切实可行的侦查协作机制，利用各自优势充分整合毒品犯罪情报信息资源、警力资源和侦查技术资源，争取在执法协作、联手打击跨境贩毒活动等方面取得新的成效。在毒品走私网络中，菲律宾被认为是一个重要的转运点和大量非法毒品的目的地国家，一些国际贩毒集团将该国视为地区总部。菲律宾打击毒品交易活动中，中国给予了大力支持，帮助建设了4个大型戒毒和治疗中心。此外，中国还提供1亿元人民币用于实施禁毒和执法安全合作项目。在警察行动和调查方面进行合作，包括分享实时信息、逮捕毒品犯罪分子和关闭在菲律宾和中国的秘密毒品实验室等。在逮捕、起诉、核查和其他方面应积极探索，进行更全面的司法和执法合作以及引渡毒品罪犯合作。

区域性国际警务合作。在打击毒品跨境走私犯罪中，促进区域性国际警务合作十分关键，因此，必须高度重视与重要区域和国家的禁毒警务合作。边境执法机构应积极与区域相关国家就毒品的拦截问题进行深度交流，在航空毒品走私拦截、跨海货轮藏毒拦截等方面，区域各国要联合制订相关战略合作方案，加强对各自边境入海口等地区的货运检查与管控。中国要继续积极参加东盟与中日韩（“10+3”）打击跨国犯罪部长会议；深化中老缅泰湄公河流域执法安全方面的合作等。[①] 依托上海经济合作组织，同相关国家和地区在打击非法贩运麻醉药品领域开展互利合作，研究制定上合组织秘书处同中亚地区禁毒信息协调中心谅解备忘录，支持双方开展合作、交流经验。上合组织同联合国毒品与犯罪问题办公室积极开展建设性对话并继续共同举办活动。建立一个合理有效的区域毒情信息大数据平台，实现区域毒情线索共享，区域各国共同参与，合力解决区域毒品问题的目标。

---

① 卢曦、揭萍、刘肖辉：《打击跨国毒品犯罪警务合作机制之完善》，载《广西警察学院学报》2017年第3期。

(2)加强会谈会晤。

定期会晤机制是警务合作的重要形式,我国十分重视与其他国家建立稳定的、高级别的定期警务会晤机制,如我国与俄罗斯建立了中俄禁毒合作部长级会议机制。"金三角"沿边国家毒品形势严峻,向中国输入毒品数量逐年剧增,中国出于自身打击犯罪的需要,尤其重视与这些国家建立警务合作关系,签署了多个多边或者双边的打击毒品犯罪的合作协议。[①] 各级禁毒委要把境外除源工作与边境维稳工作有机结合,加强与缅甸等地政府的会谈会晤,通报相关情况,表明我方立场,联合开展有针对性的扫毒行动。并坚持因势利导,"疏压"结合,继续敦促其加大禁毒力度,切实兑现禁毒承诺,减少毒品生产,逐步引导其从被动禁毒向主动禁毒转变。毒品问题是一个全球性的难题,各个国家都应该共同参与,合力解决毒品问题,共同签署毒品打击和治理协议,落实定期警务会晤机制,防止毒品的世界流通。

2. 深化合作机制

欧盟毒品犯罪侦查防控研究表明:一个成员国的无效阻截战略可能对其他国家产生连锁效应。例如,一批进入西班牙的可卡因或越过希腊边境的海洛因可能会对整个欧盟产生影响,而反过来,在关键国家的有效阻截可能会对所有成员国产生影响。该结论同样适用于区域毒品流转以及国家内部各地区之间的毒品扩散。只有深化合作机制,才能在毒品犯罪打击过程中,协作更畅通,做好关键国家毒品的有效阻截。

禁毒情报交流机制。走私毒品犯罪逐渐国际化、网络化。在这种情况下,仅依靠一个国家的力量进行情报收集显然无法满足当下

---

① 卢曦、揭萍、刘肖辉:《打击跨国毒品犯罪警务合作机制之完善》,载《广西警察学院学报》2017 年第 3 期。

的反毒斗争需要，因此，必须加强国际合作，特别是早期的情报交流。毒品犯罪的特性又决定了情报信息的准确性和隐蔽性。

区域合作长效机制。我国极为重视与东南亚国家的合作，先后推动大湄公河次区域、东盟 + 中国禁毒合作（ACCORD）等机制的发展。因此，我国应在联合扫毒的基础上，与周边国家建立长期的禁毒合作关系，持续深化并合理拓展。扫毒行动不应该只局限于某一固定时段，以免走私活动“错峰实施”，大大削减了联合扫毒的效果。禁毒区域合作必须建立长效机制，查缉毒品的工作必须常态化，才能推进整体打击效能的提高。

禁毒人员技能培训机制。中国应与周边国家深入开展禁毒合作，分析双方禁毒工作的优势与不足，总结成功经验，形成体系化禁毒策略与技巧，双方共同学习，相互交流。区域组织应开展统一的禁毒执法人员培训工作，由中国牵头，组织区域相关国家的缉毒执法工作者，开展线上线下的禁毒培训，建立区域禁毒执法考核标准，推进区域禁毒协作规范化，增强禁毒打击效果。此外，在应对暗网贩毒问题上，联合国为了帮助各国执法人员更加深入了解和调查加密货币开展了多次培训。截至 2020 年 3 月，联合国毒品和犯罪问题办公室已举办 17 次培训，覆盖 600 多位官员，包括在阿富汗、巴基斯坦、中亚和伊朗等国家和地区开展的合作培训。现阶段，这个措施已经取得不错的实用效果，许多优秀执法人员也掌握了调查加密货币的方法。2021 年 9 月 13 ~ 17 日阿富汗及邻国区域方案支持毒品和犯罪问题办公室土库曼斯坦方案办公室为中级官员举办了在线培训课程。为期 4 天的培训由俄罗斯联邦国际事务部西伯利亚法律研究所在毒品和犯罪问题办公室—俄罗斯中亚、阿富汗和巴基斯坦禁毒培训伙伴关系(第四阶段)框架内组织。[①]

国际反洗钱机制。开展涉毒资产追缴国际合作,涉毒资产追缴工作涉及公安、税务、房产、金融、工商等部门,需尽快建立联合追缴工作机制。首先,国内各部门要形成合力,共同促进涉毒资产追缴工作的开展。其次,在此基础上开展国际涉毒资产追缴合作,各国之间要形成“情报分享、协作联动”的机制,适时建立联席会议制度,彻底摧毁毒品犯罪的利益链条和经济基础。

八、结语

综上所述,新形势下的毒品跨境输入表现出新的特点,给我们的禁毒侦查工作带来了新的挑战。在毒品跨境输入犯罪的侦查过程中面临的各种困境,也暴露了当前侦查工作在新的发展形势、犯罪形势下的不足。新形势下的跨境毒品输入犯罪类型更复杂、作案手段技术更高明、犯罪组织更具专业性,反侦查能力更强。新的犯罪趋势呼唤新的侦查思路,侦查人员必须立足当下,大力加强技术设备投入,加快高素质侦查队伍建设,完善相关侦查工作机制。积极应对毒品跨境输入犯罪的侦查工作中出现的情报收集难、多渠道输入侦查打击难、涉网涉外流转多,检验取证难以及毒品犯罪跨境侦查合作困难等方面的困境。

毒品跨境输入犯罪问题的应对不仅是侦查机关的责任,技术设备的改进需要高校、科研单位以及企业共同努力研发,全链条打击跨境毒品犯罪还需要相关部门的配合和协作。社会在不断发展,新形

---

① 联合国毒品和犯罪问题办公室:《毒品和犯罪问题办公室—俄罗斯中亚、阿富汗和巴基斯坦禁毒培训伙伴关系(第四阶段)》,载 UNODC 2021 年 9 月 17 日,https://www.unodc.org/rpanc/en/Sub - programme - 1/unodc - russia - partnership - on - counter - narcotics - training - for - central - asia - - afghanistan - and - pakistan - phase - iv.html。

势不断出现,打击毒品跨境输入将是一个漫长的过程,应对毒品问题不仅要有及时性,新的毒品问题出现要迅速找到方法去解决,还应有前瞻性,技术不断更迭,新的科技成果在便利生活的同时也要注意预测其是否能为犯罪分子利用,做好犯罪预警,在打击毒品犯罪上未雨绸缪。

基层毒品问题治理的多重困境及解决路径探析

——以四川乐至、广元为例

黄　锐　刘志鸿

一、导读

2020年6月，习近平总书记在全国禁毒工作先进集体和先进个人表彰会上对禁毒工作作出重要指示，强调要坚持厉行禁毒方针，打好禁毒人民战争，完善毒品治理体系，深化禁毒国际合作，推动禁毒工作不断取得新成效，为维护社会和谐稳定、保障人民安居乐业做出新的更大贡献。2021年4月，国家禁毒委员会主任赵克志在全国禁毒工作电视电话会议上强调，要加大宣传、排查、整治力度，深入推进农村毒品问题专项治理，要以完善毒品治理体系为基础，大力推进毒品治理体系和治理能力现代化。

在中国社会多年的政治、经济、文化改革转型过程中，毒品问题作为一个社会性问题，是社会治理中不可忽略的部分。当前，我国经济发展进入新常态，社会治理工作受新冠疫情、国际毒情影响迎来了新的挑战，毒情形势依然复杂。禁毒工作部门迫切需要创新理念，强化手段，立足实际，根据地区基本情况探索毒品问题治理路径，突破毒品治理问题困境，为基层毒品问题治理探索解决方案。

二、基层毒品问题治理的现状探析——以四川乐至为例

四川乐至位于四川盆地中部，地处成渝地区双城经济圈、成都平原经济区、成德眉资经济圈“三区叠加之地”，是四川省唯一同时连接成渝“双核”的区域，优越的地理位置、发达的交通网络为制毒、贩毒等犯罪的滋生提供了便利条件。

2018 年 3 月 19 日，四川乐至发生一起吸毒致幻肇事杀人案，犯罪嫌疑人陈某在毒品的作用下将自己的双亲及幼女杀害，在逃跑过程中先后撞停 2 辆车，捅伤车上 3 人，又刺伤 1 人和路边的一对夫妇。这起与涉毒关联的乐至“2018.3.19 案件”令人骇闻，引起了国、省禁毒办的高度关注，因此乐至于 2020 年 10 月被国家禁毒委在全国通报并予以通报警示，责令乐至地区对毒品问题进行整治。

四川乐至因吸毒人员肇事肇祸、外流制毒等问题被列为毒品问题重点整治地区以来，全县积极落实禁毒委关于加强毒品问题整治工作的要求，探索基层毒品问题治理方案。

（一）乐至基层毒品治理方案探索一览

1. 主要做法

（1）党管禁毒：三级书记抓禁毒。

乐至县自开展毒品问题整治工作以来，坚持党管禁毒，完善禁毒工作顶层设计，提高毒品治理经费保障，建立禁毒工作高效督查机制。

乐至自国家禁毒委通报警示以来全面实行三级书记抓禁毒，重组乐至县禁毒委员会，县委书记、县长担任县禁毒委主任，增列部分县级领导任委副主任，成员单位增加至 70 个，实现了县级单位全覆盖。此外，县委、县政府多次召开县委、县政府常务会议就禁毒工作

进行安排部署，将禁毒工作纳入县委、县政府督导考核项目，统筹毒品治理工作；乡镇、单位一把手主抓贯彻执行，健全禁毒委成员单位定点包片制度，落实细胞工程等相关措施。

为提供禁毒工作经费保障，乐至建立了毒品治理工作经费增长机制，预算禁毒工作经费6300余万元，以高经费保障对标禁毒工作高标准。毒品治理工作经费的增长使县禁毒办增加编制到11人，选派乡镇街道禁毒专职副书记21名，配备基层禁毒专干103名、禁毒专职社工114名，建立村（社）级禁毒信息员队伍315支，努力推动一村一辅警全覆盖，使县乡两级禁毒办真正实体化运行。

乐至除了进行禁毒工作顶层设计，建立毒品治理经费保障外，还对禁毒工作进行高效督查。对党员、干部、公职人员进行“四个一律”问责（凡是党员、干部涉毒的一律依纪依法从严从重处理，凡是公职人员涉毒的一律先停职后审查，凡是出了涉毒问题的单位一律取消评先资格并追究主要领导、分管领导责任，凡是知情不报、纵容包庇、失察失职或压案不查的单位和个人一律依法查处、严惩不贷）；对乡镇、单位主要负责人推行“周调度、月考核、季述职”机制，督查禁毒工作的落实，完善单位考评问责机制。

（2）相关制度：禁毒工作分色分类管理办法。

为建立高效有序的禁毒工作管理模式，落实各部门、单位的禁毒工作责任，结合实际，乐至制定并出台了禁毒工作分色分类管理办法。所谓分色分类管理，是指根据乐至县各乡镇、各部门、单位毒情形势及主观工作效能情况进行综合评估，根据评估结果及问题严重程度分为“三色三类”，即一类为红色“督办类”，二类为黄色“关注类”，三类为绿色“常规类”，实施分级分类管理。

县禁毒办根据分类评定结果，对各区域禁毒工作实施差异化管理。对于红色“督办类”，县禁毒委每月至少进行一次禁毒工作专项督导,该区域的乡镇、部门要每月听取禁毒工作汇报,每月报送当月工作总结、下月工作计划和相关信息简报,每季度向县禁毒委进行一次禁毒重点整治工作述职汇报;对于黄色“关注类”,县禁毒委每季度至少进行一次禁毒工作专项督导,该区域的乡镇、部门要每两月听取一次禁毒工作汇报,每月报送一次工作总结,每季度向县禁毒委进行一次述职报告;对于绿色“常规类”,该区域的乡镇、部门按照常态化要求及时报送相关情况。

根据该办法,乐至评定红色“督办类”10 个,黄色“关注类”17 个,绿色“常规类”64 个,以制度促管理,以制度看成效,以三色分类管理制度倒逼乡镇、部门毒品治理工作落地落实,推动禁毒工作深入开展。

(3)宣传方式:“1 +2 +19 +X”禁毒宣传矩阵。

预防教育是毒品问题治理的治本之策,乐至为了推进禁毒宣传,进行毒品预防教育,制定了“1 +2 +19 +X”禁毒宣传阵地建设模式。“1”即一个禁毒主题公园,乐至以南湖公园建立的全天候开放式毒品预防教育数字文化场馆为中心,将南湖公园打造成集休闲娱乐、法治禁毒宣传、文明创建于一体的主题文化公园,让人们在休闲娱乐中获得禁毒知识的潜移默化。

“2 +19”即在乐至天池、南塔 2 个街道和 19 个乡镇,按照“一乡镇一特色”的工作思路建设禁毒教育基地、禁毒文化长廊、禁毒主题大道、禁毒教育园地等,对社会群众进行禁毒宣传,进一步深化社会面毒品预防教育。目前,乐至已建成 3 个乡镇毒品预防数字化展馆,16 个禁毒教育基地,64 个禁毒文化宣传长廊。

“X”即以城区街道和各乡镇基地为基线,在企业、单位、重点村、社区等建立若干个禁毒教育微基地,如禁毒文化角、禁毒知识宣传栏等,辅以禁毒宣传活动,聚点成面,助推禁毒宣传教育全覆盖。

目前乐至已建成47个禁毒宣传微基地,1个广场禁毒文化角,633个禁毒宣传专栏,永久性禁毒宣传标语3900余幅,全面推进禁毒宣传全覆盖体系建设,提升人民群众防毒、抗毒能力以及禁毒参与的积极性。

(4)工作模式:“一库三班一问责”、农村“多户联防联保”。

“一库三班一问责”又称131工作模式,是乐至为了有效管控制毒犯罪高危人员、精准打击犯罪的新工作新模式。

“一库”是指建立一个动态数据库。通过对区域内易制毒重点嫌疑人员和本地较为活跃的吸毒人员、制毒高危地区务工异常返乡人员、无正当职业期经济反常人员和通过其他渠道掌握的有制毒犯罪嫌疑人等5类人员进行全面排查,收集基础信息、通联工具、交通工具、网络账户、银行账户等重点信息,综合建立一个本县高危制毒人员动态数据库,并在此基础上定期、不定期地对库内人员信息进行筛查,及时维护、更新数据库信息,确保数据准确。截至目前,乐至纳入自建数据库1100余人,易制毒重点嫌疑人员500余人。

“三班”是指研判专班、盯控专班、打击专班。研判专班是指抽调禁毒、情报、网安、技侦等部门人员组建信息研判专班,对动态数据库人员的衣食住行等信息进行常态研判,对重点人员进行针对性研判。盯控专班是指禁毒部门会同乡镇单位,整合公安民警、单位职工、村社干部、禁毒社工、网格员、禁毒信息员、禁毒志愿者等力量,组建线上、线下两个盯控专班。由情报、网安、技侦等专业人员开展线上盯控,对高危制毒重点对象的通话记录、聊天信息、活动轨迹进行分析,全面掌握其异常信息,实现与打击专班的无缝衔接。派出所民警、基层干部及多方社会力量开展线下盯控,对高危制毒对象的异常情况进行重点关注,为打击专班提供线索、信息。打击专班是指由禁毒、刑侦等专业力量组建,在开展侦查、收网抓捕、审讯攻坚的基础上对制毒犯罪开展全环节打击。

"一问责"是指在明确公安机关、乡镇基层组织职责任务和排查管控重点的基础上,组建"禁毒 + 纪委监委 + 组织人事"的责任倒查专班,就县域内发生的制毒案件逐一进行责任倒查,对未主动发现本地制毒案件或者制毒高危人员漏管失控现象严重的乡镇单位进行严重问责,视情节进行重点整治、落实追责措施,进一步提升制毒高危人员的管控能力,提高制毒活动的打击效果。

农村"多户联防联保"是指以"院落 + 家族"为主导,以《村规民约》为规范,按照群众自愿、自由组合的原则,捆绑国家相关各项惠农补助和社会保障经费,通过相互监督、互帮互助、利益共享、风险同担方式,以相邻的几户家庭为单位组建的民间禁毒联防联保模式。这种工作模式有益于村民实现自我教育、自我管理、自我发现、自我监督、自我防范,真正发挥了人民群众的主体作用,切实调动群众力量,提升基层毒品问题防控能力,推动禁毒人民战争向纵向深发展。

2. 治理成效

乐至县委、县政府综合施策,贯彻落实党管禁毒、系统治毒、专业缉毒、全民防毒等措施,坚决摘除毒情整治标签,取得了一定阶段性成果。

一是查处打击质效提升。乐至自重点整治以来,投入 500 万元购置情报分析研判系统、毛发检测仪、无人侦察机、瞳孔检测仪等设备,坚持"酒毒同检、逢嫌必检",常态化开展毒品查缉,设置固定执法站 8 个、临时监测点 16 个,出动警力 500 余人,检查车辆 4200 余人,检查人员 7600 余人;坚持"以打开路,以打为先",破获毒品刑事案件 30 件,抓获犯罪嫌疑人 39 人,查获吸毒人员 186 人,捣毁制毒窝点 3 处。

二是人员管控效能提高。乐至在三级书记抓禁毒,县委书记、县长"双挂帅"的党委领导下,坚持全域全员普查,对 2 万余名公职人员进行毛发检测,对在册吸毒人员、场所从业人员、"四车"驾驶员①进行"尿检+发检",对辖区内制毒高危场所、寄递物流企业、文旅经营场所和易制毒化学品、精麻药品使用企业进行周巡查、月清查。此外,还通过污水检测技术完善毒情动态监测机制,对新增吸毒人员、制贩毒人员进行日分析研判,加强禁毒部门对涉毒人员的管控率。

三是群众参与度大幅提升。一方面,乐至构建的"1+2+19+X"禁毒宣传矩阵在全县实现全覆盖、全开放,营造了浓厚的禁毒基础氛围;另一方面,乐至还积极推进禁毒宣传进校园活动,将禁毒法律法规纳入校园学法,多平台、多样式、常态化地开展禁毒宣传,真正做到全民防毒、拒毒。此外,禁毒部门设置吸毒、制毒线索举报奖励金,激发群众参与热情,群众举报线索达43条,群众举报涉毒案件数较前三年平均数增加207%,群众参与度大幅提升。

四是本地制毒发案、毒品滥用指数、外流新增制贩毒人数明显下降。乐至自重点整治以来,本地制毒发案数1件,较前三年平均数4件下降75%;污水检测平均指数较去年同期下降70.3%,毒品滥用情况明显好转;在加强制毒贩毒人员管控的基础下,外流制贩毒人数较前三年同期平均数6人下降100%。

(二)问题分析检视

从上述数据可以看出,乐至自开展毒品问题重点整治以来取得了较好的治理成效,但是对新事物的探索必然是摸着石头过河,不可能一蹴而就,找到解决问题的完美方案,乐至毒品基层治理方案的探索也是如此。对乐至毒品问题治理方案进行总结和分析可以发现其存在的一些缺漏,需要我们再检视、再修正。

① "四车"驾驶员主要指公务车、校车、运输车、救护车驾驶员。

1. 毒品问题治理措施短期有效

乐至在进行毒品治理过程中，党政组织领导有方，公安部门打击有力，禁毒宣传方式多样，数据显示，毒品治理工作反馈良好。但具体而言，乐至的毒品问题治理不具有代表性、适用性，因为乐至进行毒品问题治理的主要目的是摘除毒情重点整治区域的标签，并不是探寻一条基层毒品问题治理新路径，所以乐至县委、县政府实施的毒品治理措施只是短期有效，一旦不再需要重点整治，毒品治理工作将会回归原状，并没有将毒品治理工作纳入县域经济发展大局，没有针对毒品问题治理的长远设想。

毒品问题治理并不是依靠短暂有效的措施就能解决的，其与社会延续共存的特殊性要求党委政府进行毒品问题治理时必须脚踏实地、久久为功，将毒品问题治理纳入区域经济社会发展规划，以一年、三年、五年为期限设置毒品治理工作预期达到的目标，从而对毒品问题治理工作进行长期规划，作为平安建设和社会治理现代化的重要内容，作为打击违法犯罪，促进区域和谐稳定的重要内容。

此外，党政领导还应该扛起毒品基层治理长远建设的政治责任，建立并完善“党政牵头、部门推动、县级实战、乡级落地”毒品问题治理责任体系，拧紧禁毒工作责任链条，真正将禁毒工作上升为党政工程、一把手工程，高位谋划禁毒工作组织体系，严格落实禁毒工作主体责任，推进基层毒品治理措施的常态化实施。

2. 物流寄递禁毒管理制度缺失

随着社会经济的发展，互联网电商的兴起，物流行业也随之扩张、繁荣，成为人们日常生活中不可或缺的一部分。根据《2020 年中国毒情形势报告》，受新冠肺炎疫情影响，“互联网 + 物流寄递”贩毒活动增多，物流寄递渠道贩毒案件持续上升，“大宗走物流、小宗走寄递”特点明显，[①]因此，全面加强物流寄递渠道禁毒工作，对遏制区域内毒品渗透，减少社会危害具有重要意义。但在乐至基层毒品基层治理的主要做法中，物流寄递禁毒工作并未被提及，寄递禁毒管理制度更无从说起。对于日趋严重的利用物流寄递运毒、贩毒的犯罪活动，我们应严密防范、严格监管，加大寄递渠道管控力度。

就严密防范而言，禁毒部门需要强化该区域内国内快件、国外邮包查缉。对于国内快件，需要严格落实收寄验视、实名收寄、过机安检三项制度，关注国内毒品重点区域寄入的快件，严防毒品通过夹藏或者更换包装等方式流通；对于国外邮包，需要由禁毒部门研究国际涉毒邮包的特征规律，对来自高风险毒源地的国家或地区的邮包加大查验力度。

就严格监管而言，禁毒部门需要加强对寄递企业的监督检查，实行多种形式的监管措施，主要包括加强行业监管、责任倒查等方面。行业监管需要由禁毒部门检查寄递行业是否严格落实各项管理规定，防止各类禁寄、违禁、危险等物品的夹带、传播和运输；是否做好从业人员管理、物品来往登记、流转处理等环节工作，切实从源头上杜绝毒品的运输和传播。责任倒查主要是将寄递企业纳入重点监测、严格管理单位，通过落实责任倒查倒逼企业严格履行安全管理制度，加强对寄递物品的有效管控度，提升打击寄递渠道贩毒活动的精准性。

3. 涉毒反洗钱工作机制未涉及

众所周知，毒品犯罪利益巨大，毒品犯罪活动的增加致使涉毒洗钱犯罪日渐增多，涉毒洗钱犯罪是毒品犯罪的上游罪名，不仅为制贩毒活动提供资金支持，同时也严重影响了地区金融系统的安全和社

---

① 中国禁毒办：《2020 年中国毒情形势报告》，载中国禁毒网 2021 年 7 月 16 日，http://www.nncc626.com/2021-07/16/c_1211244064.htm。

会稳定。在打击毒品犯罪的同时更应加大对涉毒洗钱犯罪的打击力度,但在乐至的禁毒工作中,涉毒反洗钱工作并未涉及。

涉毒洗钱犯罪的主要特点是洗钱方式多样、洗钱日趋隐蔽化,犯罪分子主要通过金融机构或者投资来洗钱。近年来,随着互联网技术的发展,越来越多的毒品犯罪分子通过网络赌博、虚拟货币进行洗钱。犯罪分子还总是将毒品犯罪收益和正常经营活动获取的利益融合在一起,使涉毒数额无法认定,从而清洗毒资。

打击涉毒洗钱工作需要公安机关、检察院、法院等多部门协作配合,形成合力,在打击洗钱犯罪和毒品犯罪并重的办案理念指导下,在提高涉毒资产审查认定能力的基础上,加大涉毒洗钱犯罪的查处力度,打财断血,摧毁毒品犯罪的经济基础,实现对毒品犯罪的全链条打击。

三、基层毒品问题治理的多重困境及解决路径

《2020 中国毒情形势报告》显示,虽然我国吸毒人数下降,但是毒品滥用场所隐蔽,种类多样,影响公共安全、社会稳定。乐至为整治毒品问题采取了一系列措施,从强化组织领导,出台相关制度,到严打毒品犯罪、深化预防教育等,尽可能就毒品问题治理的各个环节提出解决方案,促进区域毒情形势的好转。但乐至只是中国国土范围内某个区域毒品治理问题的一个缩影,由点及面,由此及彼,不只乐至,在我国基层,禁毒工作也面临难题,通过将整治区域乐至与全国禁毒示范城市广元结合论述可以看出基层毒品问题治理面临的诸多困境,以便探析基层毒品问题治理的解决路径。

(一)组织保障不足,缉毒打击乏力

1. 组织保障不足——加强组织领导

习近平总书记曾提到“各级党委和政府要坚持以人民为中心的发展思想,以对国家、对民族、对人民、对历史高度负责的态度,坚持

厉行禁毒方针，打好禁毒人民战争，完善毒品治理体系，深化禁毒国际合作，推动禁毒工作不断取得新成效，为维护社会和谐稳定、保障人民安居乐业作出新的更大贡献”。[①] 即禁毒工作首先需要政治建设，政治建设在社会治理中具有引领性、决定性、根本性作用，毒品问题治理也是社会治理的一部分，因此，推进禁毒工作，加强毒品问题治理首先要加强组织保障。

组织保障是禁毒部门顺利开展禁毒工作、完成既定目标的重要条件，禁毒工作的组织保障主要包括两个方面：一是强化组织领导，二是加强经费保障。基层禁毒工作无明显实效，毒品问题治理无显著进展的主要原因之一是组织保障不足。

2018 年，广西上林县因隐性吸毒人员市区肇事肇祸被国、省禁毒办通报警示，挂牌整治；2020 年，四川乐至因吸毒人员肇事肇祸、外流制毒等问题被国、省禁毒办列为重点整治地区。国家禁毒办根据吸毒人员肇事肇祸对公共安全造成的影响确定毒品问题严重区域，督促各地区加强组织领导，重视禁毒工作，健全禁毒工作领导体系。

以乐至为例，在加强整治之前，县委、县政府的领导对禁毒工作的关注程度有限，形式上存在禁毒委员会，实际上并未真正发挥组织协调的作用，禁毒办大部分未实体化运行，禁毒编制人员、社工人数不足。因此，乐至加强组织保障的措施之一是提高政治站位，由县委书记、乡镇书记、村书记三级书记领导禁毒工作；重组禁毒委员会，由县委书记、县长担任禁毒委主任，就毒品问题治理开展工作部署。措施之二是划拨毒品治理工作经费，增加禁毒办人员编制，促进县乡两级禁毒办实体化运行。

以广元为例，广元市委、市政府的领导高度重视禁毒工作，多次

---

① 新华社：《习近平对禁毒工作作出重要指示》，载中国政府网 2020 年 6 月 23 日，载 http://www.gov.cn/xinwen/2020-06/23/content_5521305.htm。

召开市委常委会会议、市政府常务会议，就禁毒工作开展听取禁毒工作专题汇报，就禁毒工作中遇到的难点问题进行研究讨论。同时，由市长担任禁毒工作领导小组组长，提高站位，整体推进，进一步健全市、县、乡三级禁毒工作领导体系。此外，广元还设立了定点包片制度、责任清单制度、年度述职制度，提高禁毒工作在各公职人员年度工作中的考核权重，以各村为阵地，村书记、村主任作为第一责任人，排查毒品制贩毒活动、吸毒人群，对禁毒工作进行高效督查，就工作缺漏严肃追究主要领导、分管领导责任，层层落实党委、基层主体责任，切实做好禁毒工作。

2. 缉毒打击乏力——建设专业队伍

打击涉毒违法犯罪的重点在于禁毒队伍专业力量建设。根据地方各级人民政府的机构设置，市公安局内设禁毒支队，县公安局内设禁毒大队。就县公安局而言，除了设置禁毒大队外，还需要设置刑事侦查大队、督察大队、安全保卫大队、交通警察大队等，且由于人员编制原因，禁毒大队人数有限，禁毒专业队伍不足，禁毒基础建设不完善，在打击涉毒违法犯罪时可能有心无力，无法及时发现区域内毒情线索、分析毒情形势，无法对区域内涉毒犯罪进行精准打击，缉毒打击乏力。

以乐至为例，在进行毒品问题整治的过程中，不仅以禁毒大队人员为主力，还抽调了情报、网安、技侦等部门组建情报信息研判专班、盯控专班，就涉毒高危人员的吃、住、行、消、乐以及通信、交通、银行账户等开展系统全面的分析，就分析研判的高危制贩毒对象开展线上、线下双线盯控；抽调刑侦专业力量联合其他警种组建打击专班，就制毒贩毒嫌疑人员开展侦查、抓捕、审讯，加强禁毒专业队伍建设，有效管控制贩毒高危人员，打击涉毒违法犯罪。

以广元为例，广元从实际出发，针对本地区毒品犯罪的新变化、新特点，一方面，禁毒队伍创新查缉战法，整合专业警种，面对毒品犯罪职业化的新情况实施专业化打击，在查缉毒品犯罪的实践中，总结出“望、闻、问、切”毒品查缉“五字战法”；另一方面，注重强化毒品犯罪查缉和区域协作，组建专业的毒品查缉队伍长年累月地在七盘关检查站开展毒品公开查缉工作，还与广元毗邻城市建立禁毒边际合作机制，与毒品来源区域、毒品流入区域建立毒品犯罪打击协作机制，强化毒品治理区域协作，构建联防、联控、联治工作格局。

因此，打击涉毒违法犯罪必须以强大的组织保障为后盾，在坚持党政主导，党建引领的基础上，既推动禁毒工作顶层设计的完善，又加强禁毒专业队伍的建设，落实各部门主体责任，实现多部门协同、全警联动的工作局面，推动禁毒工作有序进行，共同开展基层毒品问题治理。

（二）财政投入有限，戒治帮扶脱管

1. 财政投入有限——划拨专项经费

在开展毒品问题治理的过程中，如果说严厉打击涉毒犯罪是治理毒品问题的首要环节，那么加大财政投入，就缉毒打击、禁毒宣传、社区戒毒康复划拨禁毒专项经费则是治理毒品问题的核心环节，禁毒经费的充裕与否与毒品问题治理成效的优劣息息相关。

根据《禁毒法》的相关规定，各级人民政府应当根据实际禁毒需要将禁毒工作纳入社会治安治理，禁毒所需经费纳入本级政府财政预算，加大毒品问题治理的财政支持力度。根据我国现行的预算管理体系，纵向分为中央、省级、地市级、县市级、乡镇级五级预算，本级政府实行本级预算；预算横向包括一般公共预算、政府性基金预算、国有资本经营预算、社会保险基金预算四类，禁毒经费纳入本级财政预算即纳入本级政府一般公共预算支出。但就基层人民政府财政预算而言，需要就社会保障、社会救助、公共服务等方面规划相关预算保障该区域经济发展、民生治理的需要，禁毒经费的预算相对而言并不充足，无法完全满足全县禁毒工作的经费需求。

以乐至为例，在整治毒品问题之前，乐至虽然将禁毒经费纳入同级工作部门年度财政预算，但因禁毒经费有限，禁毒成效不明显。自2020年10月开展毒品治理以来，乐至划拨禁毒工作专项经费，按照比例逐年增加禁毒经费，建立了毒品治理工作经费动态增长机制，配备基层禁毒干部、禁毒社工、禁毒信息员等，促进禁毒办实体化运行，推动禁毒基础设施、专业设备建设，确保毒品问题治理保障有力，成效明显。

以广元为例，广元自2018年起就提出禁毒经费足额保障，确保基本满足禁毒工作的日常运行和宣传活动需要。① 一是划拨经费设立各级禁毒委、禁毒办，为禁毒工作部署提供组织协调、督促指导；二是在乡镇社区建立戒毒康复工作站，配备禁毒社工，提升毒品问题治理实效；三是加强禁毒基础设施建设，在全市建立多个禁毒教育基地、禁毒宣传栏，营造社会禁毒氛围。

夯实禁毒经费保障，提高资金使用效率，发挥经费使用职能，确保禁毒经费专款专用，不断建立健全禁毒经费动态增长保障机制才能筑牢防毒、戒毒防线，全面提升毒品问题治理工作实效。

2. 戒治帮扶脱管——深化戒治帮扶

2018年5月，司法部在部署全国统一的司法行政戒毒工作基本模式中，首次正式提出将“有效衔接”作为戒毒工作基本模式的重要

① 广元市昭化区柏林沟镇人民政府：《关于印发2018年禁毒工作计划的通知》，载广元市昭化区人民政府网2019年1月14日，http://www.zhaohua.gov.cn/news/detail/20190115154408242.html。

一环。[①] 所谓有效衔接,即帮助戒毒人员回归社会,做好社会衔接工作,打通戒毒人员回归社会的最后一公里。2021 年 6 月,司法部宣告全国统一的司法行政戒毒工作基本模式全面建成,标志着全国司法行政戒毒系统要求建立以分区分期为基础、以专业中心为支撑、以科学戒治为核心、以衔接帮扶为延伸的统一戒毒模式。帮助戒毒康复人员戒除毒瘾,顺利回归社会是毒品问题治理工作的源头性、基础性工作。

以乐至为例,虽然乐至在人员管控效能提升中提及社区戒毒康复执行率达到 100%,但是并未具体说明对戒毒人员后续工作的具体措施,也未提及戒毒人员管控率和复吸率。大多数戒毒人员文化水平低、身体条件不佳,就业竞争力较弱,可能无法顺利回归社会,重新走上毒品犯罪的道路。因此,乐至需要加强社区戒毒康复工作,主要包括增设社区康复工作站、强化家庭亲情帮扶、进行经济扶助,落实过渡性帮扶安置等措施。

戒毒人员管控应当以社区戒毒康复工作站为主要工作阵地,努力在全县所有镇达到"一镇一站",提高对戒毒人员的管控率;促使戒毒康复人员家属积极参与,在戒毒康复的过程中促进戒毒康复人员与家属进行有效沟通、了解,修复家庭关系,营造良好家庭环境,巩固戒毒成效。大多数戒毒人员无法顺利回归社会的主要原因就是经济窘迫,无法就业,因此康复站需要在加强戒毒人员技能培训的基础上,制订帮扶方案,建设就业安置帮扶基地,解决戒毒人员生活就业困难问题,从源头上推进毒品问题治理。

以广元为例,广元一直坚持创新戒毒康复工作,广元社区戒毒康

---

① 新华社:《司法部打造全国统一的司法行政戒毒工作基本模式 推进戒毒规范化建设》,载中国人民政府网 2018 年 5 月 29 日,https://baijiahao.baidu.com/s?id=1601805732895439463&wfr=spider&for=pc。

复工作站对戒毒康复人员进行网格化管理，利用“四个三”工作法（三肯律己、三心待人、三招交心、三步回归）帮助戒毒康复人员戒除毒瘾，利用网格员、社区民警、禁毒社工三支力量实现戒毒康复防控共治，加强对戒毒康复人员的管控，提升社区戒毒康复执行率。此外，广元还积极举办戒毒康复人员职业技能培训班，对困难的戒毒康复人员积极开展救助工作，解决戒毒康复人员的就业问题，使其更好地融入社会；对处于困境的戒毒康复人员积极落实兜底保障政策，设置了特困供养、最低生活保障，及时救助家庭困难的戒毒康复人员，保障其基本生活，促进戒毒康复人员早日回归家庭、融入社会。[①]

加强防控戒治，推进救助帮扶是帮助戒毒康复人员戒除毒瘾，提升戒毒康复实效，降低区域毒品犯罪率，促进社会和谐稳定的关键部分，也是破解基层毒品问题治理困境的重要路径。

（三）风险排查缺失，社会参与不济

1. 风险排查缺失——加强排查管控

加强区域毒情监测，排查易涉毒重点人群、重点行业、重点场所是了解该地区毒情形势，管控吸毒人员，整治毒品问题的前置措施。从广西上林县、四川乐至县被责令整治可以看出毒品滥用风险排查缺失对地区的影响。正是由于基层在毒品问题治理过程中缺失毒品滥用风险排查或者排查管控不够深入，才会导致吸毒人员肇事肇祸事件层出不穷，严重影响社会治安，扰乱社会秩序。

具体而言，对街道、社区进行污水监测可以发现各个地方的毒情指标同比是否上升，从而确定区域毒品滥用问题的严重性及毒品滥用对区域经济消耗、社会治安环节的影响；对乡镇外出务工人员、易

① 广元市利州区政府：《利州区多层次帮助困难吸毒人员走出生活困境》，载广元市人民政府网 2019 年 7 月 3 日，https://www.cngy.gov.cn/artic/show/20190703103715908.html。

涉毒人员场所加强排查管控可以提前预测预判涉毒风险及隐患,提前就涉毒人员肇事肇祸作出防范,在地区范围内进行毒品滥用风险排查是掌握区域毒情形势的基本工作。

以乐至为例,在治理毒品问题的过程中,主要通过购买专业服务解决风险排查问题。一是以污水分析技术为支撑,在区域内持续开展毒情形势监测,定期评估毒情发展状况和毒品治理效果,了解区域毒情,完善毒情动态监测机制;二是引进毛发检测技术,对所有公职人员进行毛发检测,对在册吸毒人员、场所从业人员、"四车"驾驶员进行"尿检+发检",排查隐性吸毒人员;三是在对区域内易制毒重点嫌疑人员和本地较为活跃的吸毒人员、有制毒犯罪嫌疑人等五类人员进行全面排查的基础上,收集相关信息建立一个高危制毒人员动态数据库,深化毒品滥用风险排查。

以广元为例,在毒品治理过程中,一是利用毛发毒品检测进行全域排查,以乡镇、街道为单位开展公职人员抽查检测工作,对在册吸毒人员、易染毒场所从业人员、涉毒高危人员等进行毛发普检,摸清区域内吸毒人员的真实情况;二是落实清查、巡查措施,重点关注辖区内制毒高危场所、寄递物流企业、文旅经营场所和易制毒化学品、精麻药品使用企业,铲除这类滋生涉毒违法犯罪的土壤;三是对吸毒人员进行风险评估,在核查吸毒人员现实情况的基础上,严格按照风险等级实施分级管控,对戒毒康复回归社会的吸毒人员,建立个人档案,做好社康社戒人员报道执行工作,保证社康社戒人员不脱失。

总体而言,当前科学技术的迅猛发展,大数据、云计算、物联网、互联网构建的智慧社会,提供的禁毒技术,为禁毒部门利用专业服务,创新手段,排查禁毒风险,促进社会治安管理,治理毒品问题提供了解决思路。

2.社会参与不济——推进社会共治

毒品问题治理作为国家、社会治理的重要领域，一直以来都坚持政府领导，公安打击的治理模式，缺乏社会力量的参与，在毒品问题治理过程中产生的社会问题以及日趋复杂的毒情形势亟待毒品问题治理创新内容，加大社会参与力度。全民禁毒、禁毒靠民，积极开展禁毒人民战争也暗含禁毒工作不是仅仅依靠党委政府、禁毒工作部门等公权力机关就能轻易完成的，还需要挖掘社会力量，引入专业禁毒组织，购买专业服务推进社会共治，共同开展禁毒工作。

社会力量参与毒品问题治理主要包括建立禁毒协会、易制毒化学品行业协会、购买专业社工服务、提升智能禁毒水平等方面。社会力量参与毒品问题治理有益于动员社会力量参与禁毒斗争，整合各方资源，完善禁毒人民战争的治理格局，推动禁毒事业的发展。

以乐至为例，乐至毒品问题治理过程中社会力量参与有限，主要是在强化禁毒科技方面购买专业服务，引入社会力量参与。在毒品问题治理过程中，乐至购置了情报分析研判系统、毛发检测仪、无人侦察机、瞳孔检测仪、电子阻胎器等设备，提升科技禁毒水平，其他方面有所欠缺，如禁毒社会组织、社工队伍、专业人才和志愿者队伍都不完善，毒品治理格局存在缺口。

以广元为例，广元除了进行毛发检测、污水毒情监测外，还在开展社区康复工作时，寻求专业禁毒社工组织的帮助，购买社工服务，科学地对戒毒康复人员进行指导，帮助戒毒康复人员开展戒毒治疗、心理疏导、技能培训等工作。此外，2019 年成立的易制毒化学品管理协会，通过排查市内所有涉及易制毒化学品企业，制定自律规范、从业准则等方式从源头管控制毒原料，这类行业协会与公权力机关的合作为禁毒工作的开展提供了有力的社会支持。

加强政企合作，推进社会共治，共同就毒品治理问题发挥各自的作用,有利于形成解决毒品问题的强大合力,共同探索基层毒品问题治理的解决路径。

(四)宣传方式单一,教育力度不够

1.宣传方式单一——创新宣传手段

《禁毒法》规定我国实行预防为主的禁毒方针,各级政府部门应当采取各种形式开展全民禁毒宣传教育。禁毒宣传有利于增强群众预防毒品的能力,提升群众参与禁毒斗争的意识,营造浓厚的社会禁毒氛围,禁毒宣传不可或缺。

实践中,基层禁毒办、禁毒民警通过悬挂禁毒横幅、发放禁毒知识宣传页、摆放宣传展板等方式在人流密集区域向过往群众普及毒品知识及国家禁毒相关法律法规,社区禁毒志愿者、网格员在辖区范围内进门入户宣传毒品知识,帮助群众认识毒品、远离毒品。虽然这种近距离向群众开展禁毒宣传的方式激发了人民群众的参与热情,增强了群众辨别毒品的能力,但是效率低,方式单一,覆盖面窄,需要创新禁毒宣传手段,真正实现禁毒宣传全覆盖、人民群众全参与的毒品治理新局面。

以乐至为例,乐至在治理毒品问题过程中构建了"1+2+19+X"宣传矩阵,建成了禁毒主题公园、县级毒品预防教育基地、乡镇禁毒教育阵地、禁毒宣传微基地、禁毒宣传栏、永久宣传标语等,虽然贯彻了预防为本的禁毒方针,教育广大人民群众自觉抵制毒品诱惑,但仍有不足之处。乐至进行的禁毒宣传多为线下活动,随着互联网等的蓬勃发展,网络已经成为人们日常生活中不可缺少的一部分,因此禁毒宣传还应当结合当前自媒体发展的特点,通过直播活动、自媒体博文创新宣传手段,结合线上、线下两种媒介开展禁毒宣传。

以广元为例,广元除了建立禁毒教育基地,让人民群众更加深刻地了解毒品对国家、社会、个人的严重危害外,还积极创新宣传形式,扩大禁毒宣传参与群体。2020年，广元以回归路为题举办宣传活动，开展禁毒故事讲述，让禁毒社工站上舞台讲述工作中的禁毒故事；积极更新理念、转变思路，以互联网+禁毒宣传开展禁毒活动，推动传统媒体与新媒体的有机融合，扩大禁毒宣传受众覆盖面的广度和深度。

创新禁毒宣传手段，扩大禁毒宣传的覆盖面是贯彻禁毒方针，治理基层毒品问题的不二之策。

2. 教育力度不够——提升禁毒实效

2020年6月23日，国务委员、国家禁毒委员会主任赵克志在全国禁毒工作先进集体和先进个人表彰会议上的讲话中提到，要坚决打好禁毒人民战争，着力激发人民群众参与毒品治理的积极性创造性。① 毒品问题不仅阻碍地区经济发展、社会进步，还进一步损害了人民群众的身心健康，治理毒品问题是人民的要求和期盼，要坚持以人民为中心，以人民为主体，在开展预防为先、全覆盖式的毒品预防宣传教育的基础上，创新宣传手段，激发群众参与禁毒的积极性和主动性，提升禁毒实效。

实践中，禁毒办、禁毒民警不仅要注重宣传手段、宣传方式的多样化、覆盖群体的全面化，还要重点针对易涉毒群众，加大禁毒教育力度，开展禁毒宣传活动。例如，少年儿童是祖国的未来，从禁毒工作全局来看，做好青少年毒品预防教育是重中之重；对社会闲散人员、农村留守人员、娱乐场所从业人员等易染毒群众也要开展特色毒品预防教育，使禁毒宣传覆盖面广、实效性强。

以乐至为例，乐至在治理毒品问题过程中，全面深化青少年毒品预防教育，在学校内举办青少年禁毒演讲、禁毒拍手操比赛等，将禁

① 赵克志：《坚决打好禁毒人民战争　不断推动禁毒工作取得新成效》，载《人民公安报》2020年6月25日，第1版。

毒法律法规纳入学习内容;设立吸毒、制毒线索举报奖励金,激发群众的参与热情;发动群众建立农村禁毒信息员队伍,实行农村多户联防联保+镇楼栋联防联保群防模式,全面构建立体化的拒毒防毒网络,做到全民防毒,深入推进禁毒人民战争。

以广元为例,广元坚持关口前移,加强青少年毒品宣传预防教育,推动禁毒宣传进校园。除了将禁毒知识纳入中小学教学内容必修课外,广元还认真开展禁毒教育“开学第一课”活动,将禁毒教育贯穿于法治讲座、开学典礼、入学教育等工作中,推进青少年毒品预防教育工作深入发展,实现禁毒教育常态化。

创新宣传手段,提升宣教水平,增强禁毒实效,使禁毒宣传教育真正做到横向到边、纵向到底,构建共建共治共享的毒品问题治理格局。

四、结语

由于毒品问题从属于社会治理方面,且毒情形势严峻复杂,基层政府在治理毒品治理问题过程中遭遇诸多困境,经过实践探索,毒品问题治理既需要公安部门对涉毒违法犯罪进行严打整治,又需要党委政府工作部门对吸毒人员进行管控治理,还需要协同社会群体共同推进毒品治理工作,共同发力,探寻解决基层毒品问题治理的可行之路。

基层毒品问题治理的实践探索与经验启示

——基于四川广元禁毒工作的思考

黄　锐　刘志鸿

一、引言

作为蜀北重镇，广元位于四川盆地北面，地处川陕甘三省结合部，常住人口300万左右，三面环山，两面傍水，辖区面积1.63万平方公里，但88.7%都是山地，地势险要，交通发达，是全国179个国家公路运输枢纽之一，是入川的必经通道，自古被称为蜀道咽喉。[①] 作为川北门户，广元的毒情形势对整个四川甚至西南地区的毒情形势都具有举足轻重的影响。在广元辖区内，干线铁路和高速公路呈十字形交叉，川陕公路和川甘公路呈H形交叉，优越的地理区位、完善的交通基础条件为区域内毒品违法犯罪活动提供了便利，广元党委政府、禁毒工作部门积极主动作为，通过各种方式开展禁毒斗争，遏制区域涉毒违法犯罪，努力创建全国禁毒示范城市。

---

① 熊克全:《全力打造全国性综合交通枢纽》，载《广元日报》2021年2月7日，第4版。

2010 年以来,广元积极开展禁毒工作,健全禁毒体系,构筑禁毒防线,取得了明显成效。2010 年广元成功创建为四川省首个“无毒城市”;2018 年 1 月,广元被国家禁毒办确定为首批创建“全国禁毒示范城市”;2021 年 4 月,广元通过不懈努力,再次获评全国首批禁毒示范城市。[①] 毋庸置疑,数年来,广元在治理毒品问题,加强禁毒工作中改变理念、创新手段,持续深化禁毒人民战争,走出了一条具有中国特色的广元毒品治理实践探索新路径。

二、路径探索:立足实际,综合施策,构建毒品基层治理新格局

根据 2014 年中共中央、国务院印发的《关于加强禁毒工作的意见》以及 2020 年习近平总书记对禁毒工作的重要指示,广元市委市政府高位谋划,抓住创建全国禁毒示范城市的历史机遇,将禁毒工作纳入地区安全战略和平安广元、法治广元的重要内容,将禁毒工作纳入地区经济社会发展大局;大力实施缉毒打击、清源断流、收戒管控、预防宣教、综合治理五场战役;创新攻坚,打造禁毒教育基地、禁毒主题公园等特色宣传工程;精准管控、帮扶救助,持续推进关爱助回归行动,全面实现“四升四降”“五个不发生”目标,形成“广元禁毒”特色品牌从落地生根到开花结果的良好局面,总结起来,主要从以下 5 个方面探索毒品治理新路径。

(一)党政主导,体系建设

广元在开展禁毒工作的过程中,一直坚持党政主导,党建引领,狠抓组织保障,推动禁毒工作顶层设计的完善。广元市委、市政府的领导多次召开市委常委会会议、市政府常务会议,就禁毒工作开展情

① 广元市人民政府:《我市成功创建首批“全国禁毒示范城市”》,载广元市人民政府网,https://www.cngy.gov.cn/govop/show/20210506145006-35510-00-000.html。

况听取禁毒工作专题汇报，就禁毒工作中遇到的难点问题进行研究讨论。同时还由市长担任禁毒工作领导小组组长，提高站位，整体推进，进一步健全市、县、乡三级禁毒工作领导体系。根据要求，各级党委政府主要领导对其辖区内禁毒工作承担首要责任，相关部门认真履职、协作配合，就禁毒工作贯彻落实承担主要责任，各级禁毒委、禁毒办进行统筹协调、监督指导，为禁毒工作提供组织保障，推动禁毒工作有序进行。

此外，广元还设立了定点包片制度、责任清单制度、年度述职制度，提高禁毒工作在各公职人员年度工作中的考核权重，以各村为阵地，村书记、村主任为第一责任人，排查毒品制贩毒活动、吸毒人群，对禁毒工作进行高效督查，就工作缺漏严肃追究主要领导、分管领导责任，层层落实党委、基层主体责任，切实做好禁毒工作。自各项制度推行以来，广元先后对利州区嘉陵街道办事处、宝轮镇、旺苍县东河镇、剑阁县下寺镇4个乡镇的禁毒工作进行重点关注，问责失职人员31人。市政府还将禁毒工作经费列入财政预算，根据实际情况每年递增，为设立的禁毒办提供经费保障，使其开始真正实体化运行，实现戒毒康复工作站乡镇全覆盖。①

（二）清源断流，铁腕缉毒

2021年1月21日，国家禁毒委副主任、公安部副部长杜航伟在“净边2021”专项行动视频会议上强调，要深入学习贯彻习近平总书记关于禁毒工作的重要指示精神，大力实施“清源断流”战略，深入推进“净边”专项行动。② 为了贯彻清源断流国家禁毒战略，广元从实

① 广元市人民政府：《禁毒为人民 禁毒靠人民》，载广元市人民政府网2020年8月24日，https://www.cngy.gov.cn/online/show/4320.html。

② 国家禁毒委员会办公室：《杜航伟在“净边2021”专项行动部署视频会议上强调 大力实施“清源断流”战略 深入推进“净边”专项行动》，载中国禁毒网，http://www.nncc626.com/2021-01/22/c_1210989635.htm。

际出发,针对本地区毒品犯罪的新变化、新特点,持续集群打击,遏制过境毒品犯罪,建立清源断流新机制。

一方面,广元公安创新查缉战法,整合专业警种,面对毒品犯罪职业化的新情况实施专业化打击。在查缉毒品犯罪实践中,总结出"望、闻、问、切"毒品查缉"五字战法"。① "望"即看入境广元的车辆是否来自毒品来源地、毒品流入地等毒情复杂,看驾乘人员着装、神态、行为举止是否存在异常,车内是否有吸毒工具;"闻"即靠嗅觉感知被检查车辆、人员及携带物品有无特殊气味,尤其是有无毒品、易制毒化学品和用于掩盖涉毒物品的浓烈香水气味;"问"即对被检查对象进行现场盘问,问姓名、年龄、户籍及居住地址;"切"即对观察、盘问、感知获得的信息进行梳理,对被检查人员是否涉毒和涉毒性质进行综合评判,决定检查进程、明确检查重点、人员去留和是否采取进一步检查措施。

另一方面,广元公安注重强化毒品犯罪查缉和区域协作。② 一是有效截断毒品入川通道。毒品贩运一般是通过京昆高速、兰海高速公路进入四川,因此,广元禁毒部门在高速公路与陕西、甘肃等省份交界处设立两个毒品检查站(七盘关、木鱼),组建专业的毒品查缉队伍长年累月地在七盘关检查站开展毒品公开查缉工作,确保堵源截流工作有力有序有效推进。二是与广元毗邻城市建立禁毒边际合作机制,与毒品来源区域、毒品流入区域建立毒品犯罪打击协作机制,强化毒品治理区域协作,构建联防、联控、联治工作格局,切实贯彻清源断流禁毒战略,形成铁腕缉毒新态势。

---

① 四川省人民政府:《广元市"点""线"结合创新毒品堵源截流新模式成效突出》,载四川省人民政府网,http://www.sc.gov.cn/10462/10464/10465/10595/2018/9/29/10460006.shtml。

② 广元市人民政府:《堵源截流锁北门 亮剑肃害护四川》,载广元市人民政府网,https://www.cngy.gov.cn/govop/show/20180705090051-31780-00-000.html。

(三)齐抓共管,回归社会

2018 年 5 月,司法部在全国司法行政戒毒工作座谈会上下发《关于建立全国统一的司法行政戒毒工作基本模式的意见》,标志着全国司法行政戒毒系统建立以分区分期为基础、以专业中心为支撑、以科学戒治为核心、以衔接帮扶为延伸的统一模式。[①] 广元以司法部建立的统一戒毒工作模式为引导,因地制宜,根据实际情况,探索戒毒康复人员戒除毒瘾、有效衔接的工作机制,帮助戒毒康复人员顺利回归社会。

帮助戒毒康复人员戒除毒瘾,首先要从毒品源头进行遏制,如加强易制毒化学品管理、持续组织开展禁种铲毒专项行动。2019 年,广元成立易制毒化学品行业协会,制定易制毒化学品行业自律规范、从业人员行为准则,落实易制毒化学品管控机制,防止易制毒化学品流入非法渠道;广元还与邻近的陕西汉中、甘肃天水、四川巴中等地建立禁种铲毒联席会议制度,落实常态化联动排查措施,就进一步做好禁种铲毒工作进行部署,争取实现毒品原植物种植零产量。

戒毒康复工作的重心在于社区戒毒康复工作站的设立。广元社区戒毒康复工作站对戒毒康复人员进行网格化管理,利用"四个三"工作法(三肯律己、三心待人、三招交心、三步回归)帮助戒毒康复人员戒除毒瘾,利用网格员、社区民警、禁毒社工三支力量实现戒毒康复防控共治,提升社区戒毒康复执行率。以广元苍溪县为例,苍溪县整合资金 100 万余元,组织 820 名村社网格员利用表格、手机对戒毒康复人员实行联动网络化管理,精准掌握辖区内戒毒康复人员的实际情况。同时,苍溪县的社区戒毒康复站点还通过定期普检、入户巡

---

① 中华人民共和国司法部:《全国统一的司法行政戒毒工作基本模式全面建成》,载司法部网站,http://www.moj.gov.cn/pub/sfbgw/gwxw/xwyw/202106/t20210625_428761.html。

查、网上比对等方式，按属地负责原则关注戒毒康复人群，加强人员管控效能，实现全域禁毒。[①]

除了加强对戒毒康复人员管控外，广元还积极举办戒毒康复人员职业技能培训班，对困难的戒毒康复人员积极开展救助工作。无业是戒毒康复人员不能顺利回归社会的原因之一，解决戒毒康复人员就业问题能够更好地让其融入社会，2019 年 7 月，广元举办了首期戒毒康复人员职业技能培训班，培训的职业工种为电工。[②] 用人单位将在现场对通过培训的戒毒康复人员进行对接招聘，确保其顺利就业，畅通回归社会的道路。此后，广元多次举办戒毒康复人员职业技能培训助力戒毒康复人员顺利回归社会。此外，民政部门也对处于困境的戒毒康复人员积极落实兜底保障政策，设置了特困供养、最低生活保障，及时救助家庭困难的戒毒康复人员，保障其基本生活，促进戒毒康复人员早日回归家庭、融入社会。[③]

（四）宣传覆盖，全民防毒

2020 年 6 月，习近平总书记在全国禁毒工作先进集体和先进个人表彰会上强调，各级党委和政府要坚持以人民为中心的发展思想，以对国家、对民族、对人民、对历史高度负责的态度，坚持厉行禁毒方针，打好禁毒人民战争。[④] 广元认真学习领会习近平总书记重要指示精神，以“禁毒为人民，禁毒靠人民”为主题开展形式多样的毒品宣传

---

① 中央广电总台国际在线：《广元苍溪实现县域禁毒宣传和戒毒康复执行率“两个 100%”》，载国际在线四川，http://sc.cri.cn/n/20200622/2a279619-d507-f118-f4a5-c2c53ebb9f9b.html。

② 广元市人民政府：《广元首期戒毒康复人员职业技能培训班开班》，载广元市人民政府网，https://www.cngy.gov.cn/artic/show/20190726095215894.html。

③ 广元市人民政府：《利州区多层次帮助困难吸毒人员走出生活困境》，载广元市人民政府网，https://www.cngy.gov.cn/artic/show/20190703103715908.html。

④ 新华社：《习近平对禁毒工作作出重要指示》，载中国政府网，http://www.gov.cn/xinwen/2020-06/23/content_5521305.htm。

预防教育,实现禁毒宣传全覆盖,人民群众全参与的毒品治理新局面。

少年儿童是祖国的未来,从禁毒工作全局来看,做好青少年毒品预防教育是重中之重。广元坚持关口前移,加强青少年毒品宣传预防教育,推动禁毒宣传进校园。除了将禁毒知识纳入中小学教学内容必修课外,广元还认真开展禁毒教育"开学第一课"活动,将禁毒教育贯穿于法治讲座、开学典礼、入学教育等工作中,推进青少年毒品预防教育工作深入发展,实现禁毒教育常态化。

广元还积极创新宣传形式,扩大禁毒宣传参与群体。2020 年,广元以回归路为题举办宣传活动,开展禁毒故事讲述,让禁毒康复工作站的优秀社工站上舞台,向人们讲述自己是通过什么方法,在平凡的工作岗位上帮助 42 名吸毒人员成功戒除毒瘾回归社会的故事;甚至还有成功戒毒的康复人员讲述他告别吸毒经历成为戒毒志愿者的故事。① 通过创新禁毒宣传方式,加强人民群众对禁毒工作、禁毒知识的了解,营造浓厚的社会禁毒氛围。

截至目前,广元市已建立 9 个禁毒教育基地、127 个微基地。② 教育基地的建立让人民群众了解毒品的种类、危害性以及毒情形势,帮助人们了解新型毒品是什么、识别新型毒品的种类以及它在日常生活如何呈现,让人民群众更加深刻地了解到毒品对国家、社会、个人的严重危害,激发群众的参与热情,推进全民禁毒,让禁毒人民战争向纵深发展。

---

① 广元市地方志编纂中心:《全民禁毒集中宣传月　广元市举办"回归路 · 广元禁毒故事讲述"活动》,载四川省情网 2021 年 6 月 27 日,http://jldfz.scdfz.org.cn/gzdt/qsfzdt/sxfzdt/content_38808。

② 中国禁毒委员会办公室:《广元:筑牢禁毒防线　守好蜀道咽喉》,载中国禁毒网,http://www.nncc626.com/2021-09/17/c_1211372942.htm。

(五)科技加持,智慧禁毒

2021年6月,国务委员、国家禁毒委主任赵克志在国家毒品实验室北京分中心的调研中强调,要深入学习贯彻习近平总书记关于禁毒工作的重要指示精神,聚焦基层一线实战,加快建设高水平的毒品实验室体系,大力推进禁毒科技创新,不断提高毒品治理体系和治理能力现代化水平。[①] 正如赵克志主任所说,当前科学技术的迅猛发展,大数据、云计算、物联网、互联网构建的智慧社会迫切需要禁毒部门创新禁毒科技,以科技促管理,以科技取实效。

近年来,不断出现新精神活性物质、新毒品,毒品滥用人员基数大,消费市场广阔,面对严峻的毒情形势,实施科技强警,利用禁毒科技治理毒品问题是新形势下推进禁毒工作的必经之路,是提升毒品治理能力,构建中国特色毒品治理体系的有效途径。

广元近年来主要在以下方面坚持创新手段,科技禁毒:一是广元公安整合机构人员,依托大数据平台收集基本信息,融合网安、技侦、情报、图侦等技术手段,根据获取的相关情报信息进行研判,实现研判先行,调度有序、实战查缉的一体化运行;二是通过利用信息化手段重点关注涉毒人员、吸贩毒人员相关信息,对涉毒高危人员实施动态管控,根据其犯罪规律搭建查缉毒品犯罪的信息化模型,利用信息化模型开展工作,精确排查吸毒人员、制贩毒活动,打击毒品犯罪;[②] 三是充分利用污水分析检测技术在区域内持续开展毒情形势监测,定期评估毒情发展状况和毒品治理效果,完善毒情动态监测机制。根据四川禁毒办对全省城市生活污水抽查检测结果,广元是全省城

① 新华社:《赵克志在国家毒品实验室北京分中心调研》,载中国政府网,http://www.gov.cn/guowuyuan/2021-06/22/content_5620223.htm。

② 广元市人民政府:《市公安局以“一创二断三建”为抓手建立堵源截流新模式》,载广元市人民政府网,https://www.cngy.gov.cn/artic/show/20170428094430826.html。

市生活污水毒品成分含量最低的城市之一；[①]此外，广元还引进毛发检测技术，对所有公职人员、在册吸毒人员、场所从业人员和涉毒高危人员进行全员毛发普检，整顿公职人员队伍，最大限度排查隐性吸毒人员，加强社会面吸毒人员警示、管控效能。

三、总体成效：毒情形势持续向好，禁毒工作面临新挑战

（一）毒情形势（以广元2020年为例）

1. 涉毒犯罪打击成效明显

广元禁毒部门大力开展公开查缉工作，于2020年共侦破毒品刑事案件85件，其中包括零包贩卖毒品案53件，容留他人吸毒案23件，运输毒品案6件，制造毒品案2件，涉及洗钱案1件，占比如图1所示。[②]

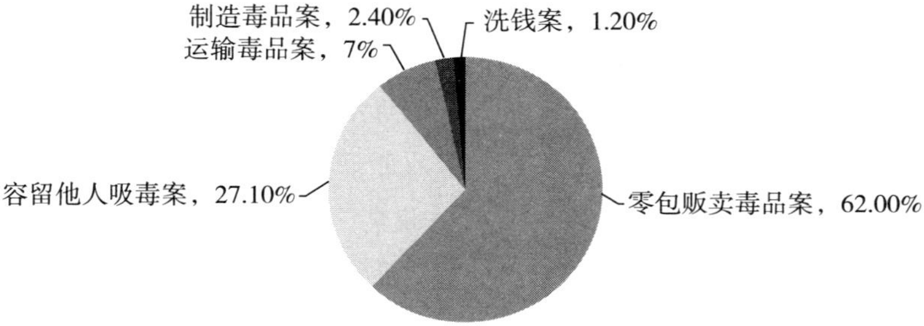

图1　毒品刑事案件破获情况

数据表明广元涉毒主要犯罪形式以零包贩毒和容留他人吸毒为主。零包贩毒案件基本上是通过人货分离方式交易，俗称“埋雷”。即交易双方均不见面，通过电话、QQ、微信商量好交易毒品数量、价

---

① 刘永生：《向人民报告　广元公安交答卷》，载四川长安网，http://www.sichuanpeace.gov.cn/pasc/20210111/2371167.html。

② 相关数据来自广元禁毒委内部文件。

格，贩毒嫌疑人在指定地点藏匿好毒品，通过电话告知或将藏匿地点以照片形式发给吸毒人员，吸毒人员通过微信或者支付宝转账完成交易。根据零包贩毒出现的新特点，禁毒部门开始创新手段，加强协作，组织专门力量大力开展查缉遏制涉毒犯罪。

广元禁毒部门按照“打早打小”和“堵通道、打延伸、摧网络、端窝点”的工作思路于2020年抓获犯罪嫌疑人212名，查处吸毒犯罪人员962人，破获50克以上毒品案件7件，50克以下的案件36件，缴获的毒品主要为冰毒、海洛因。在广元禁毒部门对毒品犯罪的严打高压态势下，破获大宗毒品案件数和往年相比有所下降，制造毒品、运输毒品犯罪案件数减少，涉毒犯罪打击成效明显。

2. 戒毒脱贫工作有序推进

打击毒品犯罪，完善毒品治理不仅需要禁毒部门加大查缉力度，开展专项打击，还需要加强戒毒康复人员管控效能，最大限度发现、收戒、管控、帮教戒毒康复人员，提高社区戒毒康复的工作水平，提升社区戒毒康复执行率。广元在推进戒毒康复工作中取得了显著效果。截至目前，广元市基本实现社区戒毒康复工作站全覆盖，戒毒社工全配备，其中利州区禁毒委员会荣获全国社区戒毒社区康复示范单位，嘉陵街道办事处荣获全国社区戒毒社区康复示范点，戒毒康复工作站优秀社工刘月飞同志凭借其总结提炼的“四个三”工作法入选首批全国禁毒社工师资库。

2020年，广元全市查获吸毒人员961人次，男性826人，女性135人，吸毒人员年龄情况如图2所示，职业情况如图3所示。

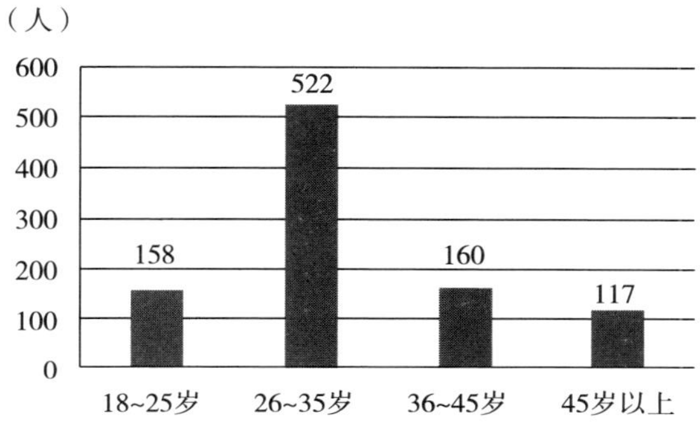

图 2　查处吸毒人员年龄结构情况

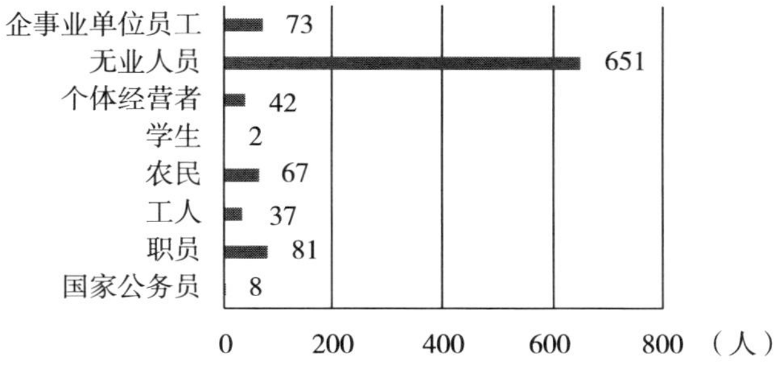

图 3　查处吸毒人员从业情况

从数据来看，男性吸毒人员人数多、占比大，且近 70% 的吸毒人员是 35 岁以下的青少年，吸毒人员主要群体为无业人员。因此，帮助吸毒人员戒毒康复，回归社会化不仅需要戒毒康复工作站的管控，还需要后续帮扶，需要各级党委政府出台多个政策措施，在就业、就医、就学等方面给予戒毒康复人员积极帮扶，助力他们成功回归社会。

广元根据戒毒康复人员的实际情况，将戒毒康复与法治扶贫结合起来，出台了以下措施：针对 60 周岁以上的贫困涉毒家庭成员实施农村养老保险代缴政策；针对贫困涉毒人员进行就业培训、申领产业扶持资金、分发房屋建设国家补助；针对贫困涉毒人员家庭子女，读书期间实施教育补贴。根据上述政策，广元各地全部对涉毒贫困家庭采取重点帮扶，戒毒扶贫、戒毒脱贫，真正使他们走出困境，为维护社会治安稳定奠定基础。

3. 毒情蔓延形势有效遏制

针对当前毒品犯罪活动的新特点、新情况，广元禁毒部门强化清源断流，发挥查缉优势，一方面，切实加大公路、重点交通枢纽、场站的毒品查缉力度，配备先进的查缉设备，组织开展常态化、全天候公开查缉，建立毒品查缉防线；另一方面，加大对娱乐场所的整治力度，强化行业监管，针对物流集散中心开展涉毒风险评估，防止毒品通过寄递物流中转运输；全面推进“净边”行动，深入贯彻全国“净边2021”专项行动视频部署会议精神，加强与重点毒品输入地、途经地的协作配合，建立跨地区堵源截流联查联控机制，提升全链条打击能力。

为从根源上打击毒品犯罪，禁毒部门还充分利用污水检测、毛发检测、大数据分析等新技术手段，拓展线索来源，提高研判水平，厘清本地区毒情脉络，找到毒品消费市场、制毒场所、运输中转地；随后在发现毒品犯罪的基础上开展专项打击，严厉打击制毒、网络涉毒、涉毒洗钱等犯罪行为，打财断血，摧毁毒品犯罪分子经济基础，既对毒品犯罪分子形成强大震慑，又从根本上遏制毒品供给，打击毒品犯罪活动。

此外，禁毒部门还针对涉毒高危人群加强专题教育、对易涉毒场所进行专项整治，截至2021年9月底，广元全市登记在册吸毒人员共7323人，正在执行社区戒毒416人，社区康复134人，毒品蔓延形势得到有效遏制。

（二）面临挑战

查处的涉毒犯罪案件、吸毒人群等数据显示，广元当前毒情形势持续向好,但受疫情管控逐步缓解,国际国内毒情等综合因素影响,涉毒违法犯罪问题可能面临反弹风险,禁毒工作面临新挑战。

1. 涉毒违法犯罪查处打击方面不占优势

广元作为北上出入川的重要通道,交通发达,宝成铁路、南渝铁路、广达铁路等多条铁路干线交汇,京昆高速、兰海高速等多条高速公路并行,还拥有内陆地区入海的水运口岸——广元港,广元基本上成为沟通西南西北、过江入海的区域性交通综合枢纽,但是完善的交通网络、便捷的区位优势不仅带动了该地区的经济发展,也给广元禁毒部门打击涉毒违法犯罪带来了困难。

根据查处的涉毒犯罪情况分析,广元并不是制毒源头地区,只是毒品运输过境地,毒源在外的情形使广元遭受周边毒品的侵袭,因此广元在查处打击涉毒违法犯罪方面与西南其他地区相比不占优势,甚至需要充分发挥禁毒办、禁毒部门的力量,持续加压,加强缉毒执法工作力度,维护禁毒工作成果。

2. 零包贩毒、容留他人吸毒等问题形势依然严峻

从总体情况来看,虽然广元不断推进禁毒工作,毒品治理取得了一定成效,但以零包贩毒为主流的趋势并没有得到根本性控制。受省内外毒情严重地区的全方位渗透,吸贩毒人群不断扩散,毒品需求市场不断扩大等消极因素影响,广元各县区的主城区是零包贩毒的主要活动阵地,其中利州区极可能成为川制冰毒流通和集散的地区,城区零包贩毒案件将进一步增多,需要禁毒部门加大监管,加大打击力度。

容留他人吸毒案件在查处的涉毒违法犯罪案件中占较大比例。由于广元只是毒品运输过境地,且禁毒部门加大禁毒工作执法力度,一些无业人员,没有经济来源,只能通过贩卖毒品供给吸食毒品的资金,以贩养吸,或者为吸毒人员提供吸食毒品的场所,贩毒分子与吸

毒人员交织在一起,涉案人数多,容留他人吸毒问题形势严峻。

3. 网上贩毒交易使毒品犯罪取证更加困难

随着禁毒工作的深入推进,毒品犯罪打击力度不断加大,刑罚不断加重,以及互联网、通信技术的发展,贩毒人员开始利用通信工具以及科技手段,采取“非接触式”方式交易毒品,或者贩毒人员将其信任的某个人员作为中间人牵线搭桥,居间介绍贩卖毒品。

由于这部分人自身不接触毒品和上下线,且采用电话单线联系的方式,贩毒方式更加隐蔽,打处难度加大,网络电子证据取证难度加大,缴毒存在困难,导致禁毒工作人员取证、提起公诉的迟延。禁毒部门需要加强警银合作,通过由人到案,由底层到核心等方式解决难题、打击犯罪。

4. 堵源截流工作成为新的难点

2019 年,广元按照交通运输部深化高速公路收费制度改革撤销省界收费站部署要求全面撤除省界收费站,七盘关收费站被撤除,省界收费站的撤销给毒品犯罪堵源截流工作带来了新的挑战。

广元为了加强堵源截流工作,设置了市门、城门、省门三道防控圈,其中省门防控圈主要在七盘关、木鱼省界高速公路收费入口处设置了两个毒品检查站。七盘关收费站是西北、华北地区车辆进出川的主要通道,也是毒品贩运的主要通道,高速路口收费站的撤除为毒品检查的顺利进行制造了阻碍。禁毒部门需要创新举措,突破七盘关和木鱼检查站的困境,继续发挥主力军作用,强化清源断流、堵源截流工作。

四、经验启示:多元共创,全民参与,形成毒品基层治理长效机制

广元地处四川北部,与甘肃、陕西交界,一直被称为“四川的北大门”,放眼全国,尤其是西南地区,广元辖区内山地占地面积广阔,地

势险要,交通发达,并不具备禁毒的天然优势,反而还在禁毒方面存在很多劣势,其发达便捷的交通区位导致区域毒情形势错综复杂,但广元却在如此严峻的毒情形势下成功创建全国首批"禁毒示范城市",这为其他城市毒品问题治理提供了些许启示,值得学习推广,为其他城市探寻一条切合实际的基层毒品问题治理路径提供经验和指引。

（一）组织先行:深化顶层设计,层层落实责任

1. 党政牵头

根据习近平总书记关于禁毒工作的重要指示,禁毒工作事关国家安危、民族兴衰、人民福祉。坚持厉行禁毒方针,打赢禁毒人民战争需要党委政府主导,需要党管禁毒,深化顶层设计,既统筹推进毒品问题治理,又层层落实责任,以有力举措落实禁毒工作,扭紧责任链条。

就广元禁毒实践而言,市委、市政府一直坚持党政主导,多次召开市委常委会和市政府常务会议,实行领导负责制,建立健全市、县、乡、村四级书记抓禁毒,紧紧抓住领导干部这个"关键少数",深化禁毒工作顶层设计,落实禁毒责任。此外,党政领导扛起了毒品基层治理长远建设的政治责任,以四级书记抓禁毒建立和完善"党政牵头、部门推动、县级实战、乡级落地"四级责任体系,拧紧禁毒工作责任链条,真正将禁毒工作上升到党政工程、一把手工程,既高位谋划禁毒工作组织体系又严格落实禁毒工作主体责任。

2. 规划支撑

解决毒品问题,提升毒品问题治理能力除了需要党委政府发挥主导作用外,还需要出台相关规划推进相关工作。广元自 2018 年来就将落实禁毒工作、创建全国禁毒示范城市纳入全市经济社会发展

总规划，作为平安建设和社会治理现代化的重要内容。[①] 自开展禁毒示范城市创建工作以来，广元市委市政府高站位谋划，高强度推进禁毒工作，在全市印发《“全国禁毒示范城市”创建工作实施方案》，[②]方案规定由各县区县（区）长担任禁毒委主任，成立创建领导小组，制订创建方案，细化工作措施，落实具体职责任务，使禁毒工作切实可行有效。

广元党委政府还根据《全国禁毒示范城市创建工作考评细则》，将创建工作与日常禁毒工作相结合，对照考评标准，完善责任考评问责机制，提高禁毒工作目标绩效考核权重，将禁毒工作纳入工作人员的年终考核。主要表现为对禁毒工作实行专项督查，通过实地检查、听取汇报等形式了解区域禁毒工作推进情况，重点关注毒品问题严重乡镇街道，帮助基层解决突出问题，推动禁毒工作各项部署有序进行。

3. 机制保障

坚持党管禁毒，统筹推进禁毒工作措施还需要党委政府提供机制保障。广元主要通过禁毒办实体化运行、财政投入托底、多部门联动协作等方面为禁毒工作提供机制保障。

一是通过增加禁毒办编制，配备基层禁毒人员，招募禁毒志愿者等方式设立各县区禁毒办公室，推动禁毒办实体化运行；二是财政投入托底，建立毒品治理工作经费增长机制，为禁毒工作提供经费保障；三是加强协作配合，整合资源、共享信息、协调联动，形成党政领

---

① 广元新闻：《国家禁毒办检查验收组充分肯定广元市创建全国禁毒示范城市工作》，载广元市人民政府网 2020 年 12 月 21 日，https://www.cngy.gov.cn/artic/show/20201221103528086.html。

② 广元市昭化区人民政府：《广元市昭化区司法局关于印发〈“全国禁毒示范城市”创建工作实施方案〉的通知》，载广元市人民政府网 2018 年 9 月 25 日，http://www.zhaohua.gov.cn/News/Detail/20180905181159525。

导、公安主打、禁毒办推动、司法部门不缺位的工作格局，充分发挥职能作用和专业优势，形成共同规划、打击、配合的强大合力。

（二）系统治毒：强化严打整治，加强防控戒治

1. 坚持严打整治

大力开展公开查缉，严厉打击毒品犯罪是开展禁毒工作的核心环节。广元根据当地实际情况主要在缉毒打击、堵源截流、寄递监管等方面整治毒品问题，提升区域毒品治理能力、治理水平。

广元公安部门以目标案件为线索，充分运用污水监测、毛发检测、大数据分析等新技术手段，在厘清本地区毒情脉络的基础上，从小案中挖掘大案，提高研判水平，积极拓展线索来源，开展专项打击，提升执法效能，精准打击制毒、网络涉毒、涉毒洗钱等犯罪行为。

针对交通发达因素导致的毒情形势，广元在高速公路入口处设置七盘关、木鱼环川检查站，加大重点交通枢纽的毒品查缉力度，开展常态化全天候毒品查缉工作，强化堵源截流、清源断流工作；针对省际交界导致的毒品问题，广元加强与重点毒品输入地、途经地的协作配合，如广元与陕西汉中、甘肃陇南建立的跨地区堵源截流联查联控机制，共同建立毒品查缉防线。

寄递物流行业随着经济发展而繁荣，制贩毒人员利用寄递物流实施毒品犯罪也是当前毒品问题的一个新特点。针对寄递物流涉毒的问题，广元会同邮政部门，针对物流集散中心开展涉毒风险评估，加强行业监管、日常检查，督促企业落实收寄验视、实名收寄和过机安检三项制度，实现对寄递物流的有效管控，降低寄递物流的涉毒犯罪。

2. 加强防控戒治

加大吸毒人员查处管控力度，最大限度地发现、收戒、管控吸毒人员是推进禁毒工作的应有之义。根据广元的禁毒实践，加强吸毒人员的防控戒治主要包括以下几种方式。

一是全域排查,以乡镇、街道为单位开展公职人员抽查检测工作,对在册吸毒人员、易染毒场所从业人员、涉毒高危人员等进行毛发普检,摸清区域内吸毒人员的真实情况,做到底数清、情况明。二是落实清查、巡查措施,关注辖区内制毒高危场所、寄递物流企业、文旅经营场所和易制毒化学品、精麻药品使用企业,铲除这类滋生涉毒违法犯罪的土壤。三是对吸毒人员进行风险评估,在核查吸毒人员现实情况的基础上,严格按照风险等级实施分级管控。对高风险的吸毒人员建立动态联控机制,重点关注;对可能产生预警指令的吸毒人员,做到第一时间接收、第一时间处置、第一时间管控;对正常生活的吸毒人员,积极与居住地的公安机关落实双向管控机制。四是对戒毒康复回归社会的吸毒人员,要加强信息维护,建立个人档案,做好社康社戒人员报道执行工作,保证社康社戒人员不脱失。

3. 推进救助帮扶

吸毒人员在社会中的属性有些特殊,既是违法者,又是受害者。对于社区康复戒毒的吸毒人员,既要管理帮教,又要救助帮扶,以提升戒毒康复工作实效,帮助戒毒康复人员顺利回归社会。

广元在创建"无毒害市"的过程中创新措施,总结经验,提炼出了"1665"全新社区戒毒康复模式。[①] "1665"即建立一个办公室,全市有吸毒人员的社区全部建立戒毒康复办公室,配备工作人员及办公资料、设施;落实六帮措施,在整合政府、社会、家庭等力量的基础上,对每名列管戒毒人员实行"六帮"(社区干部帮、派出所民警帮、禁毒成员单位帮、医务人员帮、亲属朋友帮、禁毒志愿者帮);实行六项制度,对社区戒毒康复人员实行"周联系、月尿检、季家访、年评估"制

---

① 广元市人民政府:《我市"1665"社区戒毒工作法效果好》,载广元市人民政府网 2018 年 11 月 21 日,https://www.cngy.gov.cn/govop/show/2011112190056-886400-00-000.html。

度,集中学习制度,现身说法制度,定期体检制度,奖励表彰制度,警示谈话制度,循序渐进帮助戒毒人员摆脱毒瘾;开展五项创新,帮助解决戒毒康复人员就业岗位,实行药物维持治疗补贴,建立戒毒人员最低生活保障等方法为吸毒人员提供职业指导、技能培训等,帮助他们早日回归社会,推动社区戒毒康复工作深入开展。

(三)多元共创:开展禁毒宣传,推进社会共治

1. 全民参与,全民防毒

贯彻禁毒方针,落实禁毒责任,面向全民开展禁毒预防教育工作、提高人民群众的禁毒意识是打赢禁毒人民战争的重要环节。广元主要在以下方面开展禁毒宣传。

一方面,提高站位,加强领导,以实现禁毒宣传"进农村、进社区、进学校、进机关、进家庭、进企业"为目标,加大禁毒宣传力度,广泛动员全社会力量积极参与全民禁毒宣传教育活动,形成街道统一领导,各责任单位各负其责,社会广泛参与的工作机制;另一方面,精心组织,创新载体,利用一切宣传工具,进行《禁毒法》的宣传教育,开展形式新颖、内容丰富、寓教于乐的禁毒宣传教育活动,积极营造浓厚的禁毒氛围,提高人民群众对禁毒知识的知晓和普及,提高人民群众识毒、拒毒、防毒能力。

此外,还要强化禁毒宣传的针对性,针对青少年在校学生做好毒品预防教育工作,确定不同教育阶段需要防范毒品危害的教学内容和要求,提高青少年对毒品的自觉抵御能力,防止毒品进校园;针对社会闲散人员、农村留守人员、娱乐场所从业人员开展毒品预防宣传重点教育,将普及宣传与针对宣传结合起来,真正做到全民参与、全民防毒,以人民群众为主体开展禁毒人民战争。

2. 购买服务,社会共治

全民禁毒、禁毒靠民,积极开展禁毒人民战争暗含禁毒工作不是

仅仅依靠党委政府、禁毒工作部门等公权力就能轻易完成的,还需要挖掘社会力量,引入专业禁毒组织,购买专业服务共同开展禁毒工作。

根据广元的禁毒实践,禁毒工作的公权力机关和私人企业主要在提升科技禁毒水平,开展社区戒毒康复,建立易制毒化学品行业协会等方面开展合作,就毒品治理问题实现多元共创、社会共治。具体而言,提升科技禁毒水平主要通过毛发检测仪便捷迅速地排查辖区内吸毒人员,加强吸毒人员管控效能;通过污水监测技术分析研判区域内涉毒重点区域,完善毒情动态监测机制;通过购置情报分析研判系统提高涉毒犯罪情报研判水平,拓展线索来源。

在开展社区康复,建立社区康复工作站,帮助戒毒康复人员进行戒毒治疗、心理疏导、技能培训等工作时需要寻求专业禁毒社工组织的帮助,购买专业社工服务,科学地对戒毒康复人员进行指导。社区戒毒康复工作站一般对戒毒康复人员实行网格化管理,每一网格的设置都需要配备工作人员、禁毒社工、社区干部、社区民警、社区网格员等,人员的配置、网格化的工作模式、信息化的管理机制都需要与党委政府等公权力机关进行公私合作,共同对毒品治理问题发挥各自的作用,形成解决毒品问题的强大合力。

易制毒化学品管理协会的建立也是政企合作、社会共治的一个重要体现。从易制毒化学品这个特殊行业入手,建立管理协会主要是为了从源控制易制毒化学品脱管失控,流入涉毒犯罪等违法渠道。广元于2019年成立的易制毒化学品管理协会可以排查市内所有涉及易制毒化学品企业,通过制定自律规范、从业准则等方法从源头管控制毒原料,这类行业协会与公权力机关的合作为禁毒工作的开展提供了有力的社会支持。

五、结语

根据《2020年中国毒情形势报告》，受国际毒情和新冠疫情影响，国内涉毒违法犯罪得到遏制，但毒品滥用问题仍然复杂。毒品滥用问题具有社会性，其社会性决定了毒品问题不是社会中的个人群体能独自解决的问题，需要党委政府发挥引领作用，引导禁毒部门，协同社会群体共同推进禁毒工作。根据广元毒品问题治理的实践探索与经验启示，地方基层的治理实践能够为其他地区禁毒工作提供新型治理理念，提供丰富现实经验，对于构建中国特色毒品治理路径，健全“六全”毒品治理体系具有极高的借鉴价值。

第二篇

毒品问题治理的技术路径

城市污水监测在毒情监测评估中的应用研究

黄　锐　刘冬冬

一、引言

2020 年,新冠肺炎疫情席卷全球,对于毒品市场,这场疫情的影响尚不清楚,也很难预测。新冠疫情不同程度地影响着从生产、贩卖、运输到消费的毒品供应链。长远来看,受到经济衰退以及相关的封闭措施的影响,导致毒品市场市面上毒品短缺,纯度下降,价格飙升等问题;而全球吸毒人数持续增加,毒品滥用情况日趋严重,毒品滥用导致的社会问题也日益突出。① 2020 年 6 月,联合国毒品和犯罪问题办公室发布的《2020 年世界毒品报告》指出,全球每年约有 2.7 亿人吸毒,3500 多万人吸毒成瘾。② 面对如此严峻的毒品问题,全面监测评估我国毒情发展态势尤为重要。

吸毒人员使用毒品后,经人体代谢进入城市排水系统,可运用

---

① 公安部:《2019 年中国毒品形势报告》,载中华人民共和国中央人民政府网 2020 年 6 月 25 日,http://www.gov.cn/xinwen/2020-06/28/content_5522443.htm。

② Annalise Kempen, *The world of drugs*: *the* 2020 *World Drug Report*. Servamus Community-based Safety and Security Magazine, Vol. 113:9(2020).

"污水流行病学",即污水分析法,对城市污水中的人体毒品代谢物和毒品进行定量和定性的分析检测,结合污水流量和污水处理厂覆盖区域的人口数量,获取区域毒品滥用种类、滥用数量、滥用规模等毒情数据;①结合"大数据+毒情监测评估"技术,对城市污水进行实时监测,建立污水潜在毒品滥用监测数据库,捕获潜在毒品滥用情况,并对某一区域范围内的毒品滥用问题进行客观评估,掌握区域内毒情形势,管控区域涉毒重点要素,引导禁毒决策和警力资源分配,提高涉毒犯罪主动干预、精准打击能力,并对未来的毒情蔓延态势做出预测预警。

我国毒情监测评估的法律法规、政策依据主要来自以下几个方面。首先在法律法规层面上,《禁毒法》第30条规定:"国家建立健全毒品监测和禁毒信息系统,开展毒品监测和禁毒信息的收集、分析、使用、交流工作。"《戒毒条例》第4条第1款规定:"县级以上地方人民政府设立的禁毒委员会可以组织公安机关、卫生行政和负责药品监督管理的部门开展吸毒监测、调查,并向社会公开监测、调查结果。"2014年7月,中共中央、国务院印发的《关于加强禁毒工作的意见》提出,要不断创新毒情监测评估、滥用预警机制,加大毒情监测科技攻关力度,提高毒情全面监测水平,适时公布毒情监测信息和毒情发展趋势。贵州贵阳为更加全面、客观、实时监测评估全市毒情形势,制定出台《贵阳市毒情综合监测评估办法》,要求全市毒情监测评估工作每季度开展一次,并向社会公布评估结果。中央与地方的举措,赋予了国家毒情监测评估在法律法规上的合法性与合理性。其次在政策层面上,2019年9月,公安部部长赵克志提出了深化禁毒人民战争为载体、完善禁毒体制机制为动力的毒品问题治理思路,构建

① 侯臣之、花镇东、徐鹏、苏梦翔、狄斌、王优美、徐慧:《基于污水分析法的毒情评估研究及应用进展》,载《中国药科大学学报》2018年第4期。

全覆盖预防、全环节管控、全链条打击、全要素监管、全方位监测、全球化合作的“六全”中国特色毒品问题治理体系，全方位毒情监测预警体系是“六全”体系中的核心，重点是城市污水监测在毒情监测评估中的推广应用。①

毒情监测评估的传统方法大多是社会调查方法，通过统计涉毒人口数量及涉毒犯罪信息，结合医疗记录和吸毒人员问卷调查，综合分析得出毒情监测评估结果；缺陷在于禁毒资源投入较多，调查信息不具有真实性，分析结果不具有实时性，毒情监测评估结果存在偏差。② 运用污水分析法监测城市污水，结合大数据信息技术手段，获得实时准确、真实可靠的区域毒情信息，动态监测毒品滥用种类以及毒品消耗量等毒情数据，是当前毒情监测评估的有力手段，这对禁毒部门及时掌握特定区域内毒情，制定禁毒政策及措施具有重要意义。

二、我国毒情监测评估的现状和问题

（一）我国毒情监测评估现状

毒情监测评估是我国毒品问题治理工作中的重点和难点③。毒情监测评估涉及化学、环境科学、流行病学、法庭科学、社会学等多个学科的专业知识。禁毒活动中的一项基础性工作就是收集毒情数据，进而分析研判、评价毒情。随着科技飞速发展、毒品问题变化、毒情愈加复杂，毒情监测评估的理论原理、技术方法、监测环节等也需

① 冯立洲：《以“智慧禁毒”理念构建全民禁毒新格局》，载《人民法治》2019年第12期。

② 周志刚、王祎：《污水分析法监测毒品滥用信息的方法研究》，载《云南警官学院学报》2015年第3期。

③ 任惠华、金浩波：《我国毒品犯罪刑事治理之回顾与展望》，载《中国刑警学院学报》2018年第2期。

要不断优化创新,才能掌握不断发展变化的毒情形势。

1. 毒情监测评估体系处于构建阶段

随着科学技术的发展和进步,面对复杂多变的毒情形势,我国已经构建毒情监测评估体系。毒情监测评估体系包括对禁毒宣传教育成效监测、毒品滥用程度监测、吸毒人员管控效果监测、涉毒活动预警能力监测、涉毒犯罪打击能力监测五个方面的内容。第一,禁毒宣传教育成效监测。禁毒部门开展青少年毒品宣传教育,通过举办禁毒知识竞赛和辩论赛等形式,全覆盖在校学生毒品宣传教育,推进全民毒品宣传教育。创新禁毒宣传教育手段,利用网络新媒体,运用"互联网+禁毒宣传教育"手段方式,禁毒宣传教育成效显著,全民禁毒意识明显提升。第二,毒品滥用程度监测。我国减少毒品需求工作成效明显,毒品问题治理进入新阶段,但毒品滥用人数多、吸毒活动隐秘性强、新型毒品种类增多、合成毒品滥用,同时,毒品检测技术方法的更新应用滞后于滥用毒品种类和结构的翻新变化,治理巩固难度加大。第三,吸毒人员管控效果监测。我国当前针对吸毒人员建立了全面的信息化管理系统,实施吸毒人员全网络管控模式,提高吸毒人员戒断率、社会回归率,降低毒品危害、保障社会安全。第四,涉毒活动预警能力监测。实现毒品犯罪预测预警是必然趋势,就全局而言,禁毒战争是一场持久战,需要对全国性和区域性的毒品犯罪发展趋势、毒品滥用蔓延态势、毒品犯罪特点和规律等进行预测,目前对涉毒活动预警的现有研究成果缺乏对数据的关联性挖掘、少有预警能力的分析。[①] 第五,涉毒犯罪打击能力监测。毒品违法犯罪活动必须从源头开始治理,由于制毒、贩毒犯罪活动呈现出组织化、科技化、隐蔽化的特点,必须加大对毒品犯罪打击力度,加强部门的协

---

① 郑永红:《我国毒品犯罪预测预警研究现状分析》,载《净月学刊》2015 年第 6 期。

调配合,形成工作合力,破除毒品治理工作中成本高,成效低等难题。

近年来,我国对国际毒情态势判断更加精准,对毒品问题走势研究更加精确,毒情监测指数指标的设置也更加精细,毒品数据结合严密的逻辑推理,客观明确地展示了毒情形势。“国家毒情监测预警体系”建设工作开展以来,禁毒部门积极采取措施,在各省、各地市收集大量毒情数据,充分利用大数据实现对“污水验毒”数据的多维度关联分析,创新毒品管控、涉毒犯罪精确打击、涉毒活动预警和决策等禁毒实务应用,污水中毒品检测技术为我国的禁毒工作和决策提供了有力支持,进一步推动了毒情监测评估体系的全面构建。[①]

2. 毒情监测评估工作依据禁毒执法信息、经验判断开展

透过历年《中国禁毒报告》及《中国毒品形势报告》发现“金三角”毒品问题对我国渗透加剧,“金新月”仍是世界最大的毒品产地,外籍华人在华贩毒问题突出,国内制毒犯罪严重,贩毒活动猖獗、手段隐蔽,毒品滥用问题呈现蔓延态势。禁毒实务工作中,禁毒部门主要用“侦破案件数量,打击制毒贩毒窝点数量、在册吸毒人员数量,缴获毒品数量”等数据来衡量禁毒工作成效,评估地方毒情。公安机关内部进行毒情汇报时,报告主要基于“破案率、缴毒数量”等信息反映涉毒犯罪情况,围绕“在册吸毒人数、新增人数、复吸人数”等信息反映毒品预防教育、毒品滥用情况。这些信息由基层民警通过禁毒信息平台进行填报,信息较为真实可靠,这些信息成为评估毒情趋势的依据,基于禁毒执法信息的毒情监测评估模式,对当前禁毒部门的工作有着不可或缺的作用。

当前对于毒情监测评估工作的开展,主要依据涉毒重点要素的

---

① 刘艳:《我国毒情监测现状及发展方向研究》,载《云南警官学院学报》2020 年第 4 期。

动态管控与分析，运用全面调查方法结合经验法则，对毒情发展趋势进行宏观预测。专家运用专业知识和经验，对预测对象的内部特点和外部环境加以研判，禁毒专家学者、经验丰富的禁毒工作人员需要对国外毒品渗透、国内毒品泛滥情况的全局进行把握。毒情监测评估需要对历年我国毒品犯罪的大量信息加以综合分析，并充分考虑涉毒重点要素，特别是国际毒品犯罪、国际毒情及境外毒品犯罪对我国毒品犯罪发展趋势的影响。专家们长期从事毒品问题治理研究工作，或长期奋战在禁毒工作一线，对毒情治理问题有着深厚的理论基础和丰富的实战经验，所作出的毒情监测评估有较强的权威性和说服力。然而经验法则本身存在固有缺陷，不能得到精确的预测值，预测结果根据预测者而定，难以正确反映客观事实。但专家的内心确信是基于一定的客观事实依据和数据基础，遵循毒情发展变化客观规律的，对当前毒情特征规律分析，能够推测未来毒情趋势。实践中，专家的判断与现实毒情信息大多能够相互印证，有着较强说服力，通常情况下也经得起实践检验。

3. 污水毒情监测技术处于探索研发阶段

近年来我国积极推广污水分析法监测特定区域毒情。2011 年，Foon Yin Lai① 等人在香港特别行政区大型污水处理厂检测出氯胺酮、甲基苯丙胺等人体毒品代谢物。2012 年，李喜青等人首次在北京、上海等地的污水处理厂中运用“污水分析法”检测出人体毒品代谢物，广东中山于 2017 年率先应用“污水验毒”技术监测毒情，李喜青教授表示在毒品问题突出的中山市，污水分析法在缉毒实务中作

① Foon Yin Lai et al., *Estimating daily and diurnal variations of illicit drug use in Hong Kong: A pilot study of using wastewater analysis in an Asian metropolitan city*, Forensic Science International, Vol. 223, p. 1 – 3(2013).

用明显。[①] 2013 年,Li Jing[②] 等人在不同季节检测了北京数个污水处理厂甲基苯丙胺的滥用量,结果显示:随着季节变化,区域内毒品滥用量也会有所起伏。2014 年至 2015 年,Zeqiong Xu[③] 等人分两次依据污水分析法评估了我国 18 个城市海洛因的滥用情况,并对两次评估结果进行对比。2017 年,刘春叶[④]等人在吉林省 8 个城市及辽宁省 7 个城市运用污水分析法调查了甲基苯丙胺的滥用情况。2019 年,周子雷[⑤]等人首次运用污水分析法对北京 23 家污水处理厂中的新型活性物质曲马多和芬太尼进行测定,为污水分析法监测评估全国范围内的曲马多和芬太尼使用情况提供了参考;孙容基[⑥]等人运用污水分析法检测了昆明市区污水处理厂中甲基苯丙胺及其代谢物的含量,定期在污水处理厂取样并对目标物进行含量检测,进而评估了甲基苯丙胺在昆明市区的滥用情况。

我国对污水流行病学调查方法进行毒情监测的研究和应用起步较晚,经过众多学者的不懈努力和探索,污水分析法这一客观、准确、有效的毒情监测评估方法正逐步在我国推广应用,结合云计算、大数据、人工智能等技术手段,优化污水分析法,创新毒情监测方法,实时

---

① Cyranoski David, *China expands surveillance of sewage to police illegal drug use*, Nature, Vol. 559:7714(2018).

② Li Jing et al., *Estimation of amphetamine and methamphetamine uses in Beijing through sewage-based analysis*, The Science of the total environment, Vol. 490(2014).

③ Zeqiong Xu et al., *Tracing methamphetamine and amphetamine sources in wastewater and receiving waters via concentration and enantiomeric profiling*, Science of the Total Environment, p. 601-602(2017).

④ 刘春叶、王喆、冯佳铭、冯诗婧、张旭红、王思玉、裴伟、王德高:《污水流行病学调查辽宁和吉林两省甲基苯丙胺滥用量和流行率》,载《环境化学》2018 年第 8 期。

⑤ 周子雷、杜鹏、白雅、韩胜、黄红梅、徐泽琼、李喜青:《北京市生活污水中曲马多和芬太尼的赋存》,载《环境科学》2019 年第 7 期。

⑥ 孙荣基、吴天辉、孟怡然、段春梅:《通过污水分析估计昆明市的甲基苯丙胺滥用情况》,载《中国药物滥用防治杂志》2019 年第 6 期。

监测区域毒情,为公安禁毒缉毒部门开展相关禁毒工作提供了科学依据。①

(二)我国毒情监测评估存在的问题

1. 毒情监测数据来源渠道单一

国家禁毒委员会领导全国禁毒工作,负责禁毒政策和措施的制定、发布、组织与实施。其作为我国毒情监测评估工作的领导者,每年发布《中国禁毒报告》与《中国毒品形势报告》,可见毒情监测数据来源于国家禁毒委。公安机关禁毒部门负责执行禁毒执法任务,奋斗在打击涉毒犯罪的一线,对我国毒品滥用情况、涉毒犯罪活动等毒情信息能够做到全局获取和真实掌控。禁毒部门还承担着毒品宣传教育、毒品犯罪预防,毒品犯罪打击措施制定的职责。此外,国家食药监局发布的《国家药物滥用监测年度报告》中也含有对毒品滥用监测的数据,由此可见我国毒情监测数据来源于国家官方机构,社会面参与较少。

禁毒战争是一场需要全民参与、全民防范的战争。② 当前我国毒情监测工作中公民和社会组织参与度低,国家官方机构难以做到全面覆盖。面对复杂的毒情新趋势、新变化,公安禁毒部门可通过与社会第三方机构合作,与社会力量合作共同建立区域毒情监测中心,以获取真实可靠的毒品滥用数据。如广东佛山为全面监测毒情形势,积极引入北京大学的"污水验毒"社会化合作项目,以政府购买第三方服务的商业化运行模式,建立了毒情监测中心,预测预警市内毒情形势。运用污水分析法对城市污水进行监测获取毒品滥用信息,结

---

① 张凯、周欣欣、王蕾、高富、宋圆圆:《污水中痕量毒品分布特征与检测技术研究》,载《警察技术》2017 年第 3 期。

② 《走中国特色的毒品问题治理之路,坚决打赢新时代禁毒人民战争》,载《党课参考》2018 年第 14 期。

合多元化的社会数据、官方数据来丰富毒情数据，鼓励第三方社会力量参与，优化毒情数据来源渠道，打破信息孤岛，消除区域间信息壁垒，解决毒情监测信息不对称、监测信息来源差异问题，这样才能准确监测毒情发展趋势。

2. 毒情监测数据缺乏深度挖掘分析

官方发布的《中国禁毒报告》与《中国毒品形势报告》中涵盖宏观方面的毒情数据，这些数据中有很多值得深入挖掘与分析的关联指标数据，而恰恰这些关联指标数据关系到预测的精确性。禁毒部门登记在册的吸毒人员，包含使用毒品种类、使用方式、使用时间、戒毒次数、年龄架构、性别结构等数据，而现有毒情监测评估还难以达到深度关联分析。更为重要的是，毒情监测评估中会出现少数异常数据，而现有毒情监测评估对于这些出现的少数异常数据缺乏进一步的考究与分析。

毒情数据是准确进行毒情监测评估的关键，更是建立毒情监测评估模型的基础。每一项毒情数据都直接影响到监测预警的科学性和准确性，必须对每一个监测数据指数指标本身进行严密的鉴别、分析、处理之后才能进行科学的评估，这是毒情监测评估大势所趋。基于污水分析法对城市污水监测所获得数据具有真实可靠的特点，可以修正在毒情监测评估中通过其他渠道获得的异常数据，或是对该异常数据进行深度挖掘分析，追根溯源可以找到数据异常的原因，修复现有的毒情监测工作中的漏洞。通过深入挖掘分析监测数据与相关异常要素之间的关系和影响程度，能够对毒情变化特征和发展规律做出准确的研判。

3. 毒情监测技术方法滞后

目前我国禁毒部门主要依靠现有的禁毒信息系统。该平台收集的数据采用传统社会学的评估方法进行分析，结合问卷调查、社会流行病学、犯罪统计、病历分析等方法进行毒情监测评估，这种方式是单一和片面的，数据深度关联不足。在缺乏其他毒情关联数据、无法保证毒情数据真实性的前提下难以对毒情进行客观评价。国内外运用污水流行病学开展毒情监测评估时间较短，方法的准确性、科学性和适用性尚有待提高，但污水分析法相较于传统方法具有客观准确的优点，能够提供准确、实时的毒品滥用监测评估。污水分析法适用于某一特定国家或者地区时，应考虑该国家或地区的基本情况。如我国毒情监测实践中存在两个突出问题：一是城市地区的城市污水处理厂集中了多个地区的污水，部分污水未经收集处理直接排放，不能反映每个地区的具体情况。二是农村城镇等地区的污水没有进入污水处理系统，无法监测农村地区的毒情。污水处理厂进水中的污水取样分析结果不能全面客观反映区域毒情，毒情监测结果不能为准确打击毒品犯罪提供数据支持。

信息化时代为开展毒情监测评估工作提供了机遇，大数据技术能在广阔的空间捕获实时的毒情数据信息。在国家部署并实施“云上公安、智能警务”大数据战略后，结合禁毒工作现实情况，禁毒部门应积极探索“大数据+毒情监测”的工作方法和工作思路，运用大数据精准防毒、治毒、缉毒，全力打造“云上毒情监测”新机制，实现由被动应对处置向主动预警监测转变。推动禁毒工作走向新阶段。浙江禁毒部门探索运用了“云上引领”技术的毒品犯罪打击技战法，先后破获大批全国涉毒大案、要案。广东中山禁毒部门率先引进毒情污水监测技术手段，首次在全国将“污水验毒”技术应用于禁毒实务工作，探索对城市生活污水进行毒情监测的污水毒情监测模式，利用城市污水监测的数据与公安机关禁毒数据相结合，对毒情进行全方位监测评估，弥补了传统毒情监测体系的短板，将为各国毒情监测评估工作提供重要参考。依托大数据、智能化的污水监测现代科技技术，获取丰富的毒情数据,建立大数据下的毒情监测评估体系,验证了毒情监测体系指标设定科学与否。积极探索人工智能应用到禁毒实务工作,通过大数据的融合分析完善现有毒情监测评估体系,不断提升毒情监测评估的科技化和智能化水平,全面提升毒情预测预警能力,推动毒情监测工作立体化发展。

三、城市污水监测技术的应用

(一)国外应用进展

毒情监测评估早期是通过人口调查方法结合犯罪统计、医疗记录、毒品生产和缉获率进行的,局限在于时间上的滞后性和人口数量的有限性。国际上,20 世纪末美国有学者提出利用城市污水分析毒品滥用信息这一设想。2001 年,Daughton① 提出"污水流行病学"这一新的概念用于调查特定区域内毒品的使用情况。2005 年,Ettore Zuccato 等②首次通过测定污水中可卡因含量来调查了当时米兰和科莫两个城市可卡因的滥用情况。此后"污水流行病学"③这一新兴的毒情调查理念和方法被应用到不同国家和地区,该技术监测的毒品种类延伸到氯胺酮、大麻、甲基苯丙胺等毒品,研究对象也拓展至地表水和地下水。

2010 年,欧盟发起了污水分析法标准化活动,成立了欧洲污水分析中心小组,通过协调研究欧盟各国的情况,拟订了共同的行动协定

---

① Ternes T. ,*Pharmaceuticals and Metabolites as Contaminants of the Aquatic Environment*,(2001).

② Ettore Zuccato et al. , *Cocaine in surface waters: a new evidence – based tool to monitor community drug abuse*, Environmental Health, Vol. 4:1(2005).

③ Zuccato et al. ,*Estimating Community Drug Abuse by Wastewater Analysis*, Environmental Health Perspectives, Vol. 116:8(2008). Alexander L. N. et al. *Sewage epidemiology—A real – time approach to estimate the consumption of illicit drugs in Brussels, Belgium*, Environment International, Vol. 37:3(2011).

书，污水分析中心小组对欧洲污水处理方法制定了统一的标准，并开展了多项毒品监测活动。2011 年对欧洲 19 座城市的毒情展开了评估工作，进行了全覆盖式毒情监测评估工作，掌握了 19 个城市的毒品使用情况以及不同城市之间的差异。取得初步的研究成果后，欧盟污水分析小组在接下来的几年多次开展了类似研究，不断提高数据准确度和分析能力。2019 年建立了欧洲全范围的污水分析监测网络，监测覆盖欧洲 23 个国家、68 个城市，已有加拿大、澳大利亚、比利时、荷兰、芬兰、法国、意大利、沙特阿拉伯、突尼斯、哥伦比亚和哥斯达黎加等国家进行了相关领域的研究。

欧盟运用标准化的污水分析方式实时监测了区域的毒情，相对于传统的毒情监测手段，节约了数据采集时间，缩短了毒情监测周期，获取了真实可靠的毒情数据，将城市污水监测与其他监测手段相结合进行综合分析，有利于准确追踪区域毒品滥用情况，锁定犯罪嫌疑人，捕获真实的即时数据，为欧盟各国打击毒品犯罪、制定相关禁毒措施提供了数据支撑。

（二）国内应用进展

国际上，污水分析法早在 20 世纪末就受到联合国及欧盟、美国等的重视并运用到实务中。时至今日，污水分析法已在国内禁毒实务领域广泛运用。2011 年，我国首次应用污水分析法对香港特别行政区污水处理厂污水中的毒品情况进行监测。2017 年，广东佛山为监测预警当地毒情形势，以政府购买第三方服务的模式开展城市毒情监测，当地政府与北京大学李喜青团队合作共建了毒情监测中心。该中心“立足佛山、服务广东、面向全国”，为广东乃至华南地区提供基于污水的毒情监测和毒品分析等大数据支撑。2018 年，山东省禁毒部门以政府购买第三方服务的方式，与中国海洋大学联合成立了山东省“污水验毒”项目组，运用“污水验毒”技术，在山东全省 16

市、170余个县(市、区)覆盖区域的139个污水处理厂进行了检测,客观评估了山东地区的制贩毒活跃程度、毒品治理成效等毒情形势,结合大数据技术手段,分析省内真实毒情,科学开展禁毒工作。2019年,四川省公安部门成立了毒品实验室,对全省范围内21个市州,94个县市区,102个污水处理厂进行毒品检测。该实验室还指导各地开展尿液检测、毛发检测及城市污水毒情检测技术的应用,在禁毒实务中取得良好效果。2020年,贵州省首次在全省范围内开展"城市生活污水毒品滥用检测"工作,污水取样涉及全省39个县区、65家生活污水处理厂,共设置71个进水口采样点,定时采样分析,评估了覆盖区域的毒情形势,为毒情监测评估工作提供了科学指导。

运用污水分析法检测城市污水处理厂中的毒品含量,结合污水处理厂覆盖区域人口数量、污水流量、城市污水毒品滥用指数等数据进行综合分析,监测该区域吸毒人员数量、毒品滥用种数,评估毒情形势。利用大数据技术手段,建立区域毒情监测评估中心,对城市污水进行实时监测,能够更加精准地预估特定区域的人群消费、毒品滥用等情况,甚至捕获制毒窝点排放出的污水中所反映的异常毒品信息,为禁毒部门预防和打击毒品犯罪提供线索依据,为掌握和预测区域毒情提供了技术方法,为制定和出台相关禁毒政策措施提供了前提基础。

四、城市污水监测对我国毒情监测评估的促进

毒品经吸毒人员吸食后,由人体代谢系统排出进入城市排水系统,毒品代谢物在污水中比较稳定,特定区域内人员毒品使用量的计算是在污水排水系统取样后,通过分析测定污水中毒品代谢目标分析物(Drug Target Residue,DTR)的浓度,运用污水分析法分析特定

目标物 DTR 在污水中的含量,[①]结合污水总量,毒品代谢率乘积加以分析校正,可以计算出区域内单位人群使用某类毒品的含量。污水分析法可用于特定人群在特定时间、特定空间的毒品滥用信息分析研判,与传统技术方法相比具有准确、持续、真实的优势,可用于实时监测毒品滥用的种类以及毒品消费量,已成为毒情监测的有力手段。

在毒品问题治理中,运用污水分析法获取的相关数据,可以提前监测毒情态势,发挥着重大作用。毒情监测需建立在大量数据的基础之上,大数据背景下的毒情监测分析,在海量资源和优化算法的支持下发现、关联毒情数据,并深层次挖掘分析,可实现全国宏观毒情监测评估、区域微观毒情监测评估并预测未来毒情发展趋势,实现对毒情全方位立体化的监测评估。

(一)完善全国毒情监测评估

我国幅员辽阔,东西部经济、人口呈现地区差异,毒情形势也呈现出明显的地区特征。各地毒品问题状况各异,差别较大。如云南毗邻金三角毒源地,受国际环境的影响致走私、贩卖、运输毒品犯罪多发;上海从跨境、跨区域贩毒活动首选地成为毒品过境与消费并存地;山东列管制毒物质溴素流失严重;广东清远制毒犯罪猖獗;四川环蓉外流贩毒与制毒犯罪严重;福建龙岩麻黄碱类涉毒犯罪突出。整体来看,边境地区毒情严峻、内地相对较轻。由于东西部经济发展水平、区域毒情存在差异等因素,国家层面的宏观毒情监测评估是一项系统庞杂的工作。

国家禁毒委员会统领全国的禁毒工作,全国宏观毒情监测评估由国家禁毒委员会负责统筹领导,根据全国各地禁毒部门填报的实时城市污水监测数据,结合公安禁毒部门通过"金盾工程""DQB 平

---

① 原帅、向平、于治国、骆如欣:《污水中毒品分析方法研究进展》,载《中国司法鉴定》2020 年第 4 期。

台”“全国禁毒情报信息研判系统（DIAS）”等平台获取的全国毒情信息，运用“大数据＋毒情监测评估”技术手段，鉴别毒情监测的数据来源，制定毒情监测评估的标准，整合全国毒情信息资源，得出毒情监测评估的结论，从宏观视角监测评估我国毒情，实现对我国毒情形势的整体掌握，有助于充分发挥国家禁毒部门研究拟订预防打击毒品犯罪对策、开展毒品宣传教育的职能作用，为国家毒品问题治理研究提供理论支撑，促进我国禁毒领域的国际合作，为全球毒品问题治理提供参考。

（二）深入区域毒情监测评估

区域毒情监测评估是在省、市、县（区）、乡、社区（农村）一级对该区域范围内的毒情进行监测评估。传统的毒情监测评估方法存在缺陷，如在调查、走访过程中受访人员提供的信息缺乏真实性，社会人口的流动导致数据统计不够准确，调查统计费时、费力，浪费大量禁毒资源。传统毒情监测评估调查统计周期长，监测评估结果不能实时反映区域内毒情。

漆寿元①等人研究了基于“水系检测”和“管道回溯”的微观毒情监测技术，监测了辽宁省东港市的毒情，该技术方法还监测了东港市各辖区以及乡镇的毒情，这对污水流行病学方法在微观区域内的毒情监测问题提出了方案。毒品代谢物经下水管道排泄进入城市污水系统，通过标准化的污水处理方法处理城市污水，运用污水分析法监测毒品滥用信息，采用定性、定量的方法分析污水中毒品代谢物信息，推算区域毒品的使用量，可用于特定区域内特定时间的毒情监测，比如城市毒情监测，也可以对学校、社区、监狱、农村、乡镇等微观内特定区域毒情进行监测。该技术方法相较于传统的毒情监测方法

① 漆寿元、袁媛、邵雪婷、王德高、宋大力：《基于“水系检测”和“管道回溯”的毒情研判技术——以辽宁省东港市为例》，载《中国刑警学院学报》2020 年第 1 期。

具有客观、定量、实时、快速和简便的特点，可以实现微观区域毒情的全方位立体化监测，基于污水流行病学的毒情监测评估方法应在全国各省、市、县区内以及各基层社区、乡镇推广运用。

（三）预测未来毒情发展趋势

毒情发展趋势的预测是指运用科学的毒情监测手段，依据现有的毒情数据，及可能影响毒情形势的相关因素进行分析，对未来特定时空范围的毒情形势做出推测与判断。影响毒情发展趋势的因素主要有三个，即制毒数量、贩毒数量和吸毒数量。毒品的供求关系是决定毒情发展趋势的主要因素。

毒品生产制造时会生成特定化合物，在污水中呈现特定化学现象，污水分析法可以对该特定化合物追根溯源、追踪制毒窝点，明确了制毒犯罪打击方向，帮助警方确定潜在制毒点，做到制毒犯罪精准打击。此外，毒品生产制造时会生成特定化合物，在废水中呈现特定化学现象，如将毒品生产制造中产生的废料排入城市污水系统，若长期监测期间仍保持高水平的浓度，说明该污水排水系统对应的特定区域内有连续的排放源，意味着该特定区域内有毒品生产窝点的可能性较大。污水分析法还可及时、准确地反映特定区域内毒品滥用的空间分布、使用时间规律等情况。通常情况下娱乐场所、KTV 洗浴中心等地检测值相对较高，节假日及周末高于工作日。①

通过城市污水监测获得的数据信息，结合相关因素，结合“大数据 + 毒情监测评估”的技术手段，可以实现对全国乃至全球的毒情形势宏观掌握，也可以实现基层社区、街道等小范围区域的毒情形势微观把控。从全局对毒情发展趋势做出预测预警，有助于国家制定正确的禁毒战略规划，履行国际禁毒义务，打击遏制毒品犯罪，控制毒

---

① 王波、杜然、王传凯、王元凤：《环境污水毒品检测技术在禁毒情报中的应用》，载《中国法医学杂志》2018 年第 6 期。

品滥用，巩固禁毒战果。

五、结语

总的来说，污水毒情监测方法具有实时准确、便捷高效、真实可靠的显著优势。克服了传统毒情监测方法的滞后性及人口有限性，创新了毒情监测手段，提供了禁毒工作新思路，为建立毒情监测评估体系提供了数据基础，有利于公安部门打击毒品犯罪、制定出台相关政策、促进国际禁毒合作，具有很好的推广应用价值。① 但是污水分析法在理论上和实践中仍存在很多有待改进的地方，如生态部门、公安机关等行政部门之间存有行政壁垒，基于城市污水监测的毒情监测评估工作未形成一个完善的体系，工作开展方案缺乏组织规划，毒情监测流程缺乏统一的标准。随着毒情监测技术方法的不断突破，评估标准的进一步明确，相关配套体制机制的完善，可以预见基于城市污水监测对毒情监测评估的作用，能够建立毒品供给、使用、危害、预测预警等毒情模型，将在毒品犯罪与毒品犯罪预防等方面发挥更为重要的作用。

① 杨雪：《欧洲毒品治理中的污水监测实践》，载《中国禁毒报》2021 年 1 月 8 日，第 6 版。

污水流行病学
在区域毒情监测中的应用研究

黄　锐　张梓渝

一、引言

污水流行病学（Wastewater – Based Epidemiology，WBE）起源于毒品的消费调查，于2001年由美国环境保护局环境科学家Christian G. Daughton①首次提出。污水流行病学起源于毒品，但不止于毒品。该学科发展的同时，人们意识到，污水流行病学的相关分析技术可以调查污水中人类消费的一切化学物质而具备通用性。因此随着学科的发展与扩充，污水流行病学的调查领域已不再局限于毒品消费调查上。人们可以是为了解地区疾病的发病概率而通过污水流行病学进行药物消费调查，也可以是为管控合法成瘾性物质如烟、酒精、咖啡等物质的市场规模，而利用污水流行病学进行对该类物质的消费调查等。近年来，关于污水流行病学用于新冠肺炎预警研究也取得

---

① Daughton C. G.，*Pharmaceuticals and Personal Care Products in the Environment：Scientific and Regulatory Issues*，Washington，D. C.：American Chenmical Society（2001）.

了一定的进展。[1] 为应对新冠肺炎疫情,世界范围内还有不少学者利用污水流行病学开始着手研究更为有效的预警机制。如鉴于感染者排泄物中存在病毒粒子或遗传物质核糖核酸(RNA),荷兰学者提出了基于污水流行病学监控 SARS - CoV - 2(诱发 COVID - 19 的病毒)的出现并传播的设想[2]。

关于污水流行病学的概念,王德高教授在《污水流行病学》一书中详细介绍到,污水流行病学是通过分析污水处理厂进入水中的化学物质浓度,根据人体代谢机理、进水流量和服务人口数量估算该地区人群消费某类化学物质的规律,调查与之相关的疾病、消费、健康等公众信息,从而预防和控制相关疾病,提高公众健康水平的科学。[3]

经过二十多年的发展,污水毒品检测的相关技术越发精确和灵敏,利用污水流行病学监测和评估区域毒情情况逐渐成为公安禁毒工作的一个重要部分。污水分析法是污水流行病学在区域毒情监测工作上的一个应用。得益于污水分析法的落实和推广,公安机关在把握地方毒情上更加准确和高效。然而随着区域毒情监测工作的推进,污水分析法应用过程中所产生的问题也逐渐凸显。污水分析法作为一种毒品检测和监测工具,不能否认其先进性和功能强大的特性,然而作为常用的区域毒情监测技术来说,它并非完美而且存在固有的缺陷,这些缺陷也限制了区域污水毒品监测工作的发展和完善。近年来,关于电化学生物传感器在污水流行病学的研究不断涌现。

---

① 刘然彬、郝晓地、Mark van Loosdrecht、江瀚:《污水流行病学用于新冠肺炎预警研究进展》,载《中国给水排水》2021 年第 14 期。

② Medmag, Heijnenl, Elsngag, et al., *Presence of SARS - Coronavirus - 2 RNA in Sewage and Correlation With Reported COVID - 19 Prevalence in the Early Stage of the Epidemic in the Netherlands*, Environmental Science & Technology Letter, Vol. 7:7, p. 51 - 51(2020).

③ 王德高:《污水流行病学》,科学出版社 2018 年版,第 13 ~ 15 页。

电化学生物传感器具备响应快、成本低、分析样品需求小、数据分辨率高以及能够现场快速测试等优势,其在污水毒品检测领域的发展,能突破污水分析法固有的缺陷,并为区域污水毒情监测工作带来升级的可能。

二、污水流行病学在区域毒情监测中的应用现状

(一)国外情况

21 世纪伊始,欧美国家就已经着手研究污水流行病学在区域毒情监测应用上的可行性。直至 2010 年,欧盟组织成立欧洲污水分析中心小组,污水流行病学才算在真正意义上应用于禁毒实务。该小组在对欧洲污水处理方法制定统一标准的前提下,开展了多项毒品监测活动。经过多年的发展,该分析小组的监测已覆盖欧洲 23 个国家的 68 个城市,并建立起欧洲范围内的污水分析监测网络。① 此外,城市的污水流行病学研究已经成为东欧地区治理传统毒品及新的精神活性物质的有效工具。②

此后,污水流行病学除了被世界各国广泛用于区域毒情监测之外,在很多情况下,还被作为一种新型的区域毒品监测方法,用于比较传统的人口调查法,并通过与其他调查方法得出的毒品消费数据进行比较验证,以证实污水流行病学方法检测数据的真实性和可靠性,及其技术的实用性与高效性。2014 年,Tscharke B. J. 等③通过比

---

① 杨雪:《欧洲毒品治理中的污水监测实践》,载《中国禁毒报》2021 年 1 月 8 日,第 8 版。

② Anna Maria Sulej - Suchomska, et al., *Urban Wastewater Analysis as an Effective tool for Monitoring Illegal Drugs, Including new Psychoactive Substances, in the Eastern European Region*, Scientific Reports, Vol. 10(1):4885(2020).

③ Tscharke, Benjamin J., Chen Chang, Gerber, et al., *Trends in Stimulant use in Australia: A Comparison of Wastewater Analysis and Population Surveys*, Science of the Total Environment, Vol. 536, p. 331 - 337(2015).

较2010~2013年的人口调查毒品消费数据和污水分析的可用年份的时间趋势，得出人口调查中使用药物的人口比例的时间趋势通常不能反映污水分析法所观察到的社区内的药物总使用量。人口调查所得到的吸毒人口比例和污水分析得出的吸毒量之间的差异还可能导致总体吸毒规模的误报。2015年，Zuccato E. 等①正是采用污水分析法调查意大利非法药物的消费情况，并与人口调查法进行比较。结论显示，污水分析法得出毒品消费情况的数据与人口调查法相似，且两者一起使用时，还可以提高区域毒品消费信息的质量。

（二）国内情况

虽然我国对于污水流行病学的研究起步较晚，但现今污水分析法已被国内禁毒相关机构广泛采纳。② 自2012年Khan等③首次利用污水分析法对我国北京、上海、广州、深圳4个大陆城市进行毒品消费情况监测和分析后，污水分析法在过往10年间发展迅速，并逐渐在全国范围内普遍使用，成为完善区域毒情监测工作的一项重要措施。污水流行病学在我国区域毒情监测上的应用现状可具体体现为以下两点。

首先，污水流行病学在我国区域毒情监测上的应用多集中在城市地区。而区域污水监测以城市为中心，人口流动性小和人口密集程度低的郊区、农村地区则不是区域毒情监测关注的重心。污水流行病学的相关研究也围绕城市进行，关于郊区、农村地区的污水毒情

---

① Zuccato E. , Castiglioni S. , Senta I. , et al. , *Population Surveys Compared With Wastewater Analysis for Monitoring Illicit Drug Consumption in Italy in 2010 – 2014*, Drug and Alcohol Dependence, Vol. 161, p. 178 – 188(2016).

② 侯臣之、花镇东、徐鹏、苏梦翔、狄斌、王优美、徐慧：《基于污水分析法的毒情评估研究及应用进展》，载《中国药科大学学报》2018年第4期。

③ Khan U. , Van Nuijs A. L. , Li J. , et al. , *Application of a Sewage – Based Approach to Assess the use of ten Illicit Drugs in four Chinese Megacities*, Sci Total Environ, Vol. 487:1, p. 710 – 721(2014).

监测研究则鲜见报道。

其次,污水流行病学在我国区域毒情监测工作中多体现为政府购买第三方服务的形式。公安禁毒部门和相关企业合作,由一些具备资质和检测能力的生物科技公司负责污水采样和分析工作,并定期向公安禁毒部门汇报污水检测结果和汇总区域毒情信息报告表。现实中也有公安部门成立毒品实验室并直接承揽区域污水毒情监测工作的例子,如成立于2019年的四川省公安厅毒品实验室,[①]但它是我国唯一一家公安部门毒品实验室。因此,政府购买第三方服务模式仍然是普遍做法。

三、污水流行病学在区域毒情监测应用中面临的问题

污水分析法是污水流行病学在区域毒情监测应用中的具体体现。污水分析法涵盖了许多技术和计算手段,包括快速溶剂萃取、定量浓缩萃取、固相萃取等化学物质分离技术,还有质谱法或光谱法的物质定量分析技术,以及建立反推模型公式测定区域毒品消费情况的化学分析技术和数学计算公式。随着污水分析法在司法实务中的不断落实,污水分析技术本身以及在区域毒情监测工作应用中逐渐呈现出新的局限和问题。

(一)污水分析法的局限性

1. 污水分析法检测程序烦琐

污水分析法检测程序烦琐这一局限性特征是相较而言的。相较于传统的人口调查法,污水分析法在区域毒情的获取上确实具备耗时更短、取样更便捷、无须接触人群、数据精确的优势。然而随着电化学生物传感器在污水流行病学领域研究的兴起,污水分析法

---

① 何仕杨:《最强实战,四川公安加快推进全省毒品实验室建设加强毒情监测》,载中国网2019年1月5日,http://sc.china.com.cn/2019/jinri_0705/327595.html。

的优势不再明显。下文将对生物传感器技术进行详述,这里不再赘述。

污水分析法一般包括4个步骤,首先,污水的采集。目前污水流行病学对于毒品消费的研究主要测定市政处理厂的进水样品,但也不乏关于采集地下水及地表水样品进行研究的例子。例如,漆寿元等①在2019年运用地下水、地表水和市政污水结合"管道回溯"技术,对辽宁省东港市进行了全面的毒情监测和评估。其次,对所采集的污水进行前处理。对污水样品进行前处理是指用一定的方法处理和过滤掉污水中的其他杂质,将目标分析物提纯,其目的在于保证分析结果的准确性和可靠性。未经处理的污水含有大量的杂质,并且这些杂质会对污水中的毒品及其人体代谢物的分析结果造成影响。关于污水前处理的方法根据相关文献可知,绝大部分报道都采用固相萃取(Solid - Phase Extraction,SPE)作为污水的前处理方式,也有少量文献采用液液萃取(Liquid - Liquid Extraction,LLE)的方式进行污水的前处理。② 再次,污水的前处理工作完成后,正式对废水中的毒品进行分析。这一步是将进行了前处理后的废水中的毒品含量进行定量分析,即确定废水样品中的毒品含量。目前关于对废水中的毒品的一般分析方法有两大类,分别是质谱分析法和光谱分析法。Vazquez - Roig 等③采用高效液相色谱——三重四级杆质谱(LC - MS/MS)技术对地表水中的可待因、可卡因、苯丙胺、甲基苯丙胺、吗

---

① 漆寿元、袁媛、邵雪婷、王德高、宋大力:《基于"水系检测"和"管道回溯"的毒情研判技术——以辽宁省东港市为例》,载《中国刑警学院学报》2020年第1期。

② 原帅、向平、于治国、骆如欣:《污水中毒品分析方法研究进展》,载《中国司法鉴定》2020年第4期。

③ Vazquez Roig P. , Andreu V. , Blasco C. , et al. ,*SPE and LC - MS /MS Determination of 14 Illicit Drugs in Surface Waters from the Natural Park of L' Albufera (València, Spain)*, Analytical and Bioanalytical Chemistry, Vol. 397, p. 2851 - 2864 (2010).

啡等 14 种非法药物进行测定分析，并得到各待测物检测限和定量限分别为 0.01 ~ 1.53ng/L 和 0.03 ~ 5.13ng/L，实现了更高检测限。最后，在完成对废水中的毒品分析定量后，根据污水中毒品质量和种类的数据信息，就可以开始着手计算区域毒品消耗量。通过选定毒品及其代谢目标分析物（Drug Target Residue，DTR），根据 DTR 的浓度建立反推模型公式，得到被测定区域毒品消费情况。①

2. 污水分析检测成本高

能从污水中检测多少毒品，这涉及检测仪器的检出限问题。目前，污水中的毒品检测方法总体停留在液相色谱—质谱分析法上，这种方法具有极高的灵敏度和选择性，同时这种方法也注定了需要先进设备和专业技术人员，且检测费用高。从上述关于污水分析法的介绍可知，对污水中毒品的检测其实并不是一个简单过程，其涉及环节众多且复杂，检测周期长，这直接限制了其在禁毒工作中的进一步应用。但不可否认，相对于传统的问卷调查法和街道走访调查法，污水分析法的出现确实大大提高了区域毒情监测的工作效率，也实现了区域毒情实时监测，提高了区域毒情监测精确度。然而，从实践来看，由于污水分析法成本极高，利用污水分析法实施大范围区域的毒情监测工作是不现实的。

虽然污水分析法能够有效实现区域周期性毒情的实时监测，但比起能够现场分析的商用化器械而言，其检测程序烦琐，检测周期较长，且人力投入大，检测费用昂贵。而高昂的费用限制了污水分析技术在区域毒情监测上的投入。为此，污水分析法若要在区域毒情监测工作中进一步扩大和深入，需要从技术源头上提升和发展，即设计

① Bakerd R, Barron L, Kasprz Y K - Hordern B, *Illicit and Pharmaceutical Drug Consumption Estimated Via Wastewater Analysis. Part A: Chemical Analysis and Drug Use Estimates*, Science of the Total Environment, Vol. 487, p. 629 - 641 (2014).

出一种更为廉价、便捷的毒品污水分析技术,使污水检测成本和用人成本降低,才有可能实现对区域的全面污水毒品监测。

3. 污水分析法发挥空间有限

污水分析法检测程序的复杂性和专业性,也限制了该技术的发挥空间,既限制了该技术的应用场所——仅在其实验室进行,也限制了该技术的使用人员——由专业的化学检测专业人员操作。虽然以液相色谱—质谱联用的检测方法为基础的污水分析技术发展至今,已具有极高的灵敏度和选择性,并被广泛地运用在我国的区域毒情监测上,然而,正如上文提及的,污水流行病学的毒品检测相关技术依旧脱离不了实验室,还未能实现商业化、便携化,而这也是污水流行病学在禁毒工作上运用的一个阻碍。

随着污水流行病学法在毒品治理工作的推进和落实,越来越多的事实和案件证明,污水流行病学在打击毒品领域有着巨大的开发潜力。污水分析法不仅在评估区域毒情上有着重要作用,而且在收集毒品犯罪情报侦查和打击毒品犯罪的作用上也逐渐崭露头角。越来越多通过污水分析获取情报破获的毒品犯罪案件显示,未来,污水流行病学将在毒品犯罪案件侦查工作中形成举足轻重的地位。

然而,从现阶段污水分析法的技术来看,要将其切实融入毒品侦查及其他禁毒的相关工作中是不现实的。污水分析法所固有的复杂检测程序和专业的实验操作,使其难以对一些突发性、实时性问题进行及时投入使用。为此,要突破污水流行病学在禁毒领域的应用"瓶颈",需要改良现有技术或研发出一种便携的、无须专业人员操作的、实时快速的商用污水毒品分析的仪器,以达到破除污水分析技术的发挥空间限制,实现加强各方禁毒工作实效的目的。

(二)污水分析法在区域毒情监测中的应用问题

1. 城市区域污水采集点不全面

尽管污水分析法在毒品检测相关技术中已经实现极高的精确度和灵敏度,但是其本身固有的技术限制——使用成本高和技术发挥空间有限,使其在区域毒情监测的应用上产生一些问题。首要的问题体现为城市区域污水采集点不全面。

从上述内容中我们知道,用于区域毒情监测的污水分析法的使用成本高昂,而这直接导致许多偏落后的区县污水取样点设置较少。这些偏远落后地区对禁毒工作的投入预算有限,人员有限。也正因如此,他们在有限的预算中只能向企业购买有限的污水检测点,而公安机关也只能将那些仅有的污水取样点设置在一些重点监测地方,如酒吧等人员复杂场所以及一些居住人口密集的小区,且多体现为小范围的片区。另外,在污水区域点设置上,人口较为疏少的地方往往不受重视,所以在实践中,区域污水毒品监测往往是碎片化的,未能完全覆盖到整片区域。

综观毒品案件来看,更多时候,那些人烟稀少的地方反而更适合毒品犯罪生存和滋长。随着我国对毒品犯罪的打压,毒品现象越来越隐蔽化,许多吸毒行为和涉毒犯罪往往隐匿于人迹罕至的地方,呈小型化、零碎化发展趋势。加之有日益发达完善的快递物流业助持,几乎城市的每一处地方,每一片角落都有可能成为毒品的吸食场所、制造场所和交易场所。因此,零碎的区域污水监测不能真正体现区域污水毒情监测,也无法真正对区域毒情实现精确化、实时化的监测。

2. 重城轻农郊

污水分析法在区域毒情中监测的另一个重要问题是"重城轻农郊",即污水毒情监测区域往往集中在市区、城区,而一些郊区和农村地区往往被大量忽略。然而随着城市毒品治理的推进，许多毒品犯罪为逃避打击，往往向边缘地区扩散。

自广东省进行“雷霆扫毒”专项行动之后，处于经济欠发达的肇庆市制毒案件明显增加，共发生 10 多宗制造、加工毒品案件，其中发生在山区县（市、区）和乡镇的占到九成，农村山区制毒犯罪出现不断发展、蔓延的趋势。[①] 另外，Cong ZiXiang 等[②]指出，由于大多数非法药物使用研究都集中在城市地区，中国农村和郊区的非法药物使用尚未得到广泛研究，同时他们利用污水分析法检测了中国大连市城区、郊区和农村地区的非法药物使用情况，结果表明，受大量流动人口和禁毒工作较少的影响，郊区的非法药物使用在大连市最为普遍。这些研究都表明，如今，农村和郊区地区俨然已成为我国重要的毒品防控区域。

此外，关于农村污水毒情监测工作中，还有一个值得学者们注意的问题是：我国部分较为落后的农村地区，由于缺乏污水处理设施或设施处理效果不理想，这部分农村污水存在污染源多、分散，难以统一收集和处理难度大的问题。[③] 这些未被处理的污水，大多数都被随意排放。我国每年废水的排放总量为 600 亿吨，其中乡镇污水为 200 亿吨，农村生活污水为 80 亿吨，农村污水处理率仅占 6%。[④] 虽然这些数据意味着我国部分农村地区存在严重的环境污染问题，但它亦

---

① 秦总根：《农村山区制毒犯罪的成因及对策》，载《犯罪与改造研究》2018 年第 3 期。

② Cong ZiXiang, et al., *Wastewater Analysis Reveals Urban, Suburban, and Rural Spatial Patterns of Illicit Drug use in Dalian, China*, Environmental Science and Pollution Research, Vol. 28:20(2021).

③ 林向宇：《农村生活污水治理的问题分析与对策》，载《低碳世界》2021 年第 10 期。

④ 余豪：《农村生活污水治理的问题与对策研究——以雷山县瑞仙村排污状况为例》，载《农村经济与科技》2020 年第 16 期。

同时说明,我国农村地区相当一部分生活污水并未集中到污水处理厂中进行处理,而是散落在自然水域中。这直接导致在农村设置毒品的污水采样点比较复杂和困难,这也是污水分析法在农村推进困难的另一个重要原因。

地方的利用污水分析技术在区域毒品监测上并不深入也不全面,这在一定程度上掩盖了许多地方的毒情信息和毒品犯罪信息,影响了我国禁毒工作的深入开展和部署,也无益于对毒品犯罪的发现和打击。

四、污水流行病学在区域毒情监测中的应用拓展

(一)电化学生物传感器在污水毒品检测中的应用拓展

1. 电化学生物传感器的应用原理

为克服污水分析法的技术局限问题,近年来,有学者开始探索并研究将其他更具便捷性且实时性的方法和技术融入污水流行病学研究中。由此,具备低成本、良好稳定性及便携的传感器(sensors)技术,进入了科研人员的视野。电化学生物传感器具有响应时间快、成本低、分析样品需求小、数据分辨率高以及能够现场快速测试等特点,已被广泛应用于疾病快速诊断、环境污染监测、食品安全以及毒品检测等领域。① 电化学生物传感器是以生物受体作为适配子(aptamer)。适配子是一种人工单链脱氧核糖核酸(ssDAN)或核糖核酸(RNA),其具有高稳定性、高亲和力和高特异性,因此可以与某些靶点(target)的特异性结合。适配传感器能对毒品进行检测的工作原理是,当适配子与作为靶点的非法药物结合时,根据所用的传感器类别的不同可以发出不同的信号,如比色信号、电化学信号、荧光

① 潘昱韡、毛康、Tuerk Franziska、杨竹根:《电化学生物传感器在污水分析及污水流行病学中的应用进展》,载《电化学》2019 年第 3 期。

信号和 SERS 信号，人们从传感器发出的特定信号来观察毒品信息。①

2. 电化学生物传感器在污水流行病学领域的发展

近年来，传感器运用于污水流行病学的相关研究不断涌现。其中，社区污水传感器因样品预处理少、反应快具备现场监测的能力，而被提议用于污水监测。Z. Yang 等②将 DNA 导向的固定化（DDIAS）适配子传感器用作社区污水传感器检测废水中可卡因的消费情况。团队经过 7 天的定量测定后，结果表明，DDIAS 采用周的浓度模式与质谱法的浓度模式相当，并证实该技术不仅能更快速、更低成本地用于污水的毒品检测，又因操作简单且能实时反映毒品情况，而为非技术人员提供了一种现场实时监测污水毒品的有效方法。该团队于 2019 年利用他们研发的金纳米粒子共轭适配子传感器对废水中的非法药物进行检测，并成功实现对废水中的可卡因和甲基苯丙胺两种毒品的双重检测。③ 这说明适配传感器不仅能监测单一药物，通过对技术的调整和改进，未来或许也能实现多个药物的同时监测。

3. 电化学生物传感器商业化趋势明显

2021 年，K. Mao 等④研发了一种通过贵金属核壳纳米颗粒在改

---

① Kang Mao, et al., *Nanomaterial – Based Aptamer Sensors for Analysis of Illicit Drugs and Evaluation of Drugs Consumption for Wastewater – Based Epidemiology*, Trends in Analytical Chemistry, Vol. 130 (2020).

② Z. Yang, E. Castrignanò, P. Estrela, C. G. Frost, B. Kasprzyk – Hordern., *Community Sewage Sensors Towards Evaluation of Drug Use Trends: Detection of Cocaine in Wastewater with DNA – Directed Immobilization Aptamer Sensors*, Sci Rep, Vol. 6 (2016).

③ K. Mao, J. Ma, X. Li, Z. Yang, *Rapid Duplexed Detection of Illicit Drugs in Wastewater Using Gold Nanoparticle Conjugated Aptamer Sensors*, Sci Total Environ, Vol. 688 (2019).

④ Kang Mao, et al., *Paper – Based Nanosensors to Evaluate Community – Wide Illicit Drug use for Wastewater – Based Epidemiology*, Water Research, Vol. 189 (2021).

性电纺玻璃纳米纤维纸(GNFP)上组装而成的纸基表面增强拉曼散射(SERS)基片,并作为简单的SERS传感器。该传感器受到的背景干扰可以忽略不计,并且具有高灵敏度、良好的重现性和极好的稳定性,证明了其现场快速检测非法药物的适用性。之后又用于检测北京不同地区的地表水和废水中的甲基苯丙胺含量,并与质谱法作为金标准参照物进行了比较,结果与金标质谱法测定结果一致。此外,Boxin Zhan等[①]对污水中合成的阿片类药物芬太尼进行了超灵敏便携式表面增强拉曼散射(SERS)检测,实现了对废水中芬太尼残留量十亿分之一量级的传感研究。这说明电化学生物传感器的相关缺陷可以通过不断升级技术来解决,其在污水流行病学的发展应用依旧具有广阔前景,彰显了其商业化的巨大潜力。

相信随着该项技术的不断发现,在不久的未来,适配传感器技术一定能够在污水检测领域实现商业化。而污水检测技术的商业化、便携化也将对禁毒工作,尤其在毒品犯罪侦查领域具有重要意义。

(二)电化学生物传感器技术在区域污水毒情监测上的应用拓展

由上文可知,电化学生物传感器具备响应时间快、成本低、分析样品需求小以及便携度高能够现场快速测试等污水分析法所不具备的优势。其独特的优势也为区域毒情监测工作带来新的拓展内容。据此,电话学生物传感器在区域污水毒情监测上的应用拓展具体体现为以下几个方面。

1. 简化区域污水毒情检测步骤

相对于一般的污水分析法,电化学生物传感器无须历经繁冗的

---

① Boxin Zhang, Xingwei Hou, Cheng Zhen, Alan X Wang., *Sub – Part – Per – Billion Level Sensing of Fentanyl Residues from Wastewater Using Portable Surface – Enhanced Raman Scattering Sensing*, Biosensors, Vol. 11(10), p. 37(2021).

检测程序，这体现了技术的易操作性和便捷性。电化学生物传感器对污水检测的投入使用，将大大简化区域毒情污水测毒的检测程序，同时也简化了区域污水毒情检测的步骤，进一步提高了区域污水毒情监测的工作效率。

2. 缩短区域污水毒情监测周期

电化学生物传感器对毒品响应速度快，具有现场快速测试的能力。若使其代替或部分代替污水分析法在区域污水毒品检测上的投入使用，将可能在较大程度上缩短区域毒情监测周期。并在此基础上结合人工智能和大数据分析技术，进一步优化和完善区域毒情监测工作，形成更短周期的区域毒情报告，真正实现对区域毒情监测的实施监测，增强禁毒机关和部门对区域毒情的了解和把握。

3. 提供更多的区域污水监测工作的实施方案

上文提到，我国大部分的区域污水毒情监测工作，往往采取政府购买第三方服务的方式进行。具有便携性和现场检测功能的电化学生物传感器的出现，将为地方禁毒机关对于区域污水毒情监测工作提供更多的实施方案。考虑到地方发展的差异性，各个地方的禁毒机关可以根据地方经济情况，选择适合地方经济发展特点和地域特点的污水检测技术，最大化提高区域污水测毒工作效率，推进区域污水毒情监测工作的落实。

（三）电化学生物传感器对提升区域毒情监测体系的优势拓展

由上文可知，现阶段我国的区域污水毒情监测体系是以检测程序复杂且成本高昂的污水分析法作为技术基础建立的。然而随着新技术的研究和开发，电化学生物传感器在污水毒品检测中体现出巨大的应用潜力。电化学生物传感器技术在区域污水毒情监测上的应用拓展，将进一步升级区域污水毒情监测工作内容，为新型的区域毒情监测体系提供新的技术支持和现实化的设想。总体而言，电化学生物传感器在区域污水毒情监测上的应用拓展，将为区域污水毒情监测体系带来以下好处。

1. 降低区域污水毒情监测成本

电化学生物传感器制造成本低廉，且无须投入价格高昂的实验室专业的分析设备，亦无须投入大量的科研人员即可对污水中的毒品进行检测分析。电化学生物传感器技术应用到区域污水毒情监测工作中，带来的首要升级现象，是能大幅度降低区域污水毒情监测工作成本。区域禁毒工作者在有限的禁毒经费支出情况下，不仅能在原有的基础上进一步完善区域污水毒情监测工作，同时还能额外将禁毒经费投入禁毒工作的其他方面，以推进禁毒工作的总体成效，更好地实现和推进区域毒品问题防控，杜绝毒品泛滥现象，保障公共安全和人民的生命财产安全。

2. 扩大和完善区域污水毒情监测范围

另外，将成本低廉的电化学生物传感器加入区域污水毒情监测工作还带来另一升级现象，即扩大和完善区域污水毒情监测范围。在保持原有的区域禁毒预算在区域污水毒情监测投入不变的情况下，禁毒工作部门可以购买更多的电化学生物传感器用于污水毒品检测，能够将原本漏洞百出的区域污水监测覆盖面进行扩大和补充，进而实现区域毒情监测的全覆盖，以解决污水流行病学在区域毒情监测工作中城市污水采集点不足和区域污水监测忽视农村地区问题。而扩大和完善区域污水毒情监测范围，将进一步加大对区域毒情的监控力度，让毒品行为和吸毒现象无所遁形，从而更好地打击和遏制区域毒品问题。

3. 增强污水毒情监测工作的实用性和推广性

此外，相较于流行的污水分析法而言，电化学生物传感器省去了大量的实验操作步骤和专业的分析设备，这种具备便携化趋势的新型毒品污水检测技术，不仅操作简单——无须专业人员操作，而且能突破使用空间的限制——能够实现现场的快速分析，使污水毒情监测技术的实用性得到增强。禁毒部门只需购买相关传感器设备，并对工作人员进行简单培训，即可完成对污水毒品的检测和分析。技术实用性的增强，也能使区域污水毒情监测工作在禁毒工作中得到更进一步的推广，破除区域污水毒情监测工作在禁毒工作中“难、贵、慢”的形象，使其成为一种禁毒工作常态，而非流于形式。

五、结语

污水分析法和电化学生物传感器技术都是污水流行病学所包含的技术内容。在实际情况中，污水分析法依旧是区域污水毒情监测普遍采用的方法，这种方法成熟且具有极高的灵敏性和选择性，对于建立和推进区域毒情监测工作起到巨大作用，而电化学生物传感器在污水流行病学领域的应用，则是对区域毒情监测的一个完善和深入。电化学生物传感器在污水流行病学中对毒品检测的应用优势，为我国区域毒情监测工作升级带来新的探索和想象，且电化学生物传感器便携仪器的商用化趋势不可阻挡。随着商用化的污水毒品检测仪器的出现，污水流行病学在禁毒工作中的应用将不再局限于区域毒情监测，还可以扩展到其他领域中，如毒品犯罪侦查工作。便携化的污水毒品检测仪器，可以用于收集毒品犯罪侦查线索、辅助固定某类毒品犯罪现场毒品物证、帮助侦查机关追溯毒品毒源等。

基于水体毒品监测技术下的农村毒品问题防治对策研究

黄　锐　张梓渝

一、引言

受疫情严控和严厉的毒品治理措施，2020年，我国毒品犯罪问题得到有效控制，毒情形势持续向好。《2020年中国毒情形势报告》显示，我国出现现有吸毒人数减少、规模化制毒活动减少、制毒物品流失减少、外流贩毒人员人数减少“四个减少”的积极变化。[①] 虽然我国总体毒情形势良好，但一些毒品问题依旧不能忽略。另外，相关公安部门表示，随着城市毒品打击活动和力度的推进和加强，相当部分毒品犯罪活动流入边远农村地带，农村因经济欠发达，文化素养法律意识薄弱，地理位置复杂偏僻，而成为吸毒、贩毒、制毒等毒品犯罪的藏身之处。面对日益猖獗的农村毒品问题，我国禁毒工作应当将部分重心投入治理农村毒品问题中。

本文通过分析和总结我国毒品问题、农村毒品犯罪特点，以及农村禁毒工作的缺失，提出针对农村毒品问题、以水体毒品监测技术为

---

① 《2020年中国毒情形势报告》，载《中国禁毒报》2021年7月23日，第3版。

主要治理手段的切实有效的解决方案。水体毒品监测技术是水体监测的一种,是以非法毒品药物的种类和含量为分析对象,以污水分析法及地表水分析为基础的水体监测技术。其投入人力成本少,获取毒情信息量大,具有隐蔽性、安全性、绿色性、高效性的优点,在治理和预防农村毒品问题上具有明显优势。

二、现阶段农村毒品问题分析

(一)农村毒品问题形势

截至目前,我国毒情形势持续向好,然而随着国家对城市毒品问题的打击和治理,相当部分的毒品犯罪向农村转移,隐性吸毒人员向农村蔓延。农村毒品问题猖獗与乡村振兴战略背景背道而驰,为推进国家新型农村发展,建设绿色小康无毒村,农村毒品问题的解决应提上日程,而我国的毒情形势一定程度上反映和影响了农村毒品问题,具体体现在以下几点内容。

1. 城市毒品犯罪打击力度强,毒品犯罪向农村转移

随着城市对毒品犯罪打击力度的加强,城市毒品犯罪打击成效显著,犯罪势态进一步得到遏制。受到城市雷霆打压的毒品犯罪人员和组织,将目光投到治安和法治较为薄弱的农村地区。城市规模的不断扩大,带动了农村乡镇房地产的开发,大量农村人口进入城市或乡镇定居、务工、上学,导致山区大片土地荒芜,有的地方前期盲目招商留下的工业厂房逐渐荒芜。[①] 而农村的广袤荒地和废弃工厂地处偏僻,人流稀疏,不易被发现,正是毒品罪犯制毒、藏毒、贩毒、吸毒的绝佳处所。如广东省自开展“雷霆扫毒”专项行动以来,摧毁和打散了一些制毒团伙,这些被打散的制毒团伙选择隐避到一些偏远乡

---

① 严红英:《农村毒品问题的现状及治理路经》,载《湖北警官学院学报》2020 年第 5 期。

镇,伺机继续制毒。“雷霆扫毒”专项行动以来,肇庆制毒案件明显增加,共发生10多宗制造、加工毒品案件,其中发生在山区县(市、区)和乡镇的占到九成,农村山区制毒犯罪出现不断发展、蔓延的趋势。①

2. 吸毒人数持续下降,而隐形吸毒人群不可忽视

《2020年中国毒情形势报告》显示,我国登记吸毒人员共有180.1万名,同比下降了16.1%,连续3年减少,但是如果根据国际显性与隐性通用比例5∶1计算,②我国隐形吸毒人数可能超过900万人。随着城市对吸毒人员的管控,对吸毒活动的打击,吸毒范围逐渐从城市向乡村转移。农村地区恰恰是禁毒宣传工作的薄弱一环,一些外出务工人员在城市中染毒涉毒后返乡,将毒品包装成“城里潮流”,对村民进行教唆诱导吸毒,而农民对毒品侵害抵御能力差,易受到吸毒人员的影响。另外,一些新型毒品和传统毒品还会被包装成与普通食品物品无异的形态,对于信息较为闭塞的村民来说极具迷惑性、诱惑性。它们形态各异、五花八门,如含有合成大麻素等新精神活性物质的“毒糖果”“娜塔莎”“小树枝”,还有含有麻醉药品和精神药品成分的不法产品“蓝精灵”“网红减肥药”,以及将传统毒品改头换面掺杂包装的“奶茶”“神仙水”等。

3. 毒品大量囤积在边境地区,边境农村面临毒品问题蔓延风险

我国毒品主要来自境外,绝大多数来自“金三角”地区。受疫情严控和边境封控限制,“金三角”地区的毒品大量囤积在边境地区、价格极低,毒贩为回本牟利,伺机脱手,加紧通过多种渠道向中国和东南亚国家大宗贩运。③ 我国云南等边境农村与缅甸山水相连,无天然

---

① 秦总根:《农村山区制毒犯罪的成因及对策》,载《犯罪与改造研究》2018年第3期。

② 戈鹏:《华北农村隐性吸毒现象研究》,重庆工商大学2018年硕士学位论文。

③ 《2020年中国毒情形势报告》,载《中国禁毒报》2021年7月23日,第3版。

屏障,森林覆盖率极高,山里小路不计其数,一线堵源困难。[①] 此外,利用暗网、开放互联网络平台、物流寄递渠道等非接触方式进行毒品运输的趋势发展迅猛,[②]毒品贩运活动隐蔽化,这对毒品防治薄弱的边境地区的影响更为严重。广大边境农村地区面临毒品问题蔓延风险,严重威胁农村家庭、社区以及公共卫生安全。加之受疫情影响,国内毒品数量锐减,而毒品市场需求依旧庞大,毒品价格被哄抬,而且不少边境农村地区地方经济因疫情受到打击和破坏,相当一部分村民看到"商机",他们为解决经济困难问题,不惜承受巨大风险,投入制毒、贩毒等违法犯罪中提高自身的生活水平。以上种种现象表明,边境农村毒品问题存在极大蔓延风险。

(二)农村毒品犯罪特点

1. 毒品犯罪场所零碎而隐蔽

近年来,农村非法种植毒品原植物呈零星种植态势,种植地点主要位于村民的房屋后院、田边地角、低凹的荒草丛里、荒野林地等较为隐蔽的地方;制毒犯罪场所则选在偏僻的深山老林和废弃的工厂。[③] 无论是非法自种植毒品原植物还是非法从事制毒活动,都体现了农村毒品犯罪场所零碎且隐蔽的特点。这些地方人流稀少,禁毒大队极少深入,容易藏污纳垢,反而应当成为禁毒工作重点监测的地方之一,但实际情况是广大的农村地区并非禁毒工作的重心,也得不到较为完善的法律保护。

---

① 刘宇:《中缅边境毒品运输通道与方式的实证研究》,昆明理工大学 2020 年硕士学位论文,第 34 页。

② 李云鹏:《后疫情时代背景下全球毒品问题新动态与应对策略》,载《云南警官学院学报》2021 年第 5 期。

③ 严红英:《农村毒品问题的现状及治理路经》,载《湖北警官学院学报》2020 年第 5 期。

2. 犯罪人法律意识、毒品危害意识淡薄

在许多偏远信息闭塞的地区，基于传统习俗，许多农民对鸦片罂粟认识不清，要么因为花开得美丽而将其当作观赏植物种植，或因为罂粟的镇痛功效而将其作为蔬菜食用或药用。[①] 还有相当一部分的村民明知道种植罂粟等毒品原作物是违法行为，但他们认为只要是留作自用，不对外出售就不算是犯罪不会被追究，存在侥幸心理。另外，有些村民明知他人从事制毒、贩毒等毒品犯罪活动，但因害怕得罪人被打击报复，或抱着事不关己的态度，不揭发不举报，纵容犯罪人持续作案。

3. 毒品犯罪行为屡禁不止，根除难

监管和宣传教育的缺失，加之公安禁毒部门对农村毒品犯罪打击治理力度不强，农村毒品犯罪行为往往屡禁不止，很难根除。在农村，大部分的毒品犯罪行为尤其在非法种植毒品原作物上，犯罪人都是上了年纪的老人或身处弱势的青年妇女，加之其种植面积小，数量少，公安机关除了责令其铲除毒株恢复土地原貌外，很难对他们做出实质性的处罚。另外，对农村未成年人的贩毒行为难以纠正，公安机关对未达到负完全刑事责任年龄的未成年人的处罚手段轻微，既不关押，村委组织也没有条件安排后续的社会矫正机构对其进行矫正教育；对于部分留守儿童，因家庭监护条件限制和监护人保护不力，更易受到毒品亚文化的影响，使之走上一条吸毒，以及其他犯罪的道路。[②] 此外，有些村民即便因毒品犯罪被判刑罚，然而在巨额的毒品利润面前，他们在刑罚结束后，依然选择毒品犯罪的老路。

---

① 张克华：《巍山县农村地区禁种铲毒工作难点及对策》，载《云南警官学院学报》2021 年第 4 期。

② 王紫一文、王玮：《农村留守未成年人毒品预防教育现状及对策》，载《四川警察学院学报》2019 年第 3 期。

三、现存农村禁毒工作的缺失

与城市地区相比，国家对于农村地区的毒品问题防治力度是不足的，而这也使毒品犯罪分子有机可乘。城市地区由于经济发达，对禁毒工作投入的资源和成本是巨大的，收获成效也立竿见影，加之毒情监测力度强，教育宣传工作强度高，城市毒品犯罪防控到位。如广州市和钦州市公安禁毒部门以“穗邕禁毒情报站”为重要支点，不断深化区域事务合作，不断丰富优化“联合打击，信息先行，联侦联控，战果共享”的警务合作机制。[①] 通过该机制，两地在打击毒品犯罪方面取得丰硕成果，打击战果数量大。另外，两市在打击的同时，还注重对地方进行毒品宣传教育、警示教育及综合治理。打击治理双管齐下后，目前，流窜于两地的地缘性外流毒贩犯罪较前几年有大幅下降。反观农村，农村一直是毒品治理和禁毒工作的薄弱环节，2020年，Cong ZiXiang 等人为比较我国城市、郊区和农村毒品使用之间的差异，他们分别从大连的 19 个城市、9 个郊区和 18 个农村污水处理厂收集了污水样品进行检测。结果表明，受低收入和劳动年龄人口外流影响，大连农村非法药物使用水平相对较低，而非法药物使用在禁毒工作较少的大连郊区最为普遍。[②] 虽然这一份研究文章并不能说明农村毒品问题较城市严重，但可以得出禁毒工作缺失地区确实受到毒品影响较大的结论。现在农村禁毒工作的缺失，具体表现在毒情监测环节缺失、禁毒专业队伍建设薄弱、禁毒宣传工作不到位

---

① 陈玉伟、杜茜、张毅涛：《广州钦州警方加强两地务实合作共同打击地缘性毒品犯罪》，载广州市公安局网 2021 年 8 月 5 日，http://gaj. gz. gov. cn/gaxw/gzdt/content/post_7448103. html。

② Cong ZiXiang, et al., *Wastewater Analysis Reveals Urban, Suburban, and Rural Spatial Patterns of Illicit Drug use in Dalian*, Environmental Science and Pollution Research International, Vol. 28:20, p. 34 – 45(2021).

这三方面。

1. 毒情监测环节缺失

毒情监测作为毒品防治的源头和情报信息来源,它既是禁毒工作的重要组成部分,也对禁毒工作起到重要的指导作用。完善的毒情监测可以为禁毒工作提供一个完整的地方毒情信息,包括毒品滥用数量、毒品滥用种类及趋势、吸毒人员数量估算、毒品异常含量等信息。这些信息不仅可以有效地为禁毒工作提供方向,还能为打击毒品犯罪提供有效情报。然而由于经济资源的有限性,许多地方将禁毒资源投入人流密集更大的城市地区,而缩减农村禁毒工作的投入,忽视农村地区毒情监测建设,从而导致农村地区缺少了必要的毒情监测环节,后果是农村毒品问题愈演愈烈。地方应当加强农村毒情监测环节的投入,建设监测队伍,购置必要的毒情监测装备,完善农村毒情监测体制。

2. 禁毒专业队伍建设薄弱

禁毒专业队伍建设薄弱,是地区农村毒品问题治理的一个通病。在沿海发达地区,对于农村的禁毒专业队伍建设可能较为完善,然而欠发达地区的农村禁毒专业队伍力量显得单薄。具体表现为以下几点。

(1)人员不足。

在农村地区很多派出所中警力资源有限,所长、指导员、两至三名正式民警和几名辅警就是乡镇派出所的基本配置。[①] 他们除了禁毒工作之外,更多的时间是处理乡里村民之间的邻里矛盾,或盗窃案件、打架斗殴案件等,加上毒品犯罪发生场所较为隐秘,而警察队伍能力素养不足,普通的农村派出所民警很难对毒品犯罪展开调查。

---

① 贾怡博:《农村地区制毒犯罪及治理对策研究——以 103 份司法裁判文书为视角》,载《云南警官学院学报》2020 年第 5 期。

另外,受农村熟人社会的影响,一些派出所民警和辅警与村民联系颇深,难以保证其能秉公办案。

(2)设备不足。

农村派出所配备的装备简单,只能处理一些简单案件和纠纷。因缺乏专业查毒测度设备和警员培训不足,加之科班出身的民警极少,即便在侦查调查毒品犯罪案件时,他们也难以深入挖掘其他案件信息,更不论及时固定证据了。而现如今,网络毒品犯罪盛行,快递物流寄毒发展趋势迅猛,面对这类新型的、行为更隐秘的毒品犯罪案件类型,农村派出所的有限条件和资源显然捉襟见肘。

(3)专业能力不足。

农村基层警员专业能不足,农村派出所警员配备人员数量短缺且科班出身的警察更是稀少,而经过缉毒犯罪侦查专业培训的警员和具备缉毒侦查工作经验的警察更是微乎其微,其后果将直接影响毒品案件侦办质量。或许部分地区在乡镇地区配备了专业的查毒测毒设备,但由于警察专业能力不足,导致设备使用不正确,从而可能导致错案、冤案的发生,或使本身有罪之人有逃脱罪名的可乘之机。

3. 禁毒宣传工作不到位

农村的禁毒宣传工作不到位这一问题是一直被学者们诟病,例如,张克华在《巍山县农村地区禁种铲毒工作难点及对策》一文中指出,农村的禁种铲毒宣传工作收效甚微,主要体现在宣传面不广和宣传工作针对性不强方面;严红英教授也在《农村毒品问题的现状及治理路径》中指出了农村禁毒法制宣传教育欠缺,涉毒案件处置力度不够等问题。另外,在对农村青少年毒品预防教育中也存在严重问题。由于一些农村教师毒品危害意识不到位,对学生的毒品教育流于形式,这种流于形式的毒品预防教育不仅方式刻板陈旧而且内容老旧落伍，根本无法调动学生的学习兴趣。① 当然农村毒品问题泛滥的形成成因复杂，可能是较传统毒品更易制作和携带的新型毒品更易传播和泛滥，可能是往返于城市与农村的流动人口的持续增加，也可能是地区文化发展滞后使毒品亚文化流入等原因。② 但也因如此，加强对农村的禁毒宣传教育工作显得更为重要。禁毒部门通过对农村进行有效深刻的毒品预防教育，既要提前为村民建设针对毒品的心理防线，加强其对毒品诱惑的抵抗力和免疫力，更要完善乡村治理，营造无毒健康、吸毒可耻的农村氛围，从而更好地治理农村毒品问题，打击农村毒品犯罪行为。

四、水体毒品监测技术在农村毒品问题防治中的运用

（一）水体毒品监测技术类型

水体毒品监测技术是水体监测的一种，是以非法毒品药物的种类和含量为分析对象，以污水分析法及地表水分析为基础的水体监测技术。水体毒品监测技术主要为禁毒工作提供一定区域的较为完善的毒情信息，其原理是通过对污水处理厂和地表水的取样，并对其中的非法药物进行分析和统计，得到该片区域的毒品滥用种类和趋势、吸毒人员数量等。该技术发展至今日已较为成熟，且被世界许多国家和地区广泛应用于毒情监测。按检测水体对象不同为区分标准，水体毒品检测技术分为污水流行病学方法和地表水分析法。

1. 污水流行病学方法

污水流行病学方法（Waste - water Based Epidemiology，WBE），

---

① 梁守瑞：《农村青少年毒品预防教育存在的问题及对策分析》，载《课程教育研究》2019 年第 49 期。

② 李小龙：《西南地区农村吸毒问题的现状、特点与对策初探——基于贵州省务川县二十年吸食毒品统计数据为样本》，载《湖南警察学院学报》2017 年第 5 期。

也称为污水分析法,由美国EPA的 Daughton 博士①于2001 年首次提出,他主张通过对废水中非法药物残留量以及非法药物代谢物质来评估社会滥用毒品情况。2005 年,Zuccato② 首次利用 WBE 监测意大利米兰、瑞士加诺、英国伦敦等欧洲城市中的常见毒品,如大麻、冰毒、鸦片等消费使用情况,并证明了 WBE 能快速并准确地监测被监测地区的药物滥用情况。此后,WBE 受到欧洲毒品和毒瘾监测中心(EMCDDA)、联合国毒品和犯罪问题办公室(UNODC)和欧洲污水分析核心成员国(SCORE)等国际组织的重视和支持,亚洲、欧洲、非洲和大洋洲均对该领域展开了研究。③

我国对利用污水监测毒品的相关研究开展较晚。2011 年,Lai 等④首次利用污水分析法检测了香港主要地区的污水处理厂中的非法药物情况,以估计香港每日非法药物使用量和日异变化。2012 年,Khan 等⑤利用污水分析法对北京、上海、广州、深圳 4 个城市的毒品消费情况进行了监测,并得出中国特大城市主要以消费氯胺酮和甲基苯丙胺为主,且广州、深圳的毒品消费水平较北京、上海高。2015 ~

---

① Daughton C. G., *Pharmaceuticals and Personal care Products in the Environment: Scientific and Regulatory Issues* ,Washington,D. C.: American Chenmical Society (2001).

② Castiglioni S, Bagnati R, Zuccato E, et al., *A multiresidue Analytical Method Using Solid – Phase Extraction and High – Pressure Liquid Chromatography Tandem Mass Spectrometry to Measure Pharmaceuticals of Different Therapeutic Classes in Urban Wastewaters*,Journal of Chromatography A,Vol. 1092, p. 206 – 215(2005).

③ 刘昕、白楠楠、陈俊秋:《水体毒品监测技术研究》,载《云南警官学院学报》2020 年第 3 期。

④ Lai FY, Bruno R,et al. ,*Estimating Daily and Diurnal Variations of Illicit Drug use in Hong Kong: a Pilot Study of Using Wastewater Analysis in an Asian Metropolitan city*, Forensic Sci Int,Vol. 233:1/2/3, p. 126 – 132(2013).

⑤ Khan U, Van Nuijs AL, Li J, et al., *Application of a Sewage – Based Approach to Assess the use of ten Illicit Drugs in Four Chinese Megacities*, Sci Total Environ, Vol. 487:1, p. 710 – 721(2014).

2017 年,Du等[①][②]连续发表关于利用污水分析法监测中国主要城市的甲基苯丙胺、可卡因、海洛因等毒品的滥用情况的文章。此外,还有上述提到过的,Cong Zi Xiang 等在 2020 年发表了关于利用污水分析法监测和比较我国城市、郊区和农村毒品使用之间的差异的文章。如今,污水分析法除了可用于计算毒品的消耗量外,还被扩展应用于追踪毒品滥用随时间的变化情况,监测特定活动或节假日毒品滥用情况和小范围内特定人群或特定区域毒品滥用信息,已被国内禁毒相关机构广泛采纳。[③]

2. 地表水毒品分析

早在 20 世纪末,德国联邦消费者保护和食品安全局就通过对地表水中的常见滥用药物进行分析,从而了解了当时德国的常见药物的滥用情况。[④] 为评估新精神活性物质对环境影响和风险,2013 年,Aa[⑤] 等人对荷兰 Rhine 和 Meuse 河流进行取样,并分析了 METH、吗啡、可卡因等 8 种新精神活性物质的 RQ 值,结果表明这 8 种精神活

---

① Du P, Li K, Li J, et al. , *Methamphetamine and Ketamine use in Major Chinese Cities, a Nationwide Reconnaissance Through Sewage - Based Epidemiology*, Water Res, Vol. 84, p. 76 - 84(2015).

② Du P,Zhou Z, Bai Y,et al. , *Estimating Heroin Abuse in Major Chinese Cities Through Wastewater - Based Epidemiology*, Sci Total Environ, Vol. 606, p. 158 - 165 (2017).

③ 侯臣之、花镇东、徐鹏、苏梦翔、狄斌、王优美、徐慧:《基于污水分析法的毒情评估研究及应用进展》,载《中国药科大学学报》2018 年第 4 期。

④ 郑晓雨、袁明俊、王德高等:《基于污水流行病学的毒情研判技术研究进展》,载《生态毒理学报》2020 年第 4 期。

⑤ Aa M V D,Bijlsma L,Emke E,et al. , *Risk Assessment for Drugs of Abuse in the Dutch Watercycle*, Water Research,Vol. 47:5, p. 1848 - 1857(2013).

性物质 RQ[①] 值在 0.0002 ~ 0.38 之间,对环境风险较低;2015 年,Alygizakis[②] 等人发表了一篇关于地中海海水中 158 种药物、滥用药物及相关代谢物的发生和空间分布的文章,文章指出,虽然地中海中 METH、AMP、KET 等毒品在自然水域的 RQ 值较低,但仍有可能对生物富集性和水生生态系统构成威胁;另外,地中海海水中咖啡因的 RQ 值大于 1,此对藻类生存环境已经造成一定风险。

在中国也有关于利用地表水监测和分析毒品滥用情况的相关研究。2014 年,李喜青等[③]采集国内 49 个主要湖泊地表水样本,并就其中主要毒品代谢物进行了分析。研究表明,云南滇池和杞麓湖检出的甲基苯丙胺、氯胺酮、可待因含量远高于其他湖泊,且甲基苯丙胺、氯胺酮的代谢物浓度远高于其他毒品代谢物。为评估新精神活性物质对北京市造成的环境风险,2015 年,张艳等[④]对北京市 7 条主要城市河流中的 5 种精神活性物质(甲基苯丙胺、安非他命氯胺酮、麻黄碱、羟亚胺)进行了评估,研究表明,该 5 种新精神活性物质的 QR 值均小于 0.1,表明北京受该 5 种新精神活性物质的环境风险较低。

(二)水体毒品监测技术对农村毒品问题治理的优势

1. 隐蔽性

相对于传统的、依靠人力挨家挨户排查的毒品调查方法,水体毒

---

① RQ:风险熵值(Risk Quotient),主要是指环境中污染物的测量浓度(MEC)与预测的无效应浓度(PNEC)之间的比值,被用来评估目标生物的生态风险。参见沈洪艳、胡小敏:《不同环境介质中污染物生态风险评价方法的国内研究进展》,载《河北科技大学学报》2018 年第 2 期。

② Alygizakis N, Gago Ferrero P, Pavlidou A S, et al., *Occurrence and Spatial Distribution of* 158 *Pharmaceuticals, Drugs of Abuse and Related Metabolites in Offshore Seawater*, Science of The Total Environment, Vol. 541, p. 1097 – 1105(2015).

③ Li K Y, Du P, Li X Q, et al., *Occurrence of Illicit Drugs in Surface Waters in China*, Environmental Pollution, Vol. 213, p. 395 – 402(2016).

④ 张艳、张婷婷、郭昌胜等:《北京市城市河流中精神活性物质的污染水平及环境风险》,载《环境科学研究》2016 年第 6 期。

品监测技术具有隐蔽性特点。水体毒品监测技术的隐蔽性在治理农村毒品问题的优势，尤其体现在公安禁毒大队调查制毒、吸毒犯罪行为时，公安缉毒警察无须深入毒品犯罪窝点，只需要对在调查区域范围内采集毒品废水或人体毒品代谢物流经和集聚的水体的样品进行分析，结合关联技术如“水系检测技术”和“管道回溯技术”①等，以实现对特定区域精准的毒情监测和追查毒源。通过隐蔽的方式了解和研判区域毒品，既能快速了解区域毒情，也不会对正在进行的毒品犯罪打草惊蛇。

2. 安全性

水体毒品监测技术具有隐秘性的特点，也大大提高和保障了禁毒工作者的人身安全。公安部前防恐专员、副部级干部刘跃进曾在 2014 年 6 月接受采访时称，缉毒警在各个警种中的牺牲率最高，比刑警还高。禁毒工作尤其是负责毒品犯罪侦查工作的缉毒警，他们及其家属面临的人身危险更高，也更容易成为犯罪分子打击报复的对象。因此，如果能充分利用水体毒品监测技术取代以往的线人、卧底等危险侦查方式，不仅能更高效地获取毒情情报，也能更好地保护缉毒警察的人身安全。

3. 绿色性

水体毒品监测技术绿色性优势体现在它所投入的人力物力少，成本低，能很好地解决上述文章中提到农村禁毒工作缺失中的基层警员警力不足的问题。水体毒品监测技术的落实，并不需要投入大

---

① 水系检测技术：通过采集地下水、地表水及市政污水，分析水体中物质残留浓度，旨在对城市、乡镇及农村的毒情进行更为全面、精准、实时的评估监测。管道回溯技术：通过采集城市各个区域的主要污水提升泵站和对应服务小区的污水，分析监测具体行政化区域毒品滥用情况，解决中小城市及城市各行政辖区内精准禁毒的难题。参见漆寿元、袁媛、邵雪婷、王德高、宋大力：《基于“水系检测”和“管道回溯”的毒情研判技术——以辽宁省东港市为例》，载《中国刑警学院学报》2020 年第 1 期。

量人力和物力走访调查,只需要对有限的农村基层警务人员进行适当讲解和培训,农村基层警务人员基本都能胜任水体毒品取样的工作。而水体中毒品的检测分析和总结毒情信息部分工作可交由专业的部门和企业进行,农村基层警务人员可直接根据反馈的毒情分析报告部署和安排禁毒工作,有重点、有规划地治理农村毒品问题。

4. 高效性

由上文可知,高效性是水体毒品检测技术的直接表现。水体毒品监测技术只需要采集一定区域内的特定水体,就能有效快速地得出该地区的毒情情况,省去了繁冗的记录排查过程,耗时少,且结论精准。另外,高效的水体毒品监测技术也间接促进和提高了禁毒工作的效率和成效,禁毒工作在水体毒品监测技术的加持下,能更迅速、精准、主动、多方面地开展。

(三)水体监测技术在农村毒品问题中的防治对策

1. 定期检测

水体毒品监测技术发展至今日,国内大部分地区已开展关于利用污水分析法获取的毒情信息的工作,也有不少将通过污水分析法获得的毒情情报作为线索侦破制毒、吸毒、贩毒案件的案例。2019年,达州市公安局接省厅公安毒品实验室反馈线索称:达州市主城区第三季度雾水检测中毒品海洛因代谢物含量大幅上升,明显高于全省的平均值。达州市公安局以此为线索展开调查,并最终成功在云南省昆明市寻甸抓获贩毒犯罪嫌疑人刘某和马某某,成功摧毁了一条从云南到成都、成都到达州等省内多个市州的贩毒通道。2020 年,根据污水毒情监测发现广汉监测指标高居不下,广汉市区域毒品活动反弹趋势明显。经过一系列的排查工作,警方发现曾某有重大嫌疑,经过一系列侦查布局工作,10 月专案组对曾某贩毒集团展开集中收网工作,成功摧毁了广汉区域毒品销售消费网络,斩断一条跨云南、重庆、新都、广元、德阳等数个省市的毒品链条。类似利用污水毒情情报线索破案的案件也不算少数，可是通过分析可以发现，这些案件通常发生在城市地区，城市之所以能善于利用污水分析法获取毒情，是因为城市有完善的城市下水道系统和数量充裕的污水处理厂。

不同于拥有完善的污水处理系统的城市地区，农村地区，尤其是偏远落后的农村的污水处理系统并不十分完善，甚至空缺，一些农村村民会直接将生活废水排入河道溪流，或将排泄物存储于沼气池育肥。赵怡楠等①指出，直到 2017 年，重庆市农村生活污水排放、病媒生物控制、户厕粪便无公害处理等卫生方面依旧存在问题。面对这种情况，如果想要通过污水分析法对农村进行毒情监测似乎不太现实。因此，采取地表水毒品分析方法，不失为一种对农村毒情监测的有效补充。

为了更充分完整地监测农村毒情，更好地展开对农村毒品问题的防治工作，应当定期安排禁毒工作人员采集农村水体，不仅要采集农村污水处理厂的污水样本，还应当在一些没有建设完善污水处理系统的农村地区，采集该地方的地表水样本，如鱼塘、水库、湖泊、井水、溪流、江河等。一方面，通过对比污水样本和地表水样本，对被监测农村地区毒情进行相互验证；另一方面，通过对农村多水体毒品检测，及时完善和补充农村地区完整的毒情情况。此外，一些隐藏在农村深山密林中的制毒、吸毒人员一般不易被禁毒工作人员发现也不会被深入调查，同时复杂的山林地区也是下水道法铺设建设的盲区。对于这种情况，地表水毒品分析显得更为重要。因此，定期进行水体毒品监测活动，既有助于长期监测农村毒情情况，防患于未然，又能

---

① 赵怡楠、向新志、罗书全、王正虹、李怡：《2015 －2017 年重庆市农村居民环境卫生现状调查》，载《现代预防医学》2020 年第 10 期。

及时发现农村毒品犯罪迹象,并及早打击,及时处理。

2. 技术配合

此外,农村地区还是非法种植物品原植物犯罪的重灾区,理论上,现有相关敏锐的毒品水体分析技术对于毒品原植物有毒汁液也能检测和分析,但原植物所分泌的有毒物质与毒品本身有所差距,也不同于人体毒品代谢产物。因此在利用水体毒品监测技术分析毒品原植物种植情况时,应当与毒品及毒品代谢物加以区别。另外,在打击和预防农村非法种植毒品原植物犯罪上,水体毒品监测技术还可以配合其他先进技术,如无人机侦察技术。我国无人机技术已有40年的发展历史,且技术水平在世界上处于领先地位。[①] 价格实惠的无人机除了具备良好的飞行能力外,还兼具高智能、操作简单、执行任务范围广、信息实时传递等特性。而具备毒品原植物自动识别系统的禁毒巡查视频侦察技术,[②]也多用于侦察和发现毒品原植物种植情况。水体毒品监测技术通过与禁毒巡查视频侦察技术进行配合,前者通过分析地表水样本,评估和溯源毒品原植物种植的大致地域,后者可根据前者划定的区域进行定点毒品原植物种植巡查,二者结合,将有助于减少无人机无效侦察时间,提高对农村的禁种铲毒工作效率。

当然,除了与无人机侦察技术进行配合外,水体毒品监测技术还可以同其他毒品治理、预防技术相结合,比如可以与先进的便捷毒品毛发检测技术结合,共同为吸毒人员动态管控、评估戒毒康复人员复

---

① 刘黎明、苟晓波:《无人机在侦查工作中的应用》,载《河北公安警察职业学院学报》2017 年第 3 期。

② 赵贤:《基于警用无人机技术的视频侦察方法研究》,载《警察技术》2021 年第 2 期。

吸风险信息进行综合分析;还可以与虚拟现实技术[①]进行结合,共同并有针对性地在农村区域展开毒品预防和宣传工作。

3. 长期体制

农村毒品防治问题归根结底在于没有形成一种长期性、持续性的毒品监测体制。本文之所以提出水体毒品检测技术为基础的农村毒品治理方案,其目的是探究一种对农村情况具有针对性的、合乎中国大部分农村情形的长期毒品监测体制,以实现和有效预防农村毒品问题蔓延。水体毒品监测技术具有隐蔽性、安全性、绿色性、高效性的优势,这对于人力不足、设备不够的基层农村警务配备来说是适合的,而且是有效的。而问题在于落实水体毒品监测技术,则需要设置一种长期性的农村毒品监测体制,以保障农村毒情情形能够时刻被关注,而不是为响应某一时期的政策号召而兴起对农村毒品问题进行突击,等政策热度一消,大批人力、物资又从农村流回城市,而农村刚被遏制的毒品问题又重新冒出,被打击的毒品犯罪就会卷土重来。

唯有建立一个长期稳定的农村毒品监测体制,才能从根本上遏制和防治农村毒品问题。建立一个以水体毒品监测技术为主的农村毒品监测体制,以高效、经济、便捷的方式实现对农村毒品问题防治,应当是农村毒品问题治理的首选。

五、展望

随着技术的发展和更替,对于农村毒品问题的防治水平还能被

---

① 虚拟现实(Virtual Reality,VR)技术,简称 VR,也称人工环境或虚拟环境,是一种利用计算机系统模拟生成仿真的虚拟环境。虚拟现实技术能够直接赋予用户真实的视觉、听觉及触觉等感受,通过使用专业的仪器设备,利用计算机生成的数据,制造一个虚拟空间,用户可以沉浸在该虚拟环境中,得到真实的体验和感受。参见莫卡达斯·买买提江、倪郡泽、唐浩:《虚拟现实技术在毒品预防中的应用现状及未来构想》,载《中国药物滥用防治杂志》2021 年第 4 期。

进一步提升。现如今,已经有相关企业研究和开发了便携式的水体检测设备,这种便携式的水体检测设备也会进一步削减水体毒品监测的成本,大幅度推进水体毒品的监测速度,极大程度地提高禁毒工作成效。与禁毒技术飞速发展的同时,毒品犯罪分子的犯罪技术也成倍提高,因此对于警务人员的培养至关重要。禁毒工作者不能只着眼于传统的毒品治理方式,而应当将目光投向广阔的新型技术海洋。加强对毒品综合警务人员的培养,既要抓方法,也要抓技术,二者融合才能更好地处理和解决更新迭代迅猛的毒品犯罪。另外,在便携式水体检测设备研发和生产后,公安机关还可以考虑设立一个水体检测部门,专门负责城市和农村长期监测毒情工作或侦查毒品犯罪行为。农村并非法治的边缘地带,更不是可以放松警惕的地方,面对农村毒品问题愈演愈烈的情形,除了学者们纸上谈兵外,更需要相关部门的支持和配合,重视农村毒品问题,切实推进农村毒品治理改革,才能真正实现对农村毒品问题的治理。

后疫情时代我国新型毒品犯罪侦查中的技术应用

黄　锐　田俊钦

一、研究目的

新型毒品更迭迅速，种类不断出新，包装伪装性强、隐蔽性强，甚至某些新类型的毒品危害巨大却没有受到法律管制，非法毒品市场除之不尽，犯罪手段也是不断升级。尤其是新冠肺炎疫情对新型毒品犯罪市场产生了较大的影响，而且这种影响将长期存在，如何有效应对后疫情时代毒品新形势的挑战是世界各国需要共同面对的难题，没有任何一个国家可以在这场持续的禁毒抗争中“独善其身”。

联合国毒品和犯罪问题办公室发布的《2020 年世界毒品报告》显示，新冠疫情导致毒品市场进一步扩张，对毒品犯罪的总体影响可能与 2008 年的经济危机相类似，对新型毒品生产、贩运、消费等环节都产生了不同程度的影响，并且随着管制措施的逐渐取消，毒品犯罪将会出现反弹，新型毒品种类更迭更加迅速、种类更加繁多。《2021 年世界毒品报告》显示，毒品市场和毒品犯罪对新冠疫情影响的适应力非常强，只经过前期短暂混乱后，便迅速以新的形式恢复正常。新冠疫情导致“金三角”“金新月”等毒源区禁毒工作弱化，经济衰退迫使许多失业人员、农民转向毒品种植和毒品制造，陆路、航空贩毒受限，贩运转向海运模式，毒品走私也更加猖獗。《2020 年中国毒情形势报告》同样表明，受新冠疫情和全球毒情影响，我国的毒品形势出现了一些新特点和新变化。而其最大的影响莫过于进一步推动了新型毒品市场和犯罪的数字化、科技化和网络化。

面对后疫情时代我国新型毒品犯罪的新变化、新挑战，科技虽然助使新型毒品犯罪的数字化、网络化和科技化，但科技同样是侦查工作的有力工具。科技应对科技才是最好的选择，而现行的新型毒品犯罪侦查工作仍然存在技术应用困境：一是新型毒品犯罪情报获取难，后疫情时代多因素交织下的新型毒品犯罪形势越发多变，存在新型毒品涉网情报线索获取较难、毒情监测技术获取线索能力不足、物流寄递新型毒品疑似物监测不够等问题。二是新型毒品犯罪侦查取证中线下电子取证技术设备和人才不足、线下现场取证不够全面、新型毒品含量鉴定技术标准方法不够完善。三是新型毒品犯罪证据运用中存在电子语音数据和指纹、DNA 证据运用不足等问题。

基于此，针对侦查中技术应用存在的问题，情报获取方面需加强网络巡查技术、完善毒情监测指标和技术、利用大数据和人工智能加强新型毒品物流寄递监测；侦查取证方面需优化线上电子取证的技术，形成完整证据链、利用人工智能轨迹分析，及时固定线下现场证据、分析新型毒品成分和危害，更新完善鉴定技术标准方法；证据运用方面需重视运用声纹鉴定技术、指纹和 DNA 技术，全面提取证据，形成完整证据链。充分利用快速发展的信息网络技术，为我国新型毒品犯罪侦查工作赋能，提高侦查效率，打击新型毒品犯罪，巩固我国的禁毒成效。

二、研究意义

1. 理论意义

《2021 年世界毒品报告》显示,迄今为止收集到的证据表明,新冠疫情及其遏制措施正在不同程度地影响着从生产、贩运到消费的新型毒品供应链。密切监测供应链和新型毒品使用模式及其后果,都是至关重要的。2021 年 4 月 30 日召开的全国禁毒工作电视电话会议同样表明,打击毒品犯罪需要深入研判后疫情时代毒品犯罪形势的变化,针对新型毒品犯罪侦查中存在的技术应用问题提出相应的技术对策。本文从后疫情时代新型毒品犯罪形势出发,深入分析新冠疫情对新型毒品犯罪各个环节的影响,以及疫情与互联网交织刺激网络毒品犯罪,对全球及我国新型毒品犯罪形势带来的变化;以后疫情时代新型毒品犯罪形势为基础,研究当前形势下我国新型毒品犯罪侦查中的技术现状和存在的困境,有针对性地提出我国当前新型毒品犯罪侦查的技术应用对策,推动我国相关理论研究领域的充实。

2. 实践意义

受新冠肺炎疫情影响,毒品价格飙升,随着管制措施的逐渐取消,新型毒品市场或将进一步扩张,毒品犯罪出现反弹。后疫情时代,新冠疫情带来的经济衰退与互联网交织进一步刺激了网络新型毒品犯罪的猖獗,这都对我国的新型毒品形势带来了冲击。而毒品犯罪侦查、打击毒品犯罪必然需要深入研判当前毒品犯罪形势并预测未来的形势变化,才能为毒品犯罪的侦查和技术应用实践提供具有实际价值的信息。因此,本文在研究后疫情时代的全球新型毒品犯罪形势及我国的新变化的基础上,分析此种新形势对我国毒品犯罪侦查带来的技术挑战,继而提出针对性的技术应用对策,这对我国毒品犯罪侦查中的技术应用实践具有借鉴意义，以有效应对后疫情时代毒品犯罪问题的技术应用挑战，推动毒品犯罪侦查中的技术工作的转型优化，巩固毒品治理与防控成效。

三、研究综述

目前学界关于毒品犯罪形势的研究较多，但是对后疫情时代新型毒品犯罪形势新变化的研究较少；关于新型毒品犯罪侦查的策略研究，尤其是近年来网络涉毒犯罪的迅速发展引起了学界对网络毒品犯罪侦查、取证存在问题和应对策略的研究热情。但是除大数据技术以外，其他各类技术如毒情监测技术、声纹技术、指纹技术等的相关研究多集中在技术领域，将其系统融入新型毒品犯罪侦查中的研究不多。

第一，毒品犯罪形势的研究主要分为宏观和微观两个层面，宏观层面主要是从整体上分析国内或者全球毒品犯罪形势，如乔晶花在《全球毒情新趋势与国际治理新挑战》一文中从吸毒者人数、毒品市场、暗网销售模式、COVID－19 对毒品市场的影响 4 个方面分析当前全球毒情形势，提出应扩大戒治服务的覆盖面，实现毒品管制政策的可持续发展；建立毒品预警报告系统，以制度为支撑构建新全球毒品治理体系；开展国际联合行动，加强技术合作，打击毒品暗网交易等。杨丽君在《全球新精神活性物质形势分析》一文中提出，当前国际禁毒的一大难题就是新精神活性物质（NPS）的管控，客观分析全球 NPS 发展和管控形势是必要前提。顾辰欣和张黎在《全球扩张背景下的新精神活性物质管控研究——兼评〈新精神活性物质：政策、经济与毒品管控〉》一文中提及新冠疫情的防控措施不仅促使毒品贩运模式的转变，还可能因传统毒品的受限促使 NPS 的管控出现变化，面临新挑战。

微观层面主要是分析某一地区的毒情形势或毒品犯罪形势，进而提出对策建议，如阮惠风、刘建强在《从冰毒流向浅析近年来云南新型合成毒品犯罪特点变化态势》一文中提出，云南新型合成毒品缴获种类主要是冰毒，缴获量和案件数等呈增长趋势，覆盖面呈扩散趋势且跨省走私现象突出。秦总根在《当前制造新型毒品犯罪的特点及发展趋势——以广东省为例》一文中指出，当前新型毒品犯罪呈现原料变通化、模式订单化、制毒主体年轻化、技术获取途径网络化等特点，同时制毒“人才”向外输出。进而提出应进一步创新侦查模式、加强信息系统普及度、强化阵地控制、加大制毒人员打击力度，以应对不断发展变化的新型毒品犯罪。

第二，新型毒品犯罪侦查的研究也比较成熟，并且随着互联网的发展以及新型毒品犯罪的冒头，关于网络涉毒犯罪和新型毒品犯罪侦查的研究逐渐成为热点。

例如，王沿琰、黄维智在《新型毒品案件侦查取证问题研究》一文中主张，为保证诱惑侦查、监听侦查的法理和实践的双重合理性，采用此手段破获的案件应当区分不同类型处理。李亚可在《信息化侦查在新型毒品犯罪案件中的应用》一文中分析了新型毒品犯罪案件侦查面临的挑战，提出强化信息化侦查在新型合成毒品犯罪中的应用对策。雷丹丽等人在《数字化背景下网络贩毒的特点及侦查策略研究》一文中对数字化背景下的网络贩毒特点和案件侦办难点展开系统阐述，进而提出侦查策略并结合计算机司法鉴定技术，对取证方式和流程进行总结。张雷、胡江在《网络贩毒犯罪电子证据的收集和审查》一文中以实务案例为样本，分析网络贩毒的特点模式，分析对电子证据取证审查的实务现状以及存在的难点，进而提出应对策略，从规范取证方式、重视涉案信息、拓展证据来源、保障证据完整、提升证据效力等路径力臻实效。

第三,学者已关注到大数据等技术在毒品犯罪侦查中的重要作用,相关研究正处于起步发展阶段。例如王道春、蒋丽君在《论大数据在毒品犯罪案件侦查中的应用》一文中认为,大数据应用对提高毒品案件侦破效率具有重要推动作用,促进毒品侦查更加数据技术化,开辟发现线索的新途径。但同时也提出禁毒中大数据应用仍然存在一些问题,如应用较为单一,大数据侦查成果共享性不足,创新机制虚化和创新基础弱化,专业人才地区失衡,分析研判安全性较低,效能不高。阎学宁、韩伟在《大数据在禁毒情报智能分析系统中的应用》一文中认为,公安情报独有的特性和大数据的特征要求重建一套公安情报系统,而传统的禁毒情报信息化仅限于简单的关系数据库应用,数据深度挖掘不够,并详细构建了基于几种大数据核心技术的禁毒情报分析系统及步骤。朱虹在《大数据背景下对贵州省毒品情报信息工作体系的思考》一文中,以贵州省的禁毒情报信息工作现状为基点,论述了当前存在的问题,提出充分运用大数据等相关技术建立省一级的大数据情报中心,从而为全省的禁毒情报工作提供技术支撑,也能在全省范围实现禁毒情报的动态共享。徐志刚、王海涛在《公安大数据建设应用的思考——以禁毒为例》一文中详细解析了公安大数据的概念,以及公安禁毒大数据的应用现状,提出建设禁毒一朵云的禁毒大数据系统,以及时空大数据才是禁毒中必须予以重视的大数据等观点。

但是目前学界关于新冠肺炎疫情对新型毒品犯罪形势影响的研究较少,已有的少量研究仅提到新冠疫情对毒品的浅层影响,研究深度和广度不够。袁媛、漆寿元等人在《新冠肺炎疫情防控对城市毒品滥用的影响》一文中通过城市污水分析法,将辽宁省东港市作为研究范围,对比 2019 年 6 月疫情发生之前,疫情期间甲基苯丙胺的滥用人数、流行率、滥用量均有较高程度的下降。徐鹏、李香豫等人翻译了联合国毒品和犯罪问题办公室(UNODC)网站2020年5月11日上传的一篇标题为《新型冠状病毒肺炎与毒品供应链:从生产贩运到消费使用》的文章,整合研究了新冠疫情对毒品生产、贩运和消费各个环节产生的不同程度的影响。王延涛在《新冠疫情中境外毒品交易的变化及应对措施》一文中提出,应加强国际合作,增加反毒、戒毒等方面咨询机构的设置,针对毒品交易的高度科技化,应加大信息化的投入,采用大数据分析技术和区块链技术等。李云鹏在《后疫情时代背景下全球毒品问题新动态与应对策略》一文中表示,新冠疫情大流行对全球毒品市场都产生了较大的影响,呈现出诸多新动态,但要完全把握其产生的实际影响还无法做到,总体来说,影响将是长远而深刻的,催生毒品形势从疫情之前的相对可控期向活跃扩散期快速转变,巨大的禁毒压力和挑战无可避免地呈现在各国面前。

国外关于新冠疫情对毒品犯罪形势的研究主要为联合国毒品和犯罪问题办公室(UNODC)发布的《2021年世界毒品报告》《2020年世界毒品报告》《新型冠状病毒肺炎与毒品供应链:从生产贩运到消费使用》,限于时间问题,无法涵盖后疫情时代的未来形势变化。针对后疫情时代的新型毒品犯罪形势开展的毒品侦查研究,且研究后疫情时代新型毒品犯罪侦查中的技术应用较少,无论国内外,目前来说这都是空白。

四、研究方法

1. 文献调查法

通过大量搜集发表的论文,分析国内外关于新冠疫情对新型毒品犯罪形势、疫情与互联网交织对网络新型毒品犯罪形势等研究,以此为基础重点对后疫情时代我国新型毒品犯罪形势下侦查的技术现状及困境进行研究,提出有针对性的侦查技术应用对策建议。

2. 网络搜索法

通过网络搜集关于新冠疫情对新型毒品犯罪形势的国内外各种信息、新闻报道等、新型毒品犯罪侦查电子取证的具体法律规定，搜索中国裁判文书网上公布的新型毒品犯罪案件裁判文书，从中发现在后疫情时代背景下，新型毒品犯罪在情报获取、侦查取证、证据运用中可能存在的问题。

3. 实地调查法

以重庆市为例，对重庆市所辖区域新冠疫情发生以来新型毒品犯罪情况进行考察，了解公安机关禁毒部门打击新型毒品犯罪以及在案件侦查中所采取的技术应用措施的实际情况和存在的问题等。

4. 实例分析法

以实地调查中获取的具体情况以及网络上搜集的全国各地新型毒品犯罪案件情况为例进行分析，为针对后疫情时代我国新型毒品犯罪形势下侦查实践中的技术应用对策提供事实支撑。

五、研究创新点

其一，从毒品生产、贩运、消费三个方面研究新冠疫情对新型毒品犯罪的影响，把握后疫情时代新型毒品犯罪的发展趋势。

其二，分析互联网物流寄递与疫情影响相互交织对后疫情时代新型毒品犯罪形势存在的新影响，以及新型毒品犯罪技术化、网络化的表现。

其三，研究后疫情时代对我国新型毒品犯罪的影响，进而为我国毒品犯罪侦查实践带来的技术挑战，寻找最具可行性的技术方法并运用于实践中。

六、新冠疫情背景下全球新型毒品犯罪的形势

新冠肺炎疫情肆虐 2 年多以来，各国政府为遏制新冠大流行采

取的一系列措施对全球的政治、经济、社会等带来了改变，这些改变也以各种方式对新型毒品犯罪市场的生产、贩运、消费等环节都造成不同程度的影响，使全球毒品形势发生了新变化。此前各国为打击毒品犯罪作出的积极努力使毒品犯罪处于相对可控的稳定期，但突如其来的疫情扰乱很多国家的经济稳定，转移了国家注意力，导致后疫情时代的毒品犯罪将会向快速活跃期、扩展期转变。一些国家经济衰退，禁毒资源减少，对毒品犯罪的无能为力，也将毒品犯罪的压力转嫁给其他国家。

新冠肺炎疫情给全球毒品市场带来的影响将是长期的，具体影响有多大很难预测，但总体影响类似于2008年经济危机对毒品市场的影响。疫情导致的经济衰退增加了“金三角”“银三角”“金新月”等地区弱势群体种植非法植物以及参与制毒物品贩卖、非法制毒小作场的吸引力，贩毒集团也更易招募人员。疫情形势好转后各国逐渐放松了隔离管制措施，也让毒品犯罪迎来了发展的“活跃期”，经过短期的蛰伏毒品犯罪各链条已经发生相应改变，变得愈加网络化、科技化，犯罪分子利用开放的互联网、暗网、深网配合物流寄递从事非接触性毒品犯罪活动，同时也在不断测试毒品市场各类毒品的需求量，毒品市场份额的变化和高额的利润刺激着毒品犯罪的活跃。互联网毒品活动出现了仅10余年，却发展迅速，2017～2020年3年间的毒品交易额是2011～2017年6年间毒品交易额的5倍有余，①其跨国性、有组织性特征使其呈现出较强的辐射性，将各国的毒品市场紧密联系在一起，后疫情时代世界各国将会面临巨大的禁毒挑战。

---

① 李云鹏：《后疫情时代背景下全球毒品问题新动态与应对策略》，载《云南警官学院学报》2021年第5期。

（一）疫情对新型毒品生产的影响

1. 现有新型毒品生产受到暂时性压制

全球的毒品市场主要分为4类：①大麻类、可卡因类、阿片类以及合成毒品。每一类毒品都有不同的生产方式和地理分布，且不同类毒品市场的变化是相互影响、相互交织的，一类毒品市场的变化会使其他种类毒品市场发生连锁反应。新冠疫情的全球蔓延和相关限制措施对不同种类的毒品生产产生不同的影响，这种影响进而又会引发其他毒品市场的一系列变化。

以海洛因为主的阿片类毒品和以可卡因为代表的传统毒品的生产主要集中在少数几个国家，受地理分布和交通管制的影响较大。如生产原料罂粟、古柯等植物在成熟后受疫情影响导致收割劳动力减少，或收割后无法向外运输、跨境运输，进而导致传统毒品市场的压缩，生产端供应量的减少可能促使毒贩转向新型毒品的生产和贩卖。同样，产量减少带来的价格上升也会促使消费者寻求更加便宜的替代毒品，最终也会导致新型毒品需求量的上升。如阿富汗的罂粟收割需要在疫情期间进行，但由于政府管制和疫情本身的影响可能会导致人们不能或不愿意前往该地区收割鸦片，有迹象表明2020年阿富汗南部和西部各省出现了劳动力短缺。同时，疫情也限制了海洛因的制成原料醋酸酐的运输，导致海洛因的产量减少，产地转移。②

现有的新型毒品多为合成毒品，几乎在每个国家都可以生产，没

---

① 徐鹏、李香豫等：《新型冠状病毒肺炎与毒品供应链：从生产贩运到消费使用》，载《中国药物滥用防治杂志》2020年第4期。

② 徐鹏、李香豫等：《新型冠状病毒肺炎与毒品供应链：从生产贩运到消费使用》，载《中国药物滥用防治杂志》2020年第4期。

有特殊的地理分布。疫情暴发初期,西班牙《世界报》报道称,[①]亚太地区的毒品交易,尤其是冰毒,比疫情之前更加顺畅,因为毒贩利用政府忙于应对疫情之际,加大毒品市场的扩张。联合国毒品和犯罪问题办公室东南亚地区代表杰雷米·道格拉斯表示,合成毒品和化学原料的生产、贩运在该地区仍然非常活跃,处于创纪录水平。新型毒品在全球毒品市场的份额日渐增多,在俄罗斯和中亚地区已经取代阿片类,在阿富汗和伊拉克同样不断增多。以甲基苯丙胺为例,近年来甲基苯丙胺的交易市场在全球范围内不断扩大,以北美、东亚、东南亚地区为核心不断向外辐射,已经扩至南亚、中亚、西南亚和近东、中东和外高加索、西非、南非和欧洲的一些国家。欧洲一些国家在疫情初期合成毒品因需求量下降而价格下降,但在2020年下半年已经出现反弹,表明至少某些地区对亚甲二氧基甲基苯丙胺的需求和生产都出现上升,有现象表明欧洲一些国家出现摇头丸制造转向甲基苯丙胺生产的现象。

尽管受新冠疫情影响遭遇一些限制,但东南亚、东亚地区的甲基苯丙胺仍在不断扩大市场,缅甸查获的大量制毒物品表明,新的制作合成毒品的方法主要用来生产甲基苯丙胺,贩毒集团制作苯丙胺类新型毒品的方法愈加灵活和复杂。[②] 除缅甸掸邦外,柬埔寨也逐渐成为甲基苯丙胺的重要生产地,[③]这表明国际贩毒集团正在拓展新型毒品的供应渠道,以弥补疫情前期毒品市场的短暂短缺问题。

---

① 《西媒观察:疫情期间毒品犯罪依旧猖獗》,载搜狐网2020年12月25日,https://www.sohu.com/a/440418667_120877946。

② 李静、李云鹏:《全球化背景下"金三角"地区跨国毒品犯罪研究》,载《云南警官学院学报》2021年第3期。

③ 李静、李云鹏:《全球化背景下"金三角"地区跨国毒品犯罪研究》,载《云南警官学院学报》2021年第3期。

2. 新型毒品种类不断更迭出新

受疫情防控措施影响，原本占据市场份额的新型毒品出现短缺，价格飙升，合法交易渠道转移或非法生产的制毒原料供应短缺，导致制毒者转而寻求其他易制毒化学品或前体制品制成原料，从而推动了新型毒品种类的不断翻新，同时导致非列管化学品大量流入制毒渠道，监管、查处、打击难度加大。疫情防控期间，一些需从其他地区进口的新型毒品前体化学品交易受到限制。如东南亚的贸易限制减少了对墨西哥的前体化学品的非法出口，导致甲基苯丙胺的生产受到压制；叙利亚和黎巴嫩的苯丙胺类兴奋剂"captagon"的生产同样减少；捷克因跨国贸易的减少也出现了国内苯丙胺类新型毒品的短缺。虽然生产新型毒品必需的前体制品的短缺，但非法分子不可能因此放缓毒品犯罪的步伐，在巨额利润的蛊惑下，非法分子亟须填补毒品市场暂时出现的部分"真空"空间，促使新型毒品的种类更迭更加迅速，通过改变配比、化学结构等研制出新类型的毒品。

新型毒品种类、包装花样百出，甚至伪装成正常食品、饮料，"毒奶茶""跳跳糖""咖啡"等大家都已有所耳闻，在以往印象中毒品这种非法交易基本上都是暗地里、在卖家和买家之间进行，但如今毒品交易出现了以合法外衣进行分销的方式，如在"王某贩卖、制造毒品案"中，王某将可以生成毒品 γ－羟丁酸的原料 γ－丁内酯与香料混合制成饮料，并利用其合法注册的贸易公司通过合法渠道将含有毒品的饮料层层分销，售往全国多地娱乐场所。现在的新型毒品贩卖利用其种类繁多的隐蔽性，不再仅限于不见光的非法交易，甚至披上了合法交易的外衣，堂而皇之地出现在大众面前。同样，因疫情防控导致常见毒品难以获取，吸毒者转而寻求更易获取的替代物，如杜冷丁、安眠酮、氟胺酮和含合成大麻素、"笑气"以及"零号胶囊""犀牛液"等色胺类物质等，在生产端和消费端的双重作用下，新型毒品的种类更迭速度越来越快，种类花样越来越多。

《2021 年欧洲毒品报告》显示，①致幻蘑菇、LSD（麦角酸二乙基酰胺，迷幻剂）、氯胺酮、DMT（二甲基色胺，致幻剂）和 GHB（γ－羟基丁酸，又称神仙水、听话水，包括其前身 GBL，即 γ－羟基丁酸内酯）等以往较少使用的物质开始逐渐增长，供应量逐渐增加，且掺有合成大麻素新剂型（如 MDMB－4en－PINACA）的浸渍纸和电子液体等在毒品市场上越来越多，导致毫无戒心误食的风险越来越大。含有这些物质的毒品并不仅在欧洲地区使用，也存在向外销售的趋势，这对于我国的新型毒品犯罪打击活动来说也是一个新的挑战。

（二）疫情对新型毒品贩卖的影响

1. 管控期间分销贩运渠道转向以海运为主

受新冠疫情影响，国界封闭、人员流动受限、出行管控严格、全球整体贸易下滑等严重干扰了以往形成的毒品供应链，迫使毒品犯罪集团采取新的适应性策略，毒品走私贩运的方式渠道出现适应性改变，并呈现出弹性化、多元化。

毒品的不同种类和地理分布导致其贩运方式存在差异，联合国毒品和犯罪问题办公室（UNODC）毒品监测平台记录的数据显示，新型毒品主要以航空的方式（如藏在行李中或人体藏毒）进行贩运。但是因疫情期间各国普遍加强了对航空的管制，导致依赖航空渠道进行贩毒的渠道基本被阻断。2020 年的数据显示，国际航空客运量急剧下降了近 70%，而且至今还未完全恢复，因此利用航空贩运新型毒品的方式受限制最为严重，但总体对新型毒品供应量的影响是有限

---

① 欧洲毒品与毒瘾监测中心：《2021 年欧洲毒品趋势与发展报告》，载微信公众号“正孚检测”2021 年 6 月 16 日，https://mp.weixin.qq.com/s? src=11&timestamp=1629338140&ver=3261&signature=NqU23fjKoI5hiI4gCrfH*l3PIK9cQEt3dRye6DH6BeFz7H6IexWcUcgs3mvUPT-3oj85GKa4EggiDz5pBnZV3yUm9VSC*vyJg9014-IaHU0UfIor27yTwQN1EILd3-9u&new=1。

的。远距离的跨国贩运也因陆路、空运的风险加大而寻求成本较低、风险较小且利润最大化的方式，如拦截风险较低且承运量大的海运方式。整体而言，疫情期间，空运和陆运受到的影响较大，海运受到的限制较小，使用海路和水路路线以及私人飞机贩运的趋势正在增加，通过商业航空方式运输少量毒品的情况有所减少。《2021世界毒品报告》显示，东南亚、拉丁美洲和非洲一些国家报告使用海上和水路的情况在增加，这与全世界的旅行限制和陆地边境管控加强有关。同样，《2020年中国毒情形势报告》显示，受疫情影响，传统的贩运渠道已有所改变，我国破获的陆路、航空、铁路等走私案件明显下降，而疫情防控对海上运输影响较小，大宗海上走私过境突出，福建警方联合海警已破获多起海上贩毒案件。

但随着疫情管控措施逐步恢复常态化，新型毒品陆路、航空贩运方式也呈现反弹趋势。特别是近年来“金三角”地区毒品形势越发复杂，逐渐成为甲基苯丙胺晶体大规模产区，毒品通过陆路从缅甸东北部地区跨国走私进入我国云南省的情况不断增多。我国与“金三角”地区国家的毒品犯罪互动是双向的，即国内的制毒物品非法流入“金三角”地区进行毒品制造，“金三角”地区生产的甲基苯丙胺、氯胺酮等新型毒品通过中缅、中越、中老边境走私入境。同时利用湄公河沿岸如老挝的“金三角”经济特区、缅甸东部掸邦地区的Hsop Lwe港等非管制地区，进行水运走私，以及航空渠道贩运的现象都在恢复并加剧。据我国及“金三角”地区禁毒执法部门报道，我国云南昆明的长水机场被国际毒品犯罪集团认为是“金三角”地区毒品向其他国家走私的中转站。①

① 李静、李云鹏：《全球化背景下“金三角”地区跨国毒品犯罪研究》，载《云南警官学院学报》2021年第3期。

2.“互联网+物流”贩卖模式更加突出

新冠疫情全球大流行改变了居民的购物行为,这促进了电子商务的发展,购物行为也更多地转向了网上购物。这一趋势不仅影响了合法商品,也影响了毒品以及受管制前体制品。数字互联的增加给全球毒品供应链的运作方式带来了创新,技术和互联网越来越多地成为广告和销售供应非法毒品市场的各种物质的渠道,包括非法药品、毒品和前体制品等。《2021年世界毒品报告》显示,在许多国家邮递毒品的情况有所增加,并且越来越多地使用技术手段促进零售层面的毒品贩运,如利用互联网、暗网市场或手机加密通信工具,而新冠疫情的流行加速了正在进行的毒品犯罪的远程或非接触性趋势。

在暗网平台上个人的交流不受管制且隐蔽性极强,疫情初始,国际上利用暗网进行的网络毒品交易,通过邮递方式贩运毒品的活动变得活跃起来。泰国麻醉品管制委员会副秘书长拜实·颂甲哈蓬表示:“我们发现通过脸书、推特和Instagram的互联网毒品交易有所增加,而且很多毒品通过邮政服务藏匿和运输。”在德国,使用暗网购买毒品的情况总体有所增加;俄罗斯也出现很多通过以“Hydra”为代表的暗网平台进行毒品交易;在罗马尼亚、中国、泰国也观察到在线购买毒品的情况有所增加;2020年一个专门从事从事新西兰国内毒品运输的暗网市场多次提及“COVID-19”的“收益”和“折扣”,并且12月销售量增加了10倍。非洲西部尼日利亚报告给UNODC的数据同样显示疫情期间毒品贩运的活动并没有中断,而且利用邮政服务的情况有所增加。

(三)疫情对新型毒品消费的影响

新型毒品消费和毒品生产之间是一种相互促成的双向互动,总体而言,疫情使新型毒品消费市场扩张和复杂化,吸食新型毒品的比例可能会升高,种类也会更加繁多,呈现出广泛性和多元化特点。

新冠疫情全球大流行导致阿片类毒品短缺,使平常吸食阿片类或其他传统毒品的吸毒者转向寻求其他更易获得的替代新型合成毒品或将类阿片物质与合成毒品混合吸食,导致新型毒品消费需求量的上升,间接推动了新型毒品生产贩卖以及种类的更迭。如作为海洛因的替代品,毒品使用者会使用家庭作坊生产的、危害性更大的和可注射的阿片类药物如 krokodil(二氢脱氧吗啡)。疫情的隔离措施增加了个人孤独感,借吸毒摆脱寂寞的行为不断增多,因吸毒致死的人数也在不断增加,《2021 年世界毒品报告》显示,加拿大 2020 年仅 4～6 月期间因过量吸食阿片类药物致死的人数增加了 57%,且大部分国家苯二氮卓类等药物的非法用途同样有所增加。在东亚、东南亚、大洋洲以及中东近东地区,滥用药物主要为甲基苯丙胺。

2020 年我国各地查处滥用杜冷丁、安眠酮、氟胺酮和吸食含合成大麻素、“笑气”以及“零号胶囊”“犀牛液”等色胺类等替代物质情况增多,吸食新型毒品人数占查获吸毒人数的 57.2%,虽然 2020 年查获的吸毒人数比 2019 年有所下降,但吸食种类中新型毒品的占比却在上升。疫情对新型毒品消费端产生的影响与毒品的种类和使用方式息息相关。主要以娱乐为目的使用的新型毒品可能因供应量的减少以及消费场所的关停而导致消费量减少,或者转而寻求酒精等替代物,但在疫情常态化,娱乐场所恢复营业后,这类典型的派对毒品的使用量也会逐渐上升。对于患有药物使用障碍的吸毒人群来说,如无法获得药物替代疗法的海洛因吸食者,这种类阿片的药物短缺则会带来严重后果。并且因吸毒问题所带来的一系列社会安全问题以及社会救助问题也是需要面对的一个严峻挑战。

疫情期间人们居家隔离、限制外出以及社会资源主要集中于疫情防控,使社区戒毒、社区康复监管帮扶力度下降,部分吸毒者可能因缺乏监管或自制力不强从而踏上复吸之路。疫情导致失业率上升,使社会弱势群体的生存愈加艰难,可能部分人员会开始吸食毒品、吸食成瘾性更大的新型毒品、改变吸食毒品的方式如采用静脉注射等以寻求更大的刺激,以此来逃避现实和痛苦,甚至听从贩毒集团的蛊惑加入贩毒组织,从事制毒、贩毒活动。

七、后疫情时代复杂形势下我国新型毒品犯罪的变化

(一)大麻合法化增强新型毒品潜在市场扩张性

早在2016年美国加利福尼亚州就通过公投通过了第64号法案,成为美国第一个娱乐大麻合法化的州,截至2020年年底,美国已有15个州实现医用大麻和娱乐大麻合法化,另有21个州使用医用大麻合法。[①] 其他诸如加拿大、乌拉圭、荷兰、巴基斯坦等国家也承认大麻的合法使用。2020年12月2日,联合国会议就世界卫生组织提出的“大麻建议5.1”进行表决,将大麻和大麻脂从《麻醉品单一公约》管制级别最高的附表四中删除。[②] 国际大麻管制等级的降低导致大麻合法化浪潮越发汹涌。2022年2月8日泰国宣布大麻合法化,成为亚洲首个大麻合法化的国家。

经济原因是推动大麻合法化的重要因素之一。而新冠疫情对全球的经济冲击是巨大的,特别是美国近两年来疫情没有得到有效防控,经济下行压力增大。这种情况更加推动了大麻合法化的进程,政府试图通过合法的毒品市场获得可观的财政税收。但实际情况却是,迫于繁重的课税,销售者和消费者为寻求自身利益最大化催生了

---

① 孙进凯、李文君:《美国大麻合法化政策的影响及中国应对策略》,载《中国药物滥用防治杂志》2021年第4期。

② 胡江、崔建国:《国际大麻管制等级降低对我国毒品管控的冲击与应对》,载《中国刑警学院学报》2021年第6期。

大量非法的黑市大麻交易。

自大麻合法化以来，我国面临的毒品压力也越来越大，大麻走私入境案件不断增多，人员构成主要是国内外籍人员、留学生、海归等，方式主要是互联网、国际邮包及国际航空夹带。大麻合法化会对我国境外留学生、务工人员等群体逐渐产生侵蚀，并将这种毒品合法的亚文化思潮逐渐带到国内，腐蚀青少年思想。大麻作为一种软性毒品，在很多人的认知里可能与冰毒、海洛因等硬性毒品相比危害性不高，特别是在大麻合法化影响下，对其理性认知更是缺乏。但实际上大麻同样具有成瘾性，长时间吸食大麻后，大脑对大麻带来的刺激反应逐渐下降，为了保持刺激兴奋感，人们会逐渐转向寻求刺激感更高、成瘾性更强的新型毒品，从而扩张了新型毒品的潜在市场。这种趋势在美国国内已被证实，其国内多州大麻合法化推动了毒品合法化的进程，2021 年，俄勒冈州的“110 号措施”以 58.46% 的较高支持率强势通过，该措施将个人持有包括甲基安非他明、氧可酮、海洛因和可卡因在内的少量硬性毒品非刑事化，成为美国首个硬性毒品合法化的州。我国历来秉持对毒品的严厉打击态度，基本不可能出现毒品合法化的情况，但是仍需要警惕这种趋势对我国民众的影响，大麻犯罪的增多，增加了新型毒品潜在市场的扩张性。

（二）周边国家复杂局势导致新型毒品压力转嫁

“金新月”位于阿富汗、巴基斯坦、伊朗的交界之处，阿富汗与我国接壤，是亚太地区甲基苯丙胺的主要来源国，其毒情变化对我国影响重大，威胁巨大。近年来西方势力与当地伊斯兰教组织、政府的冲突导致该地区政治动荡更迭、局势紧张，当地禁毒禁种政策步履维艰。同时该地区恐怖组织盘踞活动频繁，2015 年以来，极端恐怖组织“伊斯兰国”势力不断壮大，阿富汗成为其主要活动地，同时也成为世界恐怖组织的聚集地。一般而言，战争、恐怖活动频发之地更易滋生犯罪，尤其是毒品犯罪，“以毒养恐”，通过毒品融资已经成为维持恐怖组织生存，提供活动资金的主要方式，①这就导致阿富汗地区毒品种植、生产、走私贩卖形势越发严重。

近两年新冠疫情的冲击和2021年美军撤出阿富汗，留下的是民生凋敝、百废待兴。目前摆在阿富汗面前最严重的是经济民生问题，联合国世界粮食计划署的数据显示，目前阿富汗2280万人面临粮食安全问题。短期内的经济衰退可能会迫使无生计来源的弱势群体转向非法毒植物种植和新型毒品生产。虽然塔利班上台之后颁布了禁毒令，但政府基本上没有资源能够用以禁毒工作，这就让毒贩有了可乘之机，催化毒品活动的活跃度，导致毒品犯罪活动更加猖獗。

塔利班政府执政后希望参与“一带一路”项目，积极谋求与中国的合作，希望中国能够对其经济重建给予帮助，可见未来两国在合作方面会有长足发展。目前塔利班与周边国家的贸易还没有恢复，航路线路等也没有恢复，只有和中国实现了比较常态化的运输贸易。这也意味着伴随经济贸易的发展，阿富汗毒品问题的复杂性也会威胁到我国的毒品形势，因为毒品活动大部分是以合法的经济活动作为伪装，毒贩可能会趁机加大对我国新型毒品的走私入境力度，导致新型毒品压力转嫁至我国。

（三）新型毒品犯罪呈现反弹趋势打击形势严峻

因我国严厉的毒品刑罚、政策震慑以及多次大规模的打击毒品行动，国内几乎没有类似缅甸等国大规模的制毒植物种植，非法毒品市场的传统毒品主要依赖“金三角”“金新月”等地区的走私入境。受疫情期间严格的边境管制影响，“金三角”“金新月”地区的毒品走

① 王爱芝：《“金新月”地区暗网与毒恐合流态势及其对我国的影响》，载《广西警察学院学报》2021年第5期。

私入境难度更大，同时由于该地区原本传统毒品产量的下降，因而流入我国的传统毒品也在下降，进而催动毒贩和吸毒者寻求其他易制成、易获得的新型毒品。《2021年世界毒品报告》显示，苯丙胺类兴奋剂的市场呈现持续扩张趋势，甲基苯丙胺(冰毒)近年来一直是我国滥用量最大的毒品种类。因此，疫情的推动下，后疫情时代新型毒品的市场不断扩张，新型毒品犯罪出现反弹是一种必然趋势。

因疫情初期我国便已采取及时严格的边境管制措施，国外活跃的新型毒品交易将触手伸进我国的难度较大，而相关易制毒化学品或新型毒品前体制品，无论是合法交易渠道还是非法获取手段，均因国内严格的疫情管制措施而受到了一定程度的影响，使现有的新型毒品前体制品交易市场进一步挤压，前体制品或易制毒化学品的获取难以及制毒小作坊生产开工难，导致市场上现有的新型毒品产量降低，供不应求，价格飙升。从重庆市公安局渝北分局禁毒支队今年查获的几起贩卖毒品案件得知，从云南边境走私入境的麻古(甲基苯丙胺片剂)，已从疫情前的30元/颗飙升至80～100元/颗，疫情交通管制措施逐渐放开以来，毒品犯罪也出现反弹，并且受走私入境风险加大的影响，毒贩为获取更大利益，通常选择冒一次风险携带大量毒品，因此近来毒品案件也出现单次运量变大的趋势。《2020年中国毒情形势报告》显示，疫情初期受防控影响毒品犯罪活动有所下降，但随着疫情防控的常态化，毒品犯罪活动已经出现反弹，2020年下半年已经达到与往年同期水平。国内的制毒活动在大力打击下呈现不断萎缩状态，新型毒品主要来源于“金三角”地区。疫情期间受边境管制影响，大量新型毒品囤积在边境，疫情防控常态化后，毒贩抓住时机，通过各种渠道加大毒品的走私入境。

2021年我国的疫情基本得到控制，防控形势向好，成为全球唯一实现经济正增长的国家，经济活动基本恢复正常。正如意大利犯罪学家菲利“犯罪饱和法则”所提出的:“犯罪会随着社会条件的变化而变化,其质和量是与每一个社会整体发展相适应的。”①在后疫情时代我国经济恢复并继续迅速发展,相应地,新型毒品犯罪也会出现与经济发展的正相关趋势。尤其是在其他多数国家疫情防控形势严峻的情况下,我国成为世界上为数不多的“净土”,且人口众多,市场需求量大,毒贩在向其他国家走私新型毒品风险增大的情况下,可能将目标转向我国。

(四)新型毒品犯罪模式越发网络化科技智能化

虽然我国在疫情期间交通物流管制得非常严格,邮递毒品不如国外那样方便,但基于互联网的毒品交易率依然不断攀升,在全球的互联网毒品交易以其独特优势成为发展趋势的背景下,我国显然不能独善其身,如今疫情防控常态化,物流交通限制放松,“互联网 + 物流”的贩毒活动不断增加。《2020 年中国毒情形势报告》显示,疫情背景下,我国物流寄递贩毒案件持续上升,表现出“大件走物流,小件走寄递”的特点,互联网虚拟论坛、平台、讨论群组等成为涉毒聚的集地,不法分子利用网络发布涉毒信息,交易使用比特币等虚拟货币,贩运通过物流、同城快递、跑腿等或实名制不严格的小众物流公司,中途变更交易地址,两头不见人,使查处、抓捕难度加大。笔者在某公安分局实习期间了解到缉毒民警办理的一起物流寄递贩毒案件,民警们获取线索后紧盯该涉毒物品的快递期望在最终交易时人赃并获,但毒贩反侦查能力很强,多次变更地址,让民警跟着快递在城市里不断绕圈,民警们蹲守三四天依然不见收货对象,最终只将该涉毒物品缴获,而无法抓捕毒贩。

受疫情初期管控影响,我国西南边境毒品难以流入,囤积坐大成

① [意大利]恩里科·菲利:《实证派犯罪学》,郭建安译,中国人民公安大学出版社 2004 年版,第 183 页。

势，在防控限制逐渐放开后，毒贩利用暗网勾连、卫星定位和通信、移动数字支付等技术手段实施犯罪，导致西南边境贩毒活动愈加猖獗，毒品走私入境后，运至华中地区，中转集散后，再销往华北、西北和东北等地区，智能化程度高、隐蔽性强，侦查打击难度大。自2021年8月公安部会同邮政部门、国家禁毒委开展“断流三号”专项行动以来，全国共破获利用物流寄递毒品案件1512起，缴毒1.66吨，处罚物流企业84家。2022年1月19日公安部通报的最新禁毒数据显示，2021年共破获寄递渠道毒品犯罪案件1709起，抓获犯罪嫌疑人3802名，缴获毒品4.3吨，较上年同期分别上升60%、110%和740%。

除了在初期出现短暂的慌乱后，毒贩很快适应了疫情形势，社会疏远措施也使犯罪手段更加智能化、技术化。科技的快速发展，外加新冠疫情管制措施的影响，毒贩愈加青睐更具科技化、智能化的手段走私贩卖新型毒品，特别是自国家加大利用物流寄递贩卖毒品的打击力度后，继传统邮包藏毒、行李藏匿等方式后，又出现了利用GPS/BDS追踪器走私贩卖毒品，网络交易两头不见人，从设备的利用，到交易和走私手法都呈现出高智能化，实现了非接触性毒品犯罪。境外毒贩通过互联网平台（暗网）、加密数字货币达成毒品交易，在毒品中夹藏GPS/BDS，并在入境货车司机未发觉的情况下将毒品包固定在货车底盘大梁和水箱之间等非常狭小隐蔽的空间，再利用对应App软件实现远程开关机，进行环境监听、漏光报警、拆除报警甚至拍照等功能实现对毒品运输路线的实时监控，以便及时采取反侦查措施，如在毒品被发现时及时断掉上下线，导致侦查机关只能缴货而无法逮人。

我国边境口岸每天出入境货车数量庞大，毒贩选择的货车也具有随机性，特别是疫情防控期间，为严控境外疫情流入，又要保证边境贸易的基本正常运转，出现了国际代驾业务，两边驾驶员并不过境,更不知道自己车辆在何时何地被私藏了毒品,出入境货车司机对自己车上带毒并不知情,使察言观色等传统毒品查缉手段捉襟见肘。此外,毒贩利用大货车不知情夹带毒品的目的只是顺利通过边境以及国内重点地区的安防检查,通过GPS实时追踪毒品轨迹,待毒品运输到他们认为相对安全的地区时,便会联系境内的接头人员,指挥接头人员尾随该车辆,伺机取下毒品。取货地点和运输工具都具有较强的随机性,给侦查机关的侦查工作以及后续的打击工作带来了较大的困难。

八、后疫情时代我国新型毒品犯罪侦查中的技术应用问题

(一)新型毒品情报获取技术欠缺

1. 涉网情报大数据技术应用不足

受疫情社会隔离措施以及线下大规模大力度的毒品犯罪打击行动限制,新型毒品线下犯罪活动空间不断压缩,因此后疫情时代,新型毒品犯罪网络化已是大势所趋。越来越多的涉毒信息、涉毒活动聚集在虚拟的网络空间中,隐蔽性极强,身份可以虚构、IP地址可以伪装、站点可以随时放弃更换、活动的时间和地域再无限制,海量的数据中还掺杂各种繁芜的信息,给侦查机关的情报搜集研判带来了很大的挑战。犯罪分子为了逃避侦查,不但采用高科技手段,而且交流基本上都是使用“暗语”“黑话”,不断更新替代,甚至以字母、表情、符号、数字等作为隐语,①搜集有用信息的难度加大,如果侦查人员深入论坛内部进行套话、搜集信息也很可能因“暗语”使用不当而打草惊蛇。毒品交易也完全可以通过网络完成,利用一些加密网站、论坛进行交流,或App软件,如“蝙蝠”“Telegram”等,可以阅后即焚,

① 冯晓瑾、张黎:《“互联网+”背景下的涉毒隐语发展趋势与识别路径》,载《政法学刊》2021年第3期。

毁灭证据;毒资通过支付宝、微信等第三方工具支付转移或者直接使用比特币等认可度较高的虚拟货币进行交易;毒品使用虚假姓名和地址邮寄快递,中途不断变更地址,买卖双方互不见面,对对方信息知之甚少,形成了一个完整闭合且安全隐蔽的交易链。①

面对新型毒品犯罪网络化的挑战,以往的禁毒情报监测搜集手段已捉襟见肘、力不从心,难以对新型毒品涉网犯罪产生期望的效果,因此,面对新型毒品犯罪的网络化、技术化,侦查手段也应该技术化,熟练运用大数据技术搜集信息情报是应对挑战的必然选择。但是,目前大数据技术在新型毒品犯罪情报搜集实践中的应用仍然存在许多不足之处。

第一,大数据应用仍然存在共享壁垒、信息孤岛等问题。侦查机关内部不同部门、警种职能分工过细,禁毒资源过于分散,全范围整合力度不够。如网络主要由网安部门负责,毒品犯罪由禁毒部门负责,但涉网毒品犯罪的信息搜集则是牵涉两个部门之间的配合,禁毒部门可能缺乏能够熟练应用大数据技术进行网络涉毒信息情报搜集的专业人员,导致开发的各种大数据应用平台无法充分发挥功效;而网安部门的技术人员可能对涉毒信息并不敏感,或因其主要职能并不是开展涉毒情报搜集研判,所以主要精力也不会放在网络涉毒情报的搜集上,或因敏感度不够而忽视了有用的情报线索。同样,全国各地因经济发展程度、科技发展水平以及重视程度不同,导致各地禁毒大数据应用的水平也是参差不齐,而网络毒品犯罪活动早已打破了地域的限制,禁毒部门的大数据应用因水平不一存在信息共享壁垒。

第二,大数据情报研判技术应用深度不足。面对海量数据,大数

① 王玮、张晓航:《互联网涉毒案件的特点与防范对策》,载《黑龙江省政法管理干部学院学报》2021 年第 3 期。

据的最大价值不仅在于数据搜集,更在于对数据的深度挖掘和关联分析,通过对非特定性因素未来发展趋势的预测,寻找各类数据背后隐秘的、难以被认识到的关联关系和因果关系。因此对于数据的挖掘和分析,不仅关注吸贩毒现象与禁毒工作的因果关系,更重视禁毒工作与全社会各类因素可能存在的关联性。目前多地禁毒部门大数据情报研判技术的应用不够深入,在数据处理中还停留在简单的累加、比对的单一计算模式,[①]信息内在关联性挖掘不够深入,处理非结构性数据不够完善,信息筛选技术性不足。同时,各地的禁毒情报搜集和研判还处于离散状态,各地独自比对研判,没有形成更大范围的结果动态协同。情报数据研判深度不足,应用更多的是关系型数据库技术,存储的多为结构性数据,对非结构性数据的挖掘不够深入,对毒品案件分析、研判、预警能力不足。

第三,禁毒部门专业的大数据情报搜集人员数量不足。运用大数据技术搜集涉网情报信息既需要专业的计算机操作、数据分析等技术应用能力,也需要专业的禁毒知识和丰富的禁毒实践经验,具有较高的毒侦敏锐性。但是目前禁毒部门中的这类专业人员还是比较稀少,导致在新型毒品犯罪侦查中倾向于搜集可以即拿即用的信息,大数据深挖分析意识不够,导致很多间接信息或隐性信息没有得到足够重视,无法发挥应有的价值。同时,情报搜集人员对大数据技术并不了解,对网络情报搜集的深度不够,习惯于在数据系统中进行查询对比,[②]而不是花费时间整理分析大量数据从中提炼并发现关联信息,致使新型毒品犯罪涉网情报搜集时有遗漏,贻误了侦查时机。

---

① 徐志刚、王海涛:《公安大数据建设应用的思考——以禁毒为例》,载《警学研究》2019 年第 3 期。

② 王道春、蒋丽君:《论大数据在毒品犯罪案件侦查中的应用》,载《新疆警察学院学报》2020 年第 1 期。

2. 毒情监测技术获取线索能力不足

从1999年开始，我国每年都会以毒品形势报告的形式对上一年的毒品形势进行总结，毒情监测评估体系也在不断发展和完善。毒情监测和毒品滥用调查一直是我国禁毒工作的重点和难点。①

目前我国的毒品监测指标正处于构建时期，通常来说，毒品监测指标应包含毒品泛滥程度、涉毒行为活跃度和缉毒执法能力、吸毒人员管控效果、禁毒教育宣传效果这四大类，但随着后疫情时代新型毒品犯罪网络化越发猖獗，当前的毒情监测指标稍显单薄，缺乏将网络上的涉毒信息、涉毒活跃等隐性信息作为监测指标，使当前的毒情监测指标无法真正涵盖社会生活中的毒品活动，无法很好地应对涉毒活动网络化的挑战。

毒情监测方法处于研究探索阶段，毒情监测不同于一般的实验室毒品检测，其更为多元复杂，包括采样、毒品检测以及数据评估，对不同的毒情监测指标而言，其监测方法都会有所差别。如毒品滥用程度监测大多采用化学检测方法，而其他如涉毒行为活跃度、缉毒执法能力监测就会更偏向于使用人文社科类的调查研究方法，整体分析还会综合运用统计学、数理学的研究方法。我国目前采用的毒情监测方法主要有流行病学调查法、毒品来源推断技术、基于流行病学的污水分析法等。

污水分析法是我国当前禁毒实践中较为先进的毒情分析方法，主要是通过收集和检测污水处理厂中污水中含有的某类毒品经人体代谢后的物质含量，从而判断某一地区人群滥用某类毒品的程度。同样也可以通过质谱分析法合成毒品的制毒原料、前体制品等进行分析，或通过分析污水中毒品及其代谢物的属性从而判断新型合成

① 任惠华、金浩波：《我国毒品犯罪刑事治理之回顾与展望》，载《中国刑警学院学报》2018年第2期。

毒品的合成路线。[①] 但是污水分析法也存在一定的问题,如采集的污水处理厂的水体可能并不能完全覆盖整个城市的情况,以及农村地区可能没有或者很少有污水处理厂,因此这种方法可能对农村地区的毒情监测有限,无法全面反映真实毒情。目前漆寿元等人提出了城市水体检测和管道回溯技术,采集的水体样本并不局限于城市污水,还包括地下水、地表水(水源地水体、河水、近岸海域水等),[②]能够客观全面地反映毒情形势和变化趋势。但是该方法在国内的应用需要因地制宜,采集分析水体样本时还需选择好毒品代谢目标分析物质(DTR),[③]因为有些毒品经人体代谢后再排入水中的含量非常微少,不足以达到检测的最低阈值。同样,污水分析法是通过检验污水中的目标物质进行毒品的反演推算,而新型毒品花样迭出,导致研究人员缺乏相关新型毒品母体和水体中代谢目标物质的关联性研究,其方法的科学性和结论的准确性、可靠性还需要进一步探索研究。

上述几种毒情监测方法基本上都是针对线下的毒情,在实际生活中采集样本进行分析,无法反映网络虚拟空间中的毒情形势和变化趋势,这在后疫情时代新型毒品犯罪活动科技化、网络化背景下是非常不利的。要确定后疫情时代我国新型毒品犯罪的发展形势还需要一些时间和更为全面科学的监测体系。当前我国毒情监测的指标和方法较为单一,尚未形成一套完整的监测机制,无法满足新型毒品犯罪预测的需求,使新型毒品犯罪侦查活动显得较为被动。

---

① 郑晓雨、袁明俊等:《基于污水流行病学的毒情研判技术研究进展》,载《生态毒理学报》2020 年第 4 期。

② 漆寿元、袁媛等:《基于“水系检测”和“管道回溯”的毒情研判技术——以辽宁省东港市为例》,载《中国刑警学院学报》2020 年第 1 期。

③ 侯臣之、花镇东等:《基于污水分析法的毒情评估研究及应用进展》,载《中国药科大学学报》2018 年第 4 期。

3. 物流毒品疑似物监测获取线索主动性不足

2015年,我国公布了《2014年中国毒品形势报告》,首次对外公布我国的毒品形势,《2015年中国毒品形势报告》中明确出现“网络涉毒、物流寄递渠道贩毒问题突出”的表述,期间表述不断变化,2018年“互联网+物流”已成为贩毒活动的主要方式,显示出物流寄递毒品的趋势愈演愈烈,《2020年中国毒情形势报告》显示“互联网+物流寄递”贩毒活动增多,案件持续上升。自出现利用快递物流贩运毒品开始,公安机关就不断加强打击力度,快递行业也不断规范,实行寄递实名制,但是物流寄递贩毒却变本加厉。全球范围内更是如此,互联网的迅速发展本身导致物流寄递贩毒活动的不断增加,外加新冠疫情的流行更是催化了非接触性毒品犯罪的激增,触发了这种以往就已存在的毒品贩运方式,物流寄递毒品活动呈高发趋势。2020年1~6月,“金三角”地区的跨国毒品犯罪集团寻求新的贩运方式,通过“暗网+包裹邮寄”进行毒品走私的方式备受青睐,东南亚暗网市场中的毒品交易量剧增。

“互联网+物流寄递”的贩毒大趋势下,仅靠实名制是无法有效应对物流寄递贩毒问题的。一是有些地区实名制执行并不到位,①对包裹的检查不仔细,有的只是快递人员用肉眼检查甚至只是询问寄递人员寄递的什么物品,并不亲自检查;二是即使一些地区公安机关重视对快递行业人员进行毒品辨识的宣传培训,但这些快递人员并不是专业人员,再加上新型毒品的层出不穷、包装花样百出,快递人员的人工检查并不能起到很大的作用;三是如今的物流寄递点、中转点缺乏对新型毒品疑似物进行科学监测的智能化系统和设备,大数据和人工智能技术并没有很好地运用到物流寄递贩毒侦查防控中,

① 于春秀:《人脸识别技术在防控物流贩毒中的运用》,载《云南警官学院学报》2019年第5期。

新型毒品疑似物监测并不到位，导致如今的新型毒品犯罪物流寄递还存在很多“可乘之机”，很难主动获取物流寄递贩毒线索，依赖于快递行业的发现举报，①但在快递行业发现新型毒品能力不够的情况下，就使新型毒品犯罪的侦查活动处于被动状态。

（二）新型毒品侦查取证技术有限

1. 线下现场侦查取证

（1）新类型毒品取证技术行为缺少依据。

新型毒品的涵盖范围很广，其主要特点就是“新”。这个“新”不单单指某些物质是新合成的，还意指一些物质不一定是新物质，该物质可能早已经合成，只是近几年才逐渐出现在大众视野，滥用趋势不断扩大。为了逃避法律的管制，新型毒品的更迭快，犯罪分子通过各种方法，改变其化学结构中的一个部分从而制成另一种不受法律管制，具有相同甚至更强成瘾性的物质。

在面对这些目前还缺乏法律管制的新型毒品时，侦查取证就变得有些困难，查获疑似物时也无法确定有罪无罪，取证行为没有法律依据、流程也没有法律规范，没有具体明确的侦查方向，对于打击新型毒品犯罪带来了一定困难。目前查获的新型毒品案件大部分仍是冰毒、麻古等典型毒品，这一方面说明我国新型毒品市场仍是甲基苯丙胺占据主流，这类毒品早已被法律管制，对其的侦查取证已流程化；另一方面可能也有缺乏法律管制的“新型”毒品，侦查取证并不顺利，花费时间精力却可能并无法律结果，各种原因综合致使侦查机关主动查获该类案件的积极性不够高。

（2）线下取证毒品归属认定困难。

新型毒品犯罪案件与一般的刑事案件有很大不同，它没有明确

---

① 高玉璇、王淑合：《信息化背景下零星贩毒案件的治理对策研究》，载《武警学院学报》2021年第2期。

的被害人，案件的发现基本上来源于情报线索，侦查取证过程中固定、提取证据难度也比较大，因为毒品案件犯罪嫌疑人的对抗性一般相对来说更强，隐藏、毁灭实物证据已是常态，对犯罪嫌疑人的主观明知证明更难。随着新型毒品种类的不断更迭，它已经不是人们所熟知的传统意义上的、远离普通人日常生活的毒品，很多新型毒品的物理、毒理属性已经远远超出普通人的认知范围，现在人们已经很难判断自己接触的新奇东西是不是毒品了。这就给犯罪嫌疑人以狡辩借口，慑于毒品犯罪的严刑峻法，他们往往辩称自己并不知道这是毒品，或者只是受人所托帮忙取东西、送东西，拒不供述自己对毒品的主观明知。①

毒品类案件的侦破一般需要具备三个条件：一是须当场抓获嫌疑人和缴获在案毒品；二是缴毒和抓人须同时进行；三是有证据证明抓获的嫌疑人和缴获的毒品之间存在特定联系，即人和毒要相互印证。② 以往在侦办毒品案件时，侦查人员总是把口供作为“证据之王”，虽然在以审判为中心的改革背景下，提倡零口供，注重实物证据，形成完整证据链，但是在毒品案件中，零口供案件是一个美好的愿景，需要更多的努力，目前来说，希望所有案件都做到零口供几乎是不可能的。在实践中，犯罪嫌疑人的口供还是非常重要的，甚至在没有口供的情况下，案件的继续侦办都会有极大的阻碍。有鉴于此，侦查机关在侦办新型毒品犯罪案件时，为了确保犯罪嫌疑人受到法律制裁，需要获取足够的证据，最重要的证据之一就是犯罪嫌疑人供述，因此，人赃并获成为侦办新型毒品案件的主要目标。为了实现人

---

① 张汝铮：《毒品犯罪“主观明知”的实质性研究》，载《广西社会科学》2019 年第 2 期。

② 路长明：《利用网络及定位系统走私毒品案件侦防对策》，载《辽宁警察学院学报》2021 年第 6 期。

赃并获,就需要足够可靠的情报来源,以及行之有效的特殊侦查手段,如控制下交付、诱惑侦查、技术侦查和特情等。

此外,2020 年 4 月国际刑警组织已向成员国发送紫色通报,受疫情影响,居民对外卖送餐跑腿的业务需求激增,犯罪分子也趁机利用外卖掩护其贩毒行为。利用外卖平台第三方配送、同城跑腿、商家自行配送、配送商品藏毒、伪装外卖员身份等方式进行贩毒,实现人货分离。[①] 如 2020 年 1 月海口市破获的一起贩毒案件中,嫌疑人李某就以同城帮买的形式多次贩运含有大麻成分的新型毒品。由于外卖平台对用户的审核并不严格,用户可以使用虚拟身份、虚拟号码进行交易,而且外卖、跑腿主打时效性,一单结束的也会很快,在警方获取线索不及时的情况下,难以短时间进行信息追踪分析,等追踪到个人时,一单毒品交易可能已经完成了,尤其是疫情以来基本外卖配送和跑腿都实行非接触配送,双方并不会实际接触,难以做到人赃并获,给案件侦查带来了一定困难。

2. 线上电子侦查取证

电子数据对新型毒品犯罪案件的侦查、起诉、审判各个环节都具有举足轻重的意义,尤其是在后疫情时代新型毒品犯罪网络化趋势愈演愈烈,犯罪分子会更依赖于便捷快速且易销毁的电子数据,因而电子证据的调查取证成为新型毒品犯罪侦查的重点和难点。2012 年新修订的《刑事诉讼法》中,将电子数据确定为法定证据,但没有详细的分类。后只有 2019 年《关于民事诉讼证据的若干规定》中虽然规定作为证据提供的电子数据须是原件,但是对其提取规则以及电子数据作为证据的客观性、合法性、关联性在审查上还缺乏完善的规定。因此实践中对电子数据的使用会倾向于满足较高的标准,形式

---

① 李雨聪、于孟娇:《利用外卖平台贩毒案件的侦查研究》,载《河北公安警察职业学院学报》2021 年第 3 期。

多样的电子数据可能会由于种种原因使证明能力大打折扣。此外，电子数据具有数字化、形式多样、隐蔽性强、易销毁、高科技性等特点，线上的电子取证也与传统的毒品犯罪侦查取证有很大的不同，法律的高标准和电子数据本身的特性都对侦查取证手段的技术性提出了更高的要求。

（1）电子数据易毁性需技术性恢复。

电子数据相比传统证据而言，其隐蔽性更强，以二进制的形式隐蔽在海量的信息数据之中，①需要花费时间和精力进行辨识；同时有些毒贩会利用高科技手段对相关交易交流信息进行加密处理，也需要侦查人员具备专业能力进行破解。电子数据的易毁性也给取证带来一定的困难，犯罪分子在网上进行交流时总会留下数据痕迹，为了逃避侦查，他们会在交流结束便把相关信息删除，甚至直接对承载电子数据的相关设备，手机、电脑等进行物理毁坏，达到破坏电子数据的目的。现在一些软件打着维护用户隐私的旗号，开发一些“阅后即焚”的功能，成为犯罪分子聚集之地。虽说如今电子侦查取证技术水平也在不断提高，简单的删除很容易通过技术手段进行恢复，但还有很大一部分的数据信息无法恢复获取。

与此同时，涉网的新型毒品犯罪侦查一般是通过网络线索进行网络追踪，网络活动虚拟化、无实名，犯罪分子在网上开展涉毒活动时不会暴露自己的真实信息，登录网址的 IP 地址也可以进行伪装，使用虚拟号码、虚拟 IP 地址，只要技术手段足够高明，甚至在侦查技术人员的追踪下也可逃之夭夭，或者 IP 地址显示在商场、咖啡厅等人流量大的公共场所或者通过路由器上网，有时即使追查到 IP 地

---

①　吕金峰、李重阳、王俪睿：《网络涉毒犯罪的电子证据研究》，载《法庭科学》2018 年第 1 期。

址,找到现实中的具体地址,确定具体的犯罪嫌疑人也较难。①

(2)数据分散造成取证信息不连贯。

侦查机关在侦办新型毒品犯罪案件时,往往需要在海量的电子数据中提取与案件、犯罪事实相关的电子数据。在一些网站、即时通信软件、手机电脑硬盘中,这些电子数据往往是分散的,同大量与犯罪事实没有直接关联、不相关的信息混在一起。首先,侦查人员需要花费大量时间和精力在纷繁芜杂的数据中提取与犯罪事实相关、可以作为证据使用的电子数据;其次,因所需的电子数据往往呈分散式分布,所以有的侦查人员为了方便,可能只专注于提取与案件事实直接相关的、有明显价值的证据,导致提取的证据不够全面,证据链上存在瑕疵;也可能会有侦查人员将片段式的证据剪接拼凑,使其逻辑性更顺畅,但这仅是表面上逻辑通畅,仿佛强化了证据的关联性,却改变了证据的原有形式,证据的客观性打了折扣,使检察官、法官很难排除合理怀疑,形成内心确信。②

(3)专业技术人才和设备配备不够。

侦查机关中缺少具备专业能力的技术人员也是造成电子取证工作困难的一个原因。如果侦查人员不具备专业的电子取证知识、技术能力以及专业技术设备,可能会因无法及时取证,导致证据被毁损灭失而无法恢复,也会因专业知识和能力不够导致提取的电子数据证明力大打折扣甚至失去证据资格。当前新型毒品犯罪侦查中提取的电子数据多集中于手机、U 盘、电脑硬盘、移动硬盘等中,侦查机关通常采用搜查、扣押的方式提取电子证据,而提取毒品交易相关的信

---

① 雷丹丽、黄相升、向大为:《数字化背景下网络贩毒的特点及侦查策略研究》,载《信息安全研究》2020 年第 2 期。

② 张雷、胡江:《网络贩毒犯罪电子证据的收集和审查》,载《中国刑警学院学报》2020 年第 1 期。

息和活动轨迹更需要专业的人员运用专业的设备开展工作。

这些具备专业技术能力的侦查人员和高科技设备往往集中于某些经济发达的地区,偏远地区或农村县城缺乏具备专业能力的技术人员,很容易导致侦办的新型毒品犯罪案件因证据出现瑕疵而无法将犯罪分子绳之以法。

3. 新型毒品鉴定技术的运用

(1)运用的案件范围不够明确。

在侦办新型毒品案件中,所查获的新型毒品含量鉴定也是一个非常重要的环节,直接关乎犯罪嫌疑人的定罪量刑。为了应对新型毒品司法实践中面临的难题,除依据《刑法》和《刑法修正案(九)》外,人民法院还陆续出台了相关司法解释,也为侦查机关办理新型毒品案件,进行新型毒品含量鉴定提供了一些相对较为权威的指导意见。然而,实践中不断涌现的尚未被管制的新型毒品,致使新型毒品案件的侦办仍然存在一些问题,相关司法解释对毒品含量鉴定的分析方法、与海洛因的换算标准、新型毒品含量鉴定的案件范围等规定不够完善。①

2006 年最高人民法院出台《关于审理若干新型毒品案件定罪量刑的指导意见》,其中为新型毒品含量鉴定提供了司法解释依据。2007 年《办理毒品犯罪案件适用法律若干问题的意见》中提及办理氯胺酮等毒品案件时,需要进行毒品含量鉴定。2008 年《大连会议纪要》表明对含有两种以上毒品成分的混合物质,应该进行毒品成分含量鉴定。然而,作为法律效力更高的《刑法》却在第 357 条规定查获的毒品以数量计算,不以纯度计算。这就导致实践中的困惑:新型毒品是否一定需要进行含量鉴定? 哪些案件需要进行含量鉴定? 只

① 金莲:《新型毒品犯罪法律规制探讨》,载《云南警官学院学报》2018 年第 1 期。

有死刑案件才需要进行含量鉴定,其他案件就不需要了吗？种种疑惑也使不同地区做法各不相同。

(2)新类型毒品鉴定技术要求和标准缺乏具体规定。

2015 年《武汉会议纪要》进一步规定了麻古和摇头丸的定罪量刑标准,但是仍然未对毒品含量鉴定的分析方法、与海洛因的换算标准、新型毒品含量鉴定的案件范围、鉴定的技术要求和鉴定标准等作具体规定,不利于实践操作。

现有的《毒品送检程序规定》规定,遇以下情形,公安机关将毒品送至鉴定机构进行含量鉴定:死刑案件;查获毒品是液态、固液态混合物或半成品;查获毒品可能大量掺假;查获毒品是成分复杂的新型毒品,且可能判处 7 年以上有期徒刑;人民检察院、法院认为含量鉴定对定罪量刑有重大影响而书面要求含量鉴定的。① 对于第 4 条规定,若实践中查获的新型毒品是新出现,法律尚未规定的新类型毒品,查获后侦查人员都无法判定最终是否能判有罪,遑论判断可能判处 7 年以上有期徒刑了。因此,是否进行含量鉴定取决于侦查人员的自由裁量,这并不利于后续案件的处理。

此外,后疫情时代新型毒品不断的更迭出新,国家发布的毒品鉴定技术标准滞后于毒品种类的更迭速度,查获的毒品疑似物在进行毒品含量、成分、同源性鉴定时缺乏可比对样本以及鉴定技术标准。在实践中,新型毒品层出不穷,结构变化迅速,特别是一些新上市的新类型毒品标准品获取较难,而且存在缴获疑似物中组成成分复杂和含有未知成分的新型毒品。传统的毒品鉴定方法主要是和已有的

---

① 最高人民法院、最高人民检察院、公安部《关于印发〈办理毒品犯罪案件毒品提取、扣押、称量、取样和送检程序若干问题的规定〉的通知》,载北大法宝 2016 年 5 月 24 日,http://gfggi66f6a8ad06ba47d9so050povfuwfu6owp.fbch.oca.swupl.edu.cn/chl/fd3392598c850fd0bdfb.html。

标准品或仪器中的数据库进行比对检测毒品，无法检测新合成的未知新型毒品。现在大多数毒品实验室采用的是常规的气相色谱质谱联用仪和液相色谱质谱联用仪，无法完全确定化合物结构，无法对疑似物进行成分鉴定确定其是否为毒品。

（三）新型毒品证据链运用不全面

在新型毒品犯罪案件的侦查中，侦查人员往往更重视毒品证据，搜查出的毒品疑似物、毒品的鉴定意见、犯罪嫌疑人有关犯罪事实的供述等与毒品事实直接相关的证据，而忽视了其他虽与毒品事实没有直接关联，却能使整个案件证据更具有逻辑性，能够相互印证、增强毒品证据证明力、形成完整证据链的证据，如语音声纹证据、指纹DNA生物证据等在毒品案件中的重视和应用程度不够。这容易造成现有的证据无法充分证明毒品与犯罪嫌疑人之间的关联性，特别是在“零口供”或者犯罪嫌疑人翻供的情况下。因此，在新型毒品案件中，为构造有效的证据链，不能仅依靠言词证据，还需要对其他碎片化的客观证据进行技术性固定，从而形成完整稳定的证据链。

1.电子语音数据证据的分析

当今智能化时代，人们越来越依赖于电子设备，各种语音聊天软件也使人们的交流更便捷，因此在新型毒品犯罪案件中不可避免地也会有越来越多的电子语音数据，特别是新型毒品犯罪网络化趋势下，在所提取的电子证据中语音音频数据也占据了重要的地位。因语音数据在其产生过程中不可避免地因设备自身的内部噪声、说话人所处的环境噪声、媒介引入的噪声等因素，对该语音数据所表达的信息产生干扰，有损该证据的证明力。

同样，除外部噪声干扰外，有些犯罪嫌疑人警惕性较高，具备较强的反侦查能力，犯罪过程中有意伪装自己的声音，改变自己的口音、使用另一种方言、改变语调和发音方式、使用变声软件等,在被抓获后也拒不承认语音数据中的当事人是自己。运用声纹鉴定技术能够很好地解决这些问题,但司法实践中声纹鉴定技术主要运用于民事诉讼领域,刑事案件中应用很少,更遑论新型毒品犯罪案件中的运用率了,很多语音材料、音频数据等都没有得到很好的利用,浪费了其证据价值及线索价值。无论是在涉网的非接触性新型毒品案件中,还是在线下接触性新型毒品案件中,语音数据的大量存在是一个不可否认的事实,其具有非常大的侦查取证价值。因此,应重视新型毒品案件中语音证据和声纹鉴定证据运用不够充分的问题,并积极提高在案件中的运用率迫在眉睫。

2. 指纹证据技术的分析应用

指纹和 DNA 证据的证据价值早已为人熟知,在一般刑事案件中也得到了充分的重视和运用,然而,在毒品案件中的运用率却不及其他刑事案件。毒品案件的直接证据相对其他案件来说较少,因此更需要全面提取证据,形成互相印证关系,仅有供述不能定案,而且一旦翻供侦查机关就会陷入非常被动的境地。重视如指纹证据此类的间接证据,对证明案件事实具有非常重要的作用,综合全案所有的证据能够形成完整的证据链,符合逻辑,能够排除合理怀疑,即使嫌疑人翻供也能够给其定罪。

实践中侦查机关在侦办新型毒品案件时,往往倾向于关注人赃并获,只要嫌疑人和所查获毒品处于同一空间仿佛就能确定人和毒品的所属关系,忽视了对案件现场及查获的毒品进行指纹提取。之后为固定人和毒品的关系,侦查人员更倾向于获得犯罪嫌疑人的有罪供述,承认毒品归其所有。在《刑事审判参考》第 1015 号案例中,骆某林涉嫌运输贩卖毒品罪,最终因为在车内查获的毒品外包装上没有提取到骆某林的指纹,而且车辆运输期间车内共有 4 人,骆某林也一直否认毒品归自己所有，表明自己对车内藏毒并不知情，没有主观明知，最后二审发回重审判决证据不足无罪释放。毒品案件的指纹应在案件现场及时提取，否则可能会导致后续提取的指纹证据能力的丧失，如佛山市中级人民法院（2014）佛中法刑一初字第74号判决，案件中毒品包装的指纹是带回看守所后提取的，不能排除被污染的可能性，因而导致该证据被排除，成为判决不能认定有罪的重要原因之一。

九、后疫情时代我国新型毒品犯罪侦查中技术应用对策

（一）运用信息技术手段强化情报搜集覆盖

1. 运用大数据技术加强网络巡查，全面搜集疑似涉毒信息

后疫情时代，网络越发成为涉毒活动聚集的高发之地。网络和技术只是一种工具，既可以被犯罪分子利用导致新型毒品犯罪活动的猖獗，同样可以为侦查机关所用，提高侦查手段的技术性，对付日益高新化的犯罪。

首先，禁毒网络安全监控需要多个部门，如网安部门、技侦部门和禁毒部门的协作，与社会互联网公司、网络运营商等合作，政府与相关社会组织的合作在疫情防控期间已有很大进展，侦查机关可以在此基础上，借鉴疫情防控大数据的经验，运用大数据技术加强网络巡查，[1]全天候规律性不停歇地巡查全网信息，搜集网络疑似涉毒信息，及时发现异常信息、变动等，制定全国毒情地图，使全国不同地方的毒情严重程度可视化，同时对我国边境周围的毒品出入境风险进行标记，多部门间建立合作共享机制和平台系统，确保网络巡查信息的畅通共享，实现毒情地图的实时动态更新。

---

① 胡青、刘杨：《网络涉毒犯罪的侦查难点及对策》，载《云南警官学院学报》2018年第6期。

其次,在全网巡查的基础上,加强网络侦查阵地控制,实时重点监控涉毒重点平台、网站等,利用技术手段筛查隐蔽性较高的涉毒平台,侵入内部监控其活动,或布建秘密力量,组织特情人员摸排贴靠,伪装后打入涉毒论坛或聊天群等平台成员内部,获取相关情报线索。如利用涉毒情报中无痕入群获取的群聊文本,通过文本分析法对这种非结构数据进行分析,针对传统文本分析算法没有权重的问题,有学者将 TF – IDF 统计方法、层次分析法和 PageRank 算法引入禁毒情报群聊涉毒嫌疑人分析中,①提高获取话题点,搜集情报的准确性。

再次,对网络上存在的大量涉毒隐语,可以在分析隐语含义的基础上,运用大数据技术,建立标签化的涉毒隐语数据库,加强对涉毒隐语的搜集、分析和整理积累,并不断更新。而后运用人工智能中自然语言处理技术实现涉毒隐语的自动识别,利用机器学习深度分析挖掘隐语,加强信息研判,并实现预测功能;丰富数据库,加强网络巡查的成效,丰富涉网新型毒品犯罪情报线索来源,掌握主动权。

最后,要加强信息研判,可以运用大数据技术,充分发挥数据挖掘技术的作用,对搜集的情报线索综合与其他信息如人口信息、人员流动、住宿以及吸毒人员管控系统乃至医疗系统患者信息等进行数据碰撞,深度挖掘发现关联信息,深挖数据的深层价值,发挥数据流对信息流、管理流、业务流的引领作用,充分融合三者,使其发挥更大价值。将数据仓库、数据挖掘、Hadoop 海量数据处理、云计算和数据可视化技术运用至具体禁毒情报大数据应用中,构建全警采集、全警共享的统一的大数据平台,②同时大数据应用系统也需不断升级,更

---

① 刘昊、徐鹏:《基于关系网络的 PageRank 算法在禁毒情报上的应用研究》,载《中国人民公安大学学报(自然科学版)》2019 年第 1 期。

② 阎学宁、韩伟:《大数据在禁毒情报智能分析系统中的应用》,载《天津职业院校联合学报》2017 年第 10 期。

新算法，提高大数据智能分析研判的准确性，逐步实现各级、各区域情报信息研判共享。

2. 综合运用技术手段完善毒情监测体系，主动获取犯罪情报

毒情监测不仅是对禁毒成效的监测和总结，更应该成为预测新型毒品犯罪，主动获取犯罪情报，从源头上打击新型毒品犯罪的有力工具。完善毒情监测体系，提高毒情监测技术能力，对预测后疫情时代复杂形势下新型毒品市场和犯罪发展趋势，采取有效手段应对毒品犯罪新挑战具有重要意义。

第一，完善毒情监测体系需要丰富毒情监测指标，将涉毒隐语纳入指标体系。目前的毒情监测指标建立在传统的毒品形势基础上，后疫情时代新型毒品层出不穷并且互联网新型毒品犯罪活动高发，毒情监测指标也应该与时俱进，否则便不足以反映真正毒情，失去预测犯罪的意义。将涉毒隐语纳入毒情监测指标，有助于准确反映互联网新型毒品犯罪的活动趋势，动态监测互联网涉毒活动，还可以与相关部门（如网安部门）合作定位涉毒活动区域，研判不同地区的毒品犯罪活动的动态发展趋势和特征，全面掌握全社会的毒情形势，并有针对性地分析和掌握毒品犯罪案件的发展规律。后疫情时代新型毒品的快速发展，与互联网犯罪活动的媾和，更需要搜集和完善与新型毒品相关的隐语。目前隐语的运用呈现出随意性特征，一些毫无关联的日常用词也会被内部约定为暗语，并且很多人员使用符号、图片、表情包充当交流隐语，而囿于技术问题，很多时候这种符号图片可能在警方的采集中显示不出来，导致错失很多线索情报。以语言学为基础，了解涉毒隐语的内在含义，分析其构词理据，总结其成词特征和发展规律趋势，再运用大数据技术和人工智能技术加强涉毒隐语的分析研判，通过构建标签化的涉毒隐语数据库，利用人工智能深度学习技术，总结涉毒隐语发展的历史规律，实现未来新隐语发展

的趋势预测，利用自然语言处理技术构建识别模型，搭建自动识别系统平台。

第二，完善毒情监测体系需要提高毒情监测技术方法，提高监测结论的科学性。城市水体检测技术和管道回溯技术目前来说是一个比较先进且全面的方法，其通过采集地下水、地表水（水源地水体、河水、近岸海域水等）和城市污水的水体样本，分析其中的毒品代谢物，并通过管道回溯技术可以精确定位到某一地区、某一小区的居民毒品滥用情况。新型毒品犯罪有别于其他毒品犯罪，它有一个必要的前端活动就是利用易制毒化学品或其他前体制品开展制毒活动，在制毒过程中必然会产生大量污水、废水并排至附近下水道、地表水源或者土壤中，城市水体技术和管道回溯技术通过分析水体中毒品代谢物、相关化学品代谢物可以及时发现制毒活动，再通过管道回溯技术定位制毒区域，为新型毒品犯罪侦查提供线索，并根据其深挖拓线，能够有力地从源头上打击新型毒品犯罪活动。同时，城市水体检测技术也能够监测具体地区内人员滥用毒品的情况，也能为侦查人员摸排隐性吸毒人员，获取相关毒品交易线索提供方向指导。

3. 建立新型毒品疑似物监测数据库，加强物流寄递疑似物监测

"互联网+物流"的新型毒品贩运模式下，需要加强与物流快递行业的合作，加强监测，在落实快递实名制的同时，与人工智能技术相配合，全面加强物流快递行业发现新型毒品的能力。

首先，可以运用大数据技术建立新型毒品疑似物数据库，数据库需要尽可能涵盖新型毒品的类型、包装、样式等，再利用人工智能深度学习技术，建立识别系统，将该系统运用至各快递收发点和中转站，对进出的快递进行扫描，与数据库新型毒品进行对比，设置一定的相似阈值，达到标准的可以判定为疑似物，由具备丰富经验的侦查

人员人工检查，利用现场快速毒品检测装置进行检测，乃至送检鉴定。至此，在物流快递的每个节点都层层排查比对，加强对物流寄递的新型毒品疑似物的监测，能够较为迅速地发现情报线索，阻断犯罪活动。

其次，可以配合人脸识别技术，堵塞快递实名制的漏洞，人工智能算法能够更高效地识别寄件人，采集寄件人的人像信息，与其所持证件信息进行比对，[①]降低人工比对的误差，后台保存的寄件人数据也能够成为查获毒品后继续深入侦查的线索。在自助快递柜安装摄像头，配备人脸识别系统，寄件时同样要求寄件人在摄像头前进行人像采集和后台比对，可以很好地避免如今智能快递柜没有人工检查，寄件人可能使用虚假身份信息，无法贯彻落实实名制的问题。

最后，技术运用的落脚点还是在快递物流行业的积极配合上，因此需要加强公安机关与相关行业在技术上的合作和数据共享，更要加强公安机关对物流行业的监管，将快递点也作为新型毒品重要的侦查阵地，实施奖惩机制，倒逼物流快递行业落实工作，承担责任。此外，对于开发类似同城跑腿业务的网络外卖平台也要加强监管，要求其落实实名制。

（二）利用智能专业技术提高取证鉴定水平

1.运用人工智能轨迹分析技术，实时追踪固定线下现场证据

毒品案件不同于一般刑事案件，侦查破案不求“快”，而是讲究“适”，在获取犯罪情报的线索后，需要对案件进行经营，在合适的时间抓获犯罪嫌疑人。利用情报线索，锁定犯罪嫌疑人，确定追踪目标，通过人工智能技术分析其行为轨迹，利用电子围栏技术、空中智能图像技术实时监控嫌疑人的移动轨迹，确保实时追踪，实现人赃并

---

① 于春秀：《人脸识别技术在防控物流贩毒中的运用》，载《云南警官学院学报》2019年第5期。

获,及时固定现场,全面提取证据。

电子围栏技术是指在电信网络部门的协助下,与犯罪嫌疑人行为轨迹遍布的各地侦查机关协作,通过对其行为数据、住宿数据、消费数据等电子数据进行分析,刻画犯罪嫌疑人的行为轨迹,并实时分析其犯罪活动,[①]从而确保犯罪嫌疑人的活动处于侦查机关的掌握之中,确保案件经营的安全性和高效性,同时还可以核实犯罪嫌疑人辩解的真实性。

运用电子围栏技术,首先,需要和网络电信部门、企业进行合作,网络电信部门掌握着大量的人员行程数据。疫情防控及常态化期间,政府部门和网信企业合作开发了通信行程大数据系统,在该系统中可以显示个人的行程数据,侦查机关在运用电子围栏技术时,申请获批与行程大数据系统进行对接、数据共享,从而提高追踪效率。其次,在涉及跨省、跨区域的协作情况下,需要及时向省级公安机关申请,与外地侦查机关协调配合,及时追踪嫌疑人,在合适的时机进行抓捕,固定现场证据。

空中智能图像技术是以无人机作为飞行平台,利用图像和其他采集设备采集位置、姿态、图像等相关信息,以相关处理软件辅助,以公安工作所需的标准处理信息,以完成获取、分析、传输和共享图像内部信息的一门技术。[②] 在获取犯罪分子活动的前期线索情报,大致掌握其活动路线或可能活动的区域后,可以利用基于空中智能图像的警用无人机飞行系统,在空中进行观察定位,实时跟随,对其活动轨迹进行实时数据性的刻画分析,并及时将情报反馈至侦查人员,使

---

① 张雷、胡江:《网络贩毒犯罪电子证据的收集和审查》,载《中国刑警学院学报》2020 年第 1 期。

② 王永强、周蕊、严天泽:《基于空中智能图像技术的公安禁毒立体查打模式构建》,载《中国民航飞行学院学报》2021 年第 2 期。

其能够实时掌握和分析犯罪动向,并集合其他情报以及侦查人员的经验预测其犯罪路径及动态,及时调整侦查策略。同时,无人机也可以迅速赶至毒品犯罪现场制高点监控现场全景,全程录音录像或通过实时图像传输对现场进行证据固定、目标取证,保证证据的证明力和证明能力。

2. 优化线上电子取证技术,证明案件事实

电子取证是侦办新型毒品犯罪案件的重中之重,必须正视并逐步解决目前电子取证中存在的问题。首先,需要提高电子取证的手段的技术性,加大取证技术和设备的研发和引入力度。电子取证需要坚持技术取证原则,利用更为先进的技术工具提取电子数据,对被犯罪分子销毁的电子数据进行高效恢复,提高恢复率,取证过程中还要熟练运用数据库技术、磁盘分析、大数据技术、日志信息挖掘、加密解密等技术,[①]从而掌握更多潜在证据信息。侦查机关的上级部门应充分重视电子取证技术和设备的研发、引进,与科研院所、科技公司合作,利用其较强的科技研发能力,加强取证技术和手段的开发,实现取证技术的升级,提高案件电子取证率。目前已经开发了一批取证软件和硬件设备,如恢复大师、美亚取证大师和手机取证系统及美亚取证魔方等较为先进的硬件,具有较高的科技含量,为新型毒品案件电子取证的优化提供了技术支撑。

其次,电子取证还需要遵循全面取证和网络结合现实的原则,仅有网络电子数据并不能完整全面地证明案件事实,需要构建电子数据与传统现实证据如书证、物证、言词证据等相结合的证据体系,形成完整证据链,才能客观全面地证明案件事实。可以将毒资转账流转凭证、毒品物流快递凭证、行为轨迹等信息进行关联对比,明晰毒

---

① 王卫华:《提升电子证据取证规范化水平的策略研究》,载《辽宁警察学院学报》2021 年第 2 期。

品交易的整个流程,同时可以与技侦证据配合,合力构建完整的证据体系。①

最后,优化电子取证工作,不仅需要先进的取证技术,而且需要会使用技术的专业侦查人员。科学高效的电子取证能力已经成为侦查人员的必备能力和基本素养,需要培养更多的专业取证人才,并对侦查人员进行专业的培训,使其具备科学使用取证技术的能力,以及专业的法律知识,保障电子取证的顺利开展,为案件的侦查提供人才保障。

3. 更新含量鉴定标准方法,引进鉴定技术设备

新型毒品的制造相对容易,具备一定化学知识和制造设备的人根据制造方法基本上就可以在家庭作坊中制造出一种新型毒品,而具备更高化学知识和能力的人可以改变原有新型毒品的化学结构,转而制造出另一种不受法律管制的新类型毒品,同时,制造的新型毒品成分也更加复杂,有的已经不是单一成分,而是混合了两种及以上毒品成分的混合物。而法律管制的滞后性、新型毒品含量鉴定标准方法、技术手段和换算标准的不完善,对层出不穷新型毒品的管制略显有心无力,因此对新型毒品成分和危害性进行分析鉴定,探索不同新型毒品标准化的含量鉴定方法、优化鉴定技术,能够为新型毒品含量鉴定的法规提供技术建议,从而推动法律管制的进程。

对于鉴定标准方法、技术手段和换算标准相关规定不够完善的问题,可以先进行对司法鉴定行业的完善研究,逐渐形成行业共识,推进相关鉴定标准、采用的技术手段标准化,对不同类型新型毒品成分和危害性进行分析,寻找与海洛因转换的最佳标准,在形成行业共识的基础上,向立法司法部门提出建议,完善相关标准制定,实现新

---

① 陈晓麒、谢凯、王吉伟:《毒品犯罪案件电子数据取证与审查路径——兼论客观性证据模型之构建》,载《人民检察》2020 年第 17 期。

型毒品案件的罪刑相适应。

目前对于新型毒品检测鉴定方法的研究已经比较充分，常见毒品的检测方法在速度和灵敏度方面已经有了很大的进展。常用的检测技术有比色法、免疫分析法、色谱法、拉曼光谱法、色谱—质谱联用等，在新型毒品的鉴定检测中具有重要作用。液质联用法、气质联用法是目前最常用的毒品定量定性方法，这些方法受到研究人员的青睐，能够提高准确率和检测效率。但是不断有新类型的毒品现世，也给检测方法带来了一定的挑战，因此应该对现有的检测方法不断改良，如采用核磁共振波谱仪。化学物质的核磁共振数据，即该物质原子核在磁场作用下吸收的射频辐射，与其自身结构式具有高度的相关性，因此即使缺少标准品，技术人员也可以通过检测出的核磁共振数据和自身化学知识鉴定检测物的结构。国家毒品实验室浙江分中心为应对新型毒品检测鉴定的挑战，引进的带超低温探头的600兆赫核磁共振波谱仪，与常规的液质、气质联用仪进行毒品检测鉴定的综合分析，相较于传统方法，这种综合分析手段不需要标准品，检验鉴定需要的样品量仅是毫克级。同时，对缴获物的性状要求不高，无论是液体、固体都不妨碍鉴定结果的准确性。实践证明这种综合分析方法具有高度的准确性和可行性，可以在全国范围内进行推广运用。

（三）重视声纹指纹技术，增强证据链全面性

1. 提高声纹鉴定技术运用率，强化语音数据的证据能力

声纹具有特定性、唯一性、稳定性和不易复制性等特点。声纹鉴定技术是综合运用语音学、心理学、物理学等多个学科知识，通过科学技术手段，对语音资料进行分析、检验、鉴定，确定音源的同一性、真实性、完整性、音源人的同一性、属性以及录制设备等的专门鉴定

技术,[①]是继指纹、DNA 后第三种可以普遍推广应用的识别技术。声纹鉴定具有证据的客观性、真实性和关联性,具有证据能力和证明力,对新型毒品案件的侦查、提取固定证据以及证据运用都具有很高的价值。

侦办新型毒品案件重视提取语音、音像资料。语音、音像证据的运用是指对犯罪嫌疑人进行声纹鉴定,运用声纹鉴定技术,对声纹检材和样本进行科学、客观的分析和认定。首先,语音、音像证据能够判定语音证据中的说话人和嫌疑人为同一人,作为定案证据。其次,语音、音像证据除了能够传达语音的内容信息外,还可以传递非语言信息如性别、年龄、身体状况等生理特征信息。因此在案件中进行声纹鉴定时,将诸如声道容积、性取向、体型等此类生理特征信息作为参考因素,[②]不仅能够使声纹鉴定内容更加丰富,参考价值更大,还能在一定程度上减少嫌疑人故意伪装的影响,降低侦查取证难度,结论的可靠性更高。最后,声纹鉴定也能够成为新型毒品案件中技术侦查证据予以采纳的重要加持。[③]《刑事诉讼法》虽然赋予了技侦证据的法定证据资格,但基于其获取的特殊性,技侦证据在"关联性"审查方面也有其特殊性。而声纹的同一性鉴定可以提高技侦证据的采信率,如对采取技侦获取的监听材料,只有对其与嫌疑人或被告人进行同一认定后,该监听材料才能转化为与案件事实有关联的证据,补强并完善案件的证据链,从而使新型毒品案件事实的认定达到确实充分的程度。

此外,针对语音数据带有噪声的问题,需要对其进行语音增强处

---

① 王英利:《声纹鉴定技术》,群众出版社 2013 年版,第 23 ~ 25 页。

② 耿浦洋、施少培、郭弘:《人体生理信息的语音表征在声纹鉴定中的应用》,载《电声技术》2020 年第 11 期。

③ 龙立、张旭城:《技侦证据在庭审中的直接运用与审查标准》,载《法律适用》2019 年第 14 期。

理，提高语音数据的质量，降低噪声干扰。语音增强算法中的谱减法是一种很好的解决方法，对含有噪声的语音材料通过谱减法进行降噪处理，从而增强语音的质量，使证据材料表达的内容更清晰明确，增强证明力。传统的谱减法仍存在不可避免的“音乐噪音”问题，基于此现如今研究人员已通过引入补偿因子和过减因子对传统谱减法进行改良，[①]具有更好的效果。在新型毒品案件中如遇有相关语音材料，可以利用这种改良后的谱减法增强证据材料能力。

2. 加强指纹证据技术的应用，强化毒品证据的证明力

《最高人民法院关于适用〈中华人民共和国刑事诉讼法〉的解释》第140条规定，案件没有直接证据，综合全案间接证据同时符合法律规定的条件依然可以作有罪认定。[②] 毒品案件因其特殊性，所能获取的直接证据较少，因此更应该重视间接证据的运用，形成完整证据链。指纹和DNA被称为“证据之王”，其常以“潜在指印”的形式存在，在案件现场提取的指印不仅可以作同一认定，确定犯罪嫌疑人，还可以提取指印上所遗留的物质成分，如手指上黏附的毒品等外源性物质。因此随着毒品犯罪分子反侦查意识的增强，人货分离，在新型毒品案件的侦办中，指纹证据将大有可为。

这就要求侦查人员摒弃以往只重视毒品证据，抓捕后对案件现场的勘验不够精细，只专注于提取现场毒品，忽视对毒品包装物、容纳场所的勘验的做法，因为这些地方恰恰可能留有嫌疑人的指印或

① 郭莉莉、陈永红：《一种改进的谱减法语音增强算法》，载《通信技术》2021年第6期。

② 《最高人民法院关于适用〈中华人民共和国刑事诉讼法〉的解释》第140条规定：“没有直接证据，但间接证据同时符合下列条件的，可以认定被告人有罪：（一）证据已经查证属实；（二）证据之间相互印证，不存在无法排除的矛盾和无法解释的疑问；（三）全案证据形成完整的证据链；（四）根据证据认定案件事实足以排除合理怀疑，结论具有唯一性；（五）运用证据进行的推理符合逻辑和经验。”

微量DNA生物检材，如果没有及时提取，指印或DNA生物检材可能会被污染，也可能因时间过长即使提取也无法进行鉴定。基于此，侦查人员应增强物证保护和防污染意识，即使查获犯罪嫌疑人和毒品，实现人赃并获，也不意味着嫌疑人和毒品之间有必然的关联性，因此在查获时就应根据不同的检材材料运用适宜的技术方法发现和提取现场物品上的指印和微量DNA生物痕迹，随后通过显现和鉴定检验指印的技术方法，如光谱和质谱成像技术就可以实现对指纹痕量的检验，以及微量生物DNA检验技术对现场、物品、毒品包装物等上遗留的微量痕迹进行检验，强化毒品证据与嫌疑人之间的关联性，增强毒品证据的证明力，同时还能够检验犯罪嫌疑人供述的真实性，与案件其他相互印证，形成完整的证据链。

十、结语

突如其来的疫情席卷全球，给新型毒品的生产、贩运和消费都带来了一定的变化，也使后疫情时代新型毒品犯罪形势变得更加复杂，其给新型毒品市场带来的最大的变化就是进一步推动了毒品市场和犯罪的数字化、网络化和科技化，科学技术同样也是侦查机关打击新型毒品犯罪的重要手段。“知己知彼，百战不殆”，因此后疫情时代更需要通过深入研判全球新型毒品犯罪形势，把握复杂形势下我国新型毒品犯罪形势的变化特点，掌握其变化趋势，达到“知彼”；针对目前新型毒品犯罪侦查中存在的技术应用问题，从情报获取、侦查取证、证据运用三个方面，尽可能全面地分析问题，找出技术运用不足的环节，达到“知己”。针对问题，加强技术的开发和应用，情报获取方面需加强网络巡查技术、完善毒情监测指标和技术、利用大数据和人工智能加强新型毒品物流寄递的监测；侦查取证方面需优化线上电子取证的技术，形成完整证据链，利用人工智能进行轨迹分析，及时固定线下现场证据,更新和完善鉴定技术标准和方法,更新和引进鉴定技术、方法和设备;证据链完善方面需重视运用声纹鉴定技术、指纹和 DNA 技术,全面提取证据,形成完整证据链,从而解决侦查中存在的问题,实现技术强侦,为新型毒品犯罪侦查的顺利开展提供有力保障,巩固禁毒成效,为社会安全保驾护航。

疫情常态化背景下
社区戒毒模式的完善路径

黄　锐　张慧慧

一、引言

自新冠疫情暴发以来,保持社交距离等疫情防控措施直接或间接地影响了毒品的流通。在新冠疫情这一背景之下,毒品流通受到了极大的影响。但随着疫情常态化的发展,多地出现毒情反弹的情形。在新冠疫情和毒情的双重影响之下,戒毒工作如何有序有效开展成为禁毒部门工作的重中之重。

在疫情背景之下,全国各地政府积极响应防疫政策,不断创新防控手段,随着疫情常态化,很多防控手段和措施也因其具备智能化、便捷化的特点被保留下来,一直沿用至今,例如,外出扫码报备手段。疫情常态化期间各地创新发展的智能防控手段对开展戒毒工作提供了一定的思路和借鉴,尤其是在人员、物流受限的情形之下,传统的戒毒手段很难快速有效应对。疫情防控工作和戒毒工作的最大的共同之处在于二者都是对一定范围内的人员进行管理,因此,疫情防控手段对戒毒工作的完善具有很大的借鉴作用,尤其是疫情常态化期间所探索创新的智能化手段,在此趋势之下,应因势利导,创新发展戒毒模式，构建能及时调整的、适应社会变化的社区戒毒模式，为提升毒品犯罪治理能力助力。

二、新冠疫情背景下的毒情形势

新冠疫情暴发之前，严防、严控毒品滥用工作持续推进，毒品问题治理能力不断提升，毒情形势在一定程度上得到有效遏制。在疫情管控和毒品管控的双重影响下，我国毒品态势持续好转，国内毒品犯罪态势得到有效遏制，呈现出"吸毒人数减少、规模化制毒活动减少、制毒物品流失减少、外流贩毒人数减少"①的变化。疫情期间，由于对物流、人流严加管控，毒品流通以及吸毒人数均有所下降，但在疫情常态化之后，毒品滥用问题在一定程度上出现了反弹的趋势。

本书仅以全球新冠疫情暴发前后为界限，分析我国的毒情形势。分析全球新冠疫情暴发前后我国的毒情形势，主要意义在于通过分析对比疫情暴发前后的毒情形势，把握当下，尤其是疫情常态化背景下毒品滥用的形势，分析疫情常态化下毒品犯罪的特点，并探索如何提升毒品问题治理能力，如何做好禁毒工作，如何完善当前戒毒模式，如何帮助戒毒人员戒除毒瘾、早日回归家庭和社会。

（一）新冠疫情暴发前后的毒情形势

1. 新冠疫情暴发前的毒情形势

2017 年至 2019 年，禁毒工作在党的领导、国家禁毒委的部署之下有序开展，2018～2019 年开展的禁毒两打两控专项行动、禁毒重点整治和示范城市创建等工作有效打击了毒品犯罪活动，2019 年国家禁毒委深入开展"除冰肃毒"工作打击制毒犯罪活动，部署

---

① 中国国家禁毒委员会办公室：《2020 年中国毒情形势报告》，载中国禁毒网 2021 年 7 月 16 日，http://www.nncc626.com/2021－07/16/c_1211244064.htm。

“净边”专项行动遏制毒品入境内流态势。① 2017 年至 2019 年，我国禁毒斗争形势稳中有进，毒情态势有所好转，吸毒人数连续三年持续下降。

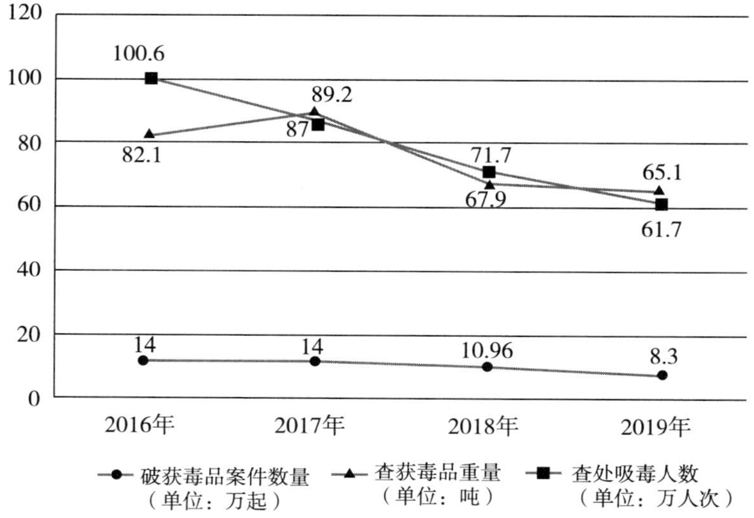

图 1　2016～2019 年毒情形势数据②

从 2017～2019 年我国公布的毒情形势报告来看，从 2017 年开始“破获毒品案件数量”“查获毒品重量”“查处吸毒人数”三项指标都呈下降的趋势，这意味着我国毒品问题治理成效显著，毒品问题治理能力有所提高。

2. 新冠疫情暴发后的毒情形势

新冠疫情暴发之后，全国各地积极响应疫情防控政策，在限制人

---

① 中国国家禁毒委员会办公室：《2019 年中国毒品形势报告》，载中国政府网 2020 年 6 月 28 日，http://www.gov.cn/xinwen/2020-06/28/content_5522443.htm。

② 中国国家禁毒委员会办公室：《2019 年中国毒品形势报告》，载中国政府网 2020 年 6 月 28 日，http://www.gov.cn/xinwen/2020-06/28/content_5522443.htm。

员流动、物品流通的背景之下,毒品滥用情况明显受到影响。在疫情期间人流、物流受到严格限制,由于受到严控疫情和严打毒品的双重影响,我国毒品滥用情况进一步得到遏制,毒情形势持续转好,并且进一步深化巩固,制毒活动、吸毒人数等也呈现出数量减少的积极变化。但随着疫情常态化管控,毒情形势出现反弹,部分地区的毒品滥用问题出现了一定程度的反弹。

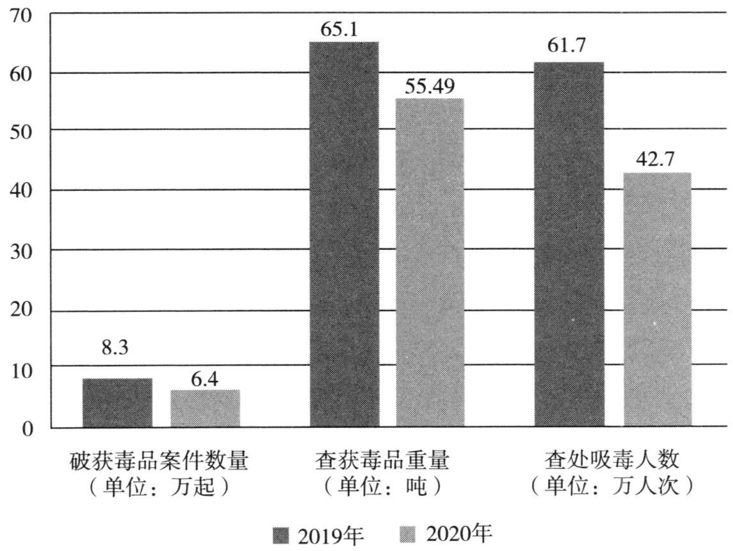

图 2　2019 ~ 2020 年毒情形势数据①

在此仅以 2020 年我国毒情形势报告分析新冠疫情暴发后的毒情形势。从图 2 数据来看,新冠疫情暴发之后“破获毒品案件数量”“查获毒品重量”“查处吸毒人数”三项指标数据都大有下降,这也体现了新冠疫情除了对社会经济造成影响之外,也给毒品犯罪带来了

① 中国国家禁毒委员会办公室:《2019 年中国毒品形势报告》,载中国政府网 2020 年 6 月 28 日,http://www.gov.cn/xinwen/2020-06/28/content_5522443.htm。

直观的冲击。

（二）新冠疫情暴发前后毒情形势的对比

对比新冠疫情暴发前后的数据，新冠疫情暴发后的“破获毒品案件数量”“查获毒品重量”“查处吸毒人数”三项指标下降的趋势远远大于新冠疫情暴发前的下降趋势，这意味着新冠疫情除了给社会经济造成影响之外，也直接给毒品犯罪带来了冲击。综观全球疫情形势，新冠疫情的暴发直接对全球的政治、经济和文化造成了影响，导致社会公众的生活方式发生了变化，为了缓解新冠疫情所带来的问题，缓和疫情和政治、经济、文化之间的矛盾，全球各地政府根据各地疫情形势和特点，采取了限制人流、物流的措施，以此来加快弥补疫情所造成的损失。在限制人流、物流这一大趋势之下，加之全球对毒品犯罪的打击，这些都直接使全球毒品形势发生了一定的变化，这些变化直接体现在毒品犯罪市场的生产、贩运、消费等环节。

从当下毒情形势来看，由于受到新冠疫情的影响，我国的毒品滥用以及毒品犯罪的态势有所好转，但是毒品问题事关国家发展，无论何时都需要保持高度警惕。随着疫情常态化，部分地区的毒情形势出现了反弹的态势，吸毒人数也出现了一定的反弹，在疫情和毒品的双重影响之下，如何平衡疫情管控和毒品防控之间的关系是目前亟待解决的难题，而社区戒毒作为毒品问题治理的重要一环，应充分发挥其在毒品问题治理中的保障作用。随着疫情常态化的发展，限制人流和物流的防控手段也会逐渐常态化，在这一趋势之下，势必也会给社区戒毒工作带来一定的困扰，因为限制人流，戒毒人员管理起来就会有一定的难度，这也就促使社区戒毒工作进行完善和创新发展，保障戒毒工作的质量和效率。

在疫情常态化背景之下，诸如限制人流、物流等相关疫情管控手段，特别是疫情期间使用的一些智能化、信息化的管控手段，对于完善社区戒毒模式均具有很大的借鉴意义。在此背景之下，应全方位分析毒情形势和社区戒毒的形势，找出疫情管控和社区戒毒之间的共同点，剖析当下社区戒毒工作所存在的不足，结合疫情常态化期间对人流、物流的管控手段，创新社区戒毒工作模式，构建疫情常态化背景之下的社区戒毒新模式，为提升毒品问题治理能力助力，帮助吸毒人员早日戒除毒瘾、早日回归社会。

三、我国当前的社区戒毒工作模式

社区戒毒，是指吸毒成瘾人员在社区的牵头、监管下，整合家庭、社区、公安以及卫生、民政等力量和资源，使吸毒人员在社区内实现戒毒。2008 年开始实施的《禁毒法》指出，“把乡镇（街道、社区）政府作为基层开展禁毒、戒毒工作的主体，并确定了自愿戒毒、社区戒毒、强制隔离戒毒、社区康复戒毒几种戒毒形式，而社区戒毒将成为戒毒的主阵地”①（见图 3），2008 年 6 月 1 日《禁毒法》实施之后正式将社区戒毒纳为戒毒工作的主要阵地。

自 2015 年以来，国家禁毒委积极部署禁毒工作，制定了《全国社区戒毒社区康复工作规划（2016—2020 年）》（以下简称《工作规划》），并部署开展了“8 · 31”社区戒毒康复工程。《工作规划》明确指出，应“紧密结合社会管理创新，广泛动员各方面社会力量，统筹利用各方面社会资源，全面推进社区戒毒社区康复工作，建立集生理脱毒、心理康复、就业扶持、回归社会于一体的戒毒康复模式，形成政府统一领导、有关部门齐抓共管、乡镇（街道）具体实施、社会力量广泛参与的工作格局，积极帮助吸毒人员戒除毒瘾、融入社会，最大限度

---

① 全国人民代表大会常务委员会：《中华人民共和国禁毒法》，载中国政府网 2007 年 12 月 29 日，http://www.gov.cn/zhengce/2007-12/29/content_2602213.htm。

减少毒品社会危害”①。

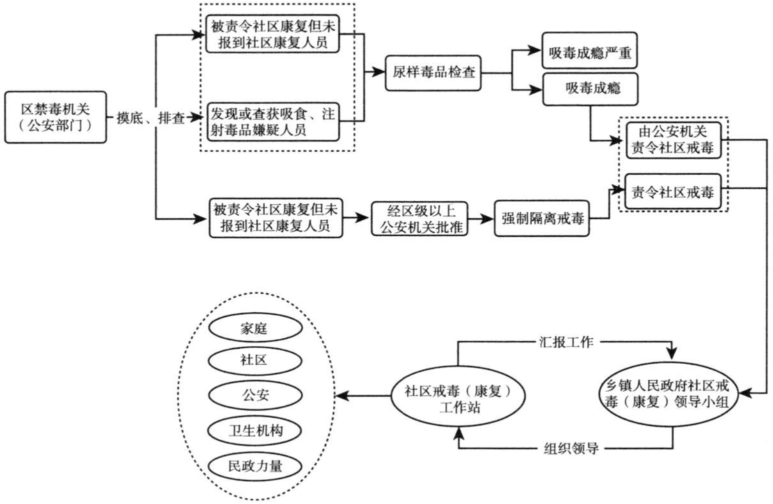

图3 社区戒毒流程示意图

社区戒毒在我国正式应用的时间并不长，社区戒毒不同于强制隔离戒毒。社区戒毒模式最突出的特点是打破强制隔离戒毒模式的封闭方式，将戒毒人员放置于相对开放的环境中，整合家庭、社区、公安以及卫生、民政力量和资源，是“以人为本”的管理理念在社会管理工作创新中的运用。② 当下社区戒毒模式仍处于不断探索和完善的阶段，从各地的实践来看，当下社区戒毒工作的工作重点放在对戒毒人员的戒治教育之上，而采取的戒治手段也主要是传统的手

---

① 中国国家禁毒委员会办公室：《全国社区戒毒社区康复工作规划（2016－2020年）》，载郑州禁毒网2019年2月25日，http://www.zhengzhoujindu.com/html/zhengwugongkai/2019/0225/104.html。

② 周秀银：《破解社区戒毒实践中的法治困境》，载《中国禁毒报》2017年5月17日，第3版。

段,其次则是在规范社区戒毒工作时更加注重对戒毒队伍的优化管理。

（一）戒治方针以教育戒治为主

“教育”历来都是惩罚各类犯罪、各类违法违规行为的重要手段,无论是否在监狱,一旦从事违法违规活动,都将受到一定的批评教育。社区戒毒工作的开展也离不开“教育”“感化”。自社区戒毒工作开展以来,一直坚持“以人为本、关怀救助”的原则,注重人性化管理,最大限度地教育、感化戒毒人员,教育戒治是“以人为本”社会管理理念在戒毒工作中的具体实践。教育戒治历来都是戒毒工作的重点,这一工作的目标是通过综合运用各种教育戒治手段和方法,帮助戒毒人员清晰认知毒品的危害,疏导其不良心理和情绪,帮助其戒除毒瘾,提高其适应社会的能力,引导其融入社会。① 无论是在强制戒毒所,还是在社区戒毒康复工作站,戒毒人员都要接受一定的教育课程,学习戒毒相关的课程,以此来确保戒毒人员在思想上具有戒毒的决心,也可以强化心理矫治的效果,及时发现并疏导戒毒人员的不良情绪,降低其复吸的概率。教育戒治有很多类型,常见的有个别谈话专题教育、禁毒宣传教育、法律常识教育、思想道德教育、心理健康教育以及文化素质教育。② 随着社会的发展,多地社区戒毒工作站积极创新发展教育戒治的形式,构建戒毒文化阵地,定期开展“文化节”活动,利用这一平台开展禁毒教育专题活动,打造戒毒文化特色。

---

① 司法部:《强制隔离戒毒人员教育矫治纲要》,载北京政府网 2019 年 12 月 13 日,http://jyj.beijing.gov.cn/flfg/201912/t20191213_1169039.html。

② 邓时坤:《新冠疫情防控条件下戒毒人员教育戒治策略研究》,载《司法警官职业教育研究》2021 年第 3 期。

（二）戒治手段以美沙酮维持治疗为主

美沙酮维持治疗是我国社区戒毒工作最常使用的消除成瘾者戒断症状的治疗方法，也是国际公认的最有效的治疗方法。美沙酮维持治疗是目前广泛应用于治疗海洛因等阿片类毒品依赖成瘾的有效方法之一，在很大程度上可以减轻戒毒人员对毒品的依赖，提高毒品戒治的有效性。[①] 自2003年我国启动美沙酮维持治疗工作以来，在减少涉毒犯罪，帮助戒毒人员回归家庭、回归社会方面取得了一定的成效。被责令社区戒毒的戒毒人员，在完成建档工作之后，要定期返回社区戒毒机构，在社区戒毒工作人员的监督之下服用美沙酮。因美沙酮维持治疗在毒品戒治上效果明显，这一治疗手段被广泛应用。为了进一步提高美沙酮维持治疗的覆盖率，除了在现场服用美沙酮之外，有很多社区戒毒机构进一步扩大了服用药物的地点。[②]

（三）毒品检测以尿液检测为主

社区戒毒模式不同于强制隔离戒毒模式，二者虽然都具有一定的强制性，但是社区戒毒不限制戒毒人员的人身自由，这也就间接导致了强制隔离戒毒的资源优于社区戒毒。从《戒毒条例》的相关规定来看，社区戒毒人员在社区戒毒期间应接受毒品检测，不得逃避或拒绝。[③] 戒毒人员在社区戒毒机构完成书面手续之后，会在工作人员的带领之下进行首次尿液毒品检测（以下简称尿检），这是戒毒人员社区戒毒建档的必要步骤。建档完成之后，戒毒人员在后续会定期来社区戒毒机构再次进行尿检。由于尿检成本较低，相对便捷，尿检已

---

① 顾柳芳：《基于美沙酮维持治疗的社区戒毒管理研究》，载《上海医药》2020年第14期。

② 熊成珠、王高喜、梁玉成：《创建“三位一体”的美沙酮自助服药模式：经验、内涵和展望》，载《中国药物滥用防治杂志》2022年第1期。

③ 国务院：《戒毒条例》，载中国政府网2011年6月26日，http://www.gov.cn/zhengce/2011-06/26/content_2602581.htm。

成为社区戒毒工作的主要毒品检测手段。从各地社区戒毒工作的实践来看，为进一步提高毒品检测质量，防止戒毒人员弄虚作假，部分社区戒毒机构利用戒毒人员的毛发来进行毒品检测，与尿检相比，毛发中毒品检测（以下简称毛检）可检测吸毒时间更长，样本更容易采集、保存。

（四）戒毒管理以优化队伍为主

从社区戒毒工作的实践来看，对于如何完善社区戒毒模式，有关部门提出的应对之策一般都集中在优化社区戒毒队伍、重视社区戒毒工作管理，明晰社区戒毒工作的权责，这些对策手段都停留在社区戒毒工作人员的管理这一层面上。优化社区戒毒工作队伍可以提高社区戒毒工作效率，保障社区戒毒工作的质量，帮助戒毒人员早日戒除毒瘾，回归社会。但是，立足于当下社会发展，社区戒毒更为重要的是解决处理社区戒毒工作人员和社区戒毒人员之间的关系，如何平衡二者之间的关系成为完善社区戒毒模式的研究重点。加强队伍建设、明晰职权可以提高社区戒毒工作的效率，但是在信息化高速发展的时代，应特别重视变革传统管理手段，在管理手段中融入智能化手段，可以更好地辅助戒毒场所管控、戒毒人员管理等工作，同时也可以更好的做出预警、研判，为戒毒措施提供科学分析，全面提高社区戒毒的效率和质量。

四、当前社区戒毒工作模式存在的问题

（一）公众对社区戒毒存在认知偏差

对于戒毒人员，在法律层面上他们是违法者，但是从医学、社会学角度分析，他们是病人。戒毒的本质是让吸毒成瘾人员进入戒毒程序，而不是对其进行行政处罚，它是一种挽救吸毒者的行政强制措施，需要体现“以人为本”的立法理念。因受旧观念的影响，戒毒执行

手段长期存在“重管理,轻戒治”的思路。管理方法缺乏科学技术辅助,戒毒矫治手段的智能化程度明显不足。[①] 从社区管理者的角度来看,首先,社区戒毒对戒毒人员缺乏一定的束缚力,戒毒人员仍旧存在再次吸毒甚至犯罪的风险;其次,戒毒人员出入社区戒毒机构,对社区的安稳具有一定的威胁,在一定层面上也加重了其管理的负担。从社区居民的角度来看,公众本身对吸毒者这一群体存在一定的偏见,同吸毒人员身处同一环境会加剧公众的不安与恐惧,甚至会诱发一系列危害公共安全事件,扰乱正常的社会秩序。

从社区戒毒整体效果来看,首先,社会公众对这一工作的认知存在一定的偏差,这就导致了难以发挥社区这一主体的优势作用,尤其是在疫情背景之下,由于加强了对人流、物流的管控,社区戒毒很难很好地利用社区这一资源帮助戒毒人员回归到正常的社会生活。其次,社区戒毒工作人员未重视这一工作,社区戒毒工作形式化严重,甚至出现排斥戒毒人员的情形。

(二)优化戒毒队伍的效果不太理想

社区戒毒工作中最为重要的一环就是管理环节,管理既包括对戒毒人员的管理也包括对社区戒毒工作人员的管理。从社区戒毒工作的现状来看,很多社区戒毒机构也在优化社区戒毒队伍、重视社区戒毒管理。尽管各地在不断完善队伍管理建设,但是效果并不理想。从社区戒毒工作人员管理的角度来看,社区戒毒机构出于戒治效果的考虑,从社会层面招录社区戒毒工作人员,或者直接将社区戒毒管理的工作外包给独立的第三方机构。这些人员虽然具备一定的工作能力,但大多数是没有戒毒工作背景的,对戒毒工作的了解也不足,这些工作人员开展工作时往往依靠的是个人的经验,无法为社区戒

---

① 李悦:《人工智能毒瘾渴求评估系统在戒毒工作中的应用——基于山东省济东强制隔离戒毒所的实证研究》,载《广西警察学院学报》2021 年第 2 期。

毒人员提供足够有效的服务。针对优化人员管理的工作虽有开展，但是并未抓住社区戒毒工作的主要矛盾，一味地优化队伍建设，忽视对社区戒毒工作人员工作能力的提升，忽视社区戒毒工作人员和戒毒人员之间关系，在很大程度上会降低社区戒毒工作的效果。①

队伍优化固然重要，但是社区戒毒更为重要的是处理社区戒毒工作人员和社区戒毒人员之间的关系。社区戒毒人员如何更好地"服务"戒毒人员，如何帮助戒毒人员戒除毒瘾、如何平衡二者之间的关系才更应成为社区戒毒工作的重点。一味地依赖第三方机构来进行管理，除了加大投入成本之外，对提升社区戒毒的质量和效率并不会起到很大的作用，甚至会使管理变得更加混乱，降低公众对社区戒毒工作的期待值，不利于社区戒毒工作的开展。

（三）尿液检测形式单一且结果不可靠

戒毒人员在进入社区戒毒机构时都会进行毒品检测，而在戒毒机构最为常见的就是用尿液作为检测样本来进行尿检。在后续戒毒人员的定期毒品检测工作中，基本上也都是通过尿检来判断戒毒人员的戒治情况。采用尿检作为主要的检测手段，主要是因为尿检具有成本低、取样便捷的优点，基于这两点尿检一直被广泛应用。但是在社区戒毒工作中，取样的环节一般由戒毒人员自行进行，一般不会有工作人员进行监督，这就导致了戒毒人员因无人监管取样环节，私自换取样本，借用别人的样本来充当自己的样本以此来应对检测，检测结果的真实性很难把握。因为尿检可追溯的时间较短，通常为 3 ~ 5 天，部分戒毒人员会抓住这一漏洞，在通知尿检的前几天提前停止吸毒，或者通过大量喝水来干扰检测，以保证自己的检测结果正常。为评估戒毒人员的戒毒效果，社区戒毒机构在戒毒期限内一般会对

① 袁亦子：《基层治理背景下社区戒毒问题及对策研究——以南昌市 X 社区为例》，江西财经大学 2021 年硕士学位论文，第 3 章。

戒毒人员进行至少22次的尿检(社区戒毒对象的尿检周期从报到之月后算起,第一年是每一个月一次尿检;第二年是每两个月一次尿检;第三年是每三个月一次尿检)①,一旦出现上述情况,毒品检测的结果的有效性难以保证,戒治工作的效果将大打折扣,会大大降低社区戒毒工作的质量。

随着生物检材的处理和分析方法的不断完善,毒品检测技术及检测仪器水平的提高,毒品分析检测技术已经进入成熟阶段,能够有效支撑毒品检测工作的开展。单一的尿检难以确保检测结果的准确性,应尽可能地利用其他生物检材,保证检测结果的同时提高社区戒毒工作的质量和效率。

(四)社会工作难融入社区戒毒工作

社会工作是指运用科学的方法,帮助有需要的困难的群体解决其生活困境问题,协助个人及其社会环境更好地相互适应的职业活动。社会工作最大的优点在于,能够帮助有困难的群体制订专门的帮助计划,帮助其顺利回归正常生活。随着社区的不断发展和完善,越来越多的地区开始重视社会工作的作用,社会工作目前在戒毒领域的应用也非常广泛。2014年中共中央、国务院印发的《关于加强禁毒工作的意见》中明确提出:"逐步建立禁毒社会工作专业人才和志愿者队伍。"②在戒毒康复领域引入社会工作,是在原有的执法戒毒的方式上的重大进步,不仅有助于戒毒康复人员在完成生理脱毒之后摆脱对毒品的心理依赖,而且有助于吸毒人员重塑信心,重拾生活目标,并且帮助吸毒人员修复家庭关系和社会人际关系,恢复社会

---

① 鲇鱼须镇人民政府办公室:《关于印发〈加强社区戒毒(康复)人员日常管控工作实施方案〉的通知》,载华容县人民政府网2021年4月21日,https://www.huarong.gov.cn/33159/37006/37007/37015/37087/content_1809957.html。

② 中共中央、国务院:《关于加强禁毒工作的意见》,载中国政府网2014年7月6日,http://www.gov.cn/xinwen/2014-07/06/content_2713194.htm。

功能,更好地融入社会。

由于各地经济水平的差异,社会工作者作为专业人士,并非各地社区戒毒场所都有设置,通常来说,经济相对落后的地区并无专业的社会工作者。由于社区戒毒工作的特殊性,很多社会工作者并无相关服务经验,在社区戒毒工作中他们更多能做的就是心理辅导,为戒毒人员提供心理咨询,但此类咨询有时候会和戒毒的目标有所偏差,并不具有一定的针对性,很难起到心理戒治的作用。再者,社会工作并非我国首创,很多地方在引入社会工作时容易出现“照搬”的问题,不能针对本区戒毒的情况改变社会工作的工作目标、工作重点。这些问题的出现,都很难充分发挥社会工作的作用,因此,需要针对社区戒毒工作的实际情况制订出最符合戒治目标的方案,将社会工作的作用发挥到极致。

(五)戒治工作的理念创新性不足

随着信息化的不断发展,司法部进一步提出“智慧司法,数字法治”①的理念,在这一理念之下,智慧戒毒概念应运而生。为进一步提高戒毒质量和效率,多地戒毒机构将评估系统和戒毒工作结合,这一方面可以大大减轻社区戒毒工作人员的负担,提高工作效率;另一方面也可以推动戒毒工作智能化发展,提高社区戒毒的质量。从实践来看,首先,由于各地经济发展不平衡,信息化资源存在一定的差异,很多地方的戒毒管理系统、戒毒设备不能及时更新,具有一定的滞后性。其次,因强制隔离戒毒的特殊性,智能化资源的投入通常偏向于强制隔离戒毒,尤其是在建立全国统一戒毒基本模式背景之下,强制隔离戒毒所的信息化、智能化资源远远优于社区戒毒机构。例

---

① 司法部:《司法部关于建立全国统一的司法行政戒毒工作基本模式的意见》,载中国政府法制信息网 2018 年 5 月 7 日,http://www.moj.gov.cn/policyManager/policy。

如,上海市青东戒毒所为进一步贯彻落实司法部“数字法治,智慧司法”的部署,以“云数智”新科技赋能戒毒工作,建设了一个戒毒数据云平台,配置了智慧采集设备,打造了复吸预测模型,建立了数据共享中心,实现了戒治效能的转变,大力推动了戒毒工作的质量。[①]

但是社区戒毒工作除了前端智能采集设备和数据共享平台之外,戒治设备资源也存在不足,一般停留在戒毒工作人员通过面对面的方式来对戒毒人员进行教育戒治。社区戒毒人员作为特殊的“病患”,在毒品的驱使之下,意志难免会不坚定,在对戒毒人员进行综合评估时除了依靠经验之外,也应借助一定的智能化资源,主观判断和客观评估相结合,更好地判断戒毒人员的戒治情况。

(六)社区戒毒与疫情防控措施衔接不到位

新冠疫情暴发之后,各地为有效控制疫情,采取了限制人流、物流的防控措施,这些防控措施为日后生活秩序的稳定提供了保障,但是在一定程度上也对很多工作的正常开展造成了不便。在疫情背景之下,许多机构积极调整工作模式,在配合疫情防控政策的同时,保证工作有序进行。例如,北京市政府针对涉疫重点区域实行居家办公出台四项要求,规范了居家办公情形,严格居家办公要求,落实单位主体责任,妥善化解劳资矛盾。[②] 社区戒毒机构也积极响应疫情防控政策,号召社工有序开展专业服务,引导戒毒人员有序开展戒毒工作。然而,从各地社区戒毒机构在疫情期间所采取的措施来看,为配合疫情工作而开展的工作通常是为戒毒人员提供一定的物质保障,给予戒毒人员特殊关爱,尽管这类服务很好地落实了帮扶工作,给予

---

① 吕朝晖、谷超、祖帅旗:《智慧戒毒:上海视角及实践》,载《犯罪与改造研究》2020 年第 10 期。

② 北京市政府新闻办公室:《居家也是防疫! 北京出台四项要求规范疫情期间居家办公管理》,载北京市文化和旅游局网 2022 年 5 月 24 日,http://whlyj.beijing.gov.cn/zwgk/xwzx/szfdt/202205/t20220524_2719220.html。

戒毒人员心灵上的慰藉,但是这类措施却不能提高社区戒毒的质量和效率,缺乏一定的创新性。

疫情常态化背景之下,扫码出行成为常态,每个人都具拥有“两码一卡”,即健康码、场所码和行程卡。假如某个人确诊新冠或接触过新冠患者,除了当事人自行汇报形成路径,通过大数据平台也可快速、准确获取其行程信息,在很短的时间内筛查出密接、次密接,为调度工作提供全面、准确的信息,以便可以在很短的时间内部署工作。社区戒毒工作和疫情防控的共同点在于都是人员的管理,因此,在疫情背景之下,社区戒毒工作的优化可以从疫情防控的手段借鉴经验,优化管理,提升社区戒毒质量。

五、完善疫情常态化背景下社区戒毒模式的必要性

(一)完善社区戒毒模式的内涵

2018 年 5 月,司法部作出了加快司法部及全系统网络安全和信息化建设,建设“数字法治,智慧司法”的决定。为进一步提高戒治水平,适应新时代戒毒工作的需要,司法部决定建立全国统一的司法行政戒毒工作的基本模式,加快智慧戒毒建设,引领和带动司法行政戒毒工作发展,智慧戒毒的概念由此产生。[①] 所谓智慧戒毒是“智慧技术、智慧地球、智慧城市理念在戒毒工作这一领域的映射”[②],这一概念的核心是智能化、互联化和感知化,它强调通过主观的人和客观的技术,人技结合,全面把握、创新戒毒工作,有意识地、自主地掌握戒毒人员的戒毒动态信息,将戒毒以一种更为智慧的方式呈现出来,提

---

① 司法部:《司法部关于建立全国统一的司法行政戒毒工作基本模式的意见》,载中国政府法制信息网 2018 年 5 月 7 日,http://www.moj.gov.cn/policyManager/policy。

② 魏芳、李同文:《“智慧戒毒”的内涵、外延及应用研究》,载《中国司法》2019 年第 12 期。

升戒毒效能,提高戒毒质量。①

完善社区戒毒模式则是将智慧戒毒理念融入社区戒毒工作中,利用先进的信息资源,在"数字法治,智慧司法"理念之下,整合社区、家庭、公安、民生和先进技术等资源,结合疫情常态化之下的智能防控手段,打造一个信息录入一体化、数据分析体系化、戒治手段智能化、社会帮扶人性化的社区戒毒模式,创新社区戒毒工作模式,提升社区戒毒工作质量和效率。

(二)完善创新社区戒毒模式的必要性

1. 提升毒品问题治理能力的必然要求

自党的十八大以来,以习近平同志为核心的党中央高度重视禁毒工作,毒品问题的治理历来都是国家禁毒工作的重点,毒品问题的治理事关国家安危、民族兴衰、人民福祉,厉行禁毒是党和政府的一贯主张和立场。社区戒毒工作作为毒品问题治理的重要一环,在社会环境变化的同时,也应根据其本身的特点,适时的进行一定的改变,使其可以适应社会的变化,及时应对社会的变化。因此,完善和创新发展社区戒毒工作是当下提升毒品问题治理能力的必然要求,毒品问题的治理离不开戒毒工作,只有保证戒毒工作的质量,才能更好地推动毒品问题治理工作的开展,针对当下社区戒毒工作存在的一些问题,就更需要完善社区戒毒工作,保障社区戒毒工作的质量、提升社区戒毒工作的能力,为提高毒品问题治理能力筑起最坚硬的防线。

2. "数字法治,智慧司法"信息化建设工作的驱动

自党的十八大以来,党中央高度重视信息化发展。2018 年 4 月,全国网络安全和信息化工作会议召开,习近平总书记在会议上特别

---

① 魏芳、李同文:《"智慧戒毒"的内涵、外延及应用研究》,载《中国司法》2019 年第 12 期。

强调了“信息化为中华民族带来了千载难逢的机遇,我们必须敏锐抓住信息化发展历史机遇,自主创新推进网络强国建设”。[①] 在这一背景之下,为进一步提高戒治水平,适应新时代戒毒工作的需要,司法部积极部署“数字司法,智慧法治”工作,决定建立全国统一的司法行政戒毒工作的基本模式,加快智慧戒毒建设。在这一背景之下,在做好强制隔离戒毒工作智慧化的同时,也应重视社区戒毒智慧化发展,打造社区戒毒智慧模式。

完善、创新发展社区戒毒模式是信息化建设工作的必然要求,是建立全国统一戒毒基本模式的必然产物,是充分发挥社区资源的必然选择。社区戒毒智慧模式的建立,为转变戒毒工作模式提供了新思路,为提高戒毒效能提供了新视角,为提升毒品问题治理能力提供了新办法。

3. 疫情常态化防控工作的驱动

自新冠疫情暴发以来,我国积极应对疫情所带来的各种问题。为进一步做好疫情的常态化防控工作,国务院疫情联防联控机制综合组更是提出了要坚持“预防为主,防治结合、依法科学、分级分类”的原则,坚持常态化精准防控[②],为社会各项工作的稳定开展提供保障。在疫情常态化背景之下,人流和物流都得到了有效的控制,与此同时,全国人民的出行也都离不开“两码一卡”。随着信息化技术的不断发展,以往烦琐复杂的人工核查的形式,现在只需一部电子设备就可以轻松完成核查、登记、统计等工作。疫情以来全国各地政府、

① 《习近平出席全国网络安全和信息化工作会议并发表重要讲话》,载中国政府网 2018 年 4 月 21 日,http://www.gov.cn/xinwen/2018-04/21/content_5284783.htm。

② 国务院应对新型冠状病毒肺炎疫情联防联控机制综合组:《关于印发新型冠状病毒肺炎防控方案(第八版)的通知》,载中国政府网 2021 年 5 月 14 日,http://www.gov.cn/xinwen/2021-05/14/content_5606469.htm。

社会机构不断开发和完善智能防疫手段，这些手段既满足了防疫工作的基本要求，又在很大程度上减轻了相关工作人员的工作负担，同时也更好地辅助了疫情预警、疫情管控等工作。

六、社区戒毒智慧模式的构建路径

基于建立全国统一戒毒基本模式的工作部署，全国强制隔离戒毒统一模式基本成型，社区戒毒作为强制隔离戒毒后续工作的重要一环，作为禁毒工作的重要一环，应加快转型升级，尤其是在疫情常态化背景之下，社区戒毒工作既要满足基本的戒毒需求，保质保量地完成戒毒工作，又要符合疫情防控的要求，有条不紊地开展社区戒毒工作。戒毒人员既是违法者，也是病人、毒品受害者，这就要求戒毒工作既要体现强制性、规范性，也要遵循其规律特点，不断提高戒治措施的科学性、专业性，帮助戒毒人员戒除毒瘾，早日回归正常生活。因此，在“智慧司法，数字法治”以及智慧戒毒背景下，就需要进一步完善社区戒毒工作，提升社区戒毒工作的能力，辅助强制隔离戒毒工作，提高戒毒工作能力，帮助戒毒人员戒除毒瘾，助其早日回归社会。

（一）创新社区戒毒工作理念，提升社区戒毒工作能力

1. 提升戒毒工作的宣传能力

基于公众对社区戒毒工作的一定误解，社区戒毒工作机构可以同社区合作，联合社区，在社区组织开展相关的知识普及活动，设置相关的奖励，激发公众参与其中，全面了解社区戒毒工作。在信息化时代，公众热更衷于观看短视频，因为短视频可以在有限的时间内将重点内容快速输出，公众可以在短时间内抓住重点。基于此特点，社区戒毒部门可以利用微信公众号、抖音、快手、哔哩哔哩等热门平台，设计有趣、有意义的内容，在娱乐社会公众的同时，做好知识普及工

作。社区戒毒部门可以开展互动活动,鼓励社会力量广泛参与戒毒工作。这种互动既可以是招募志愿者,也可以是组织相关文艺活动,一方面可以动员公众参与到社区戒毒工作,减少公众对吸毒人员的负面看法;另一方面也可以帮助吸毒人员融入社会,利于戒治工作的开展。总而言之,宣传要利用行之有效的方法,切勿“病急乱投医”,针对社区戒毒工作的特点,做好线上、线下宣传工作,打消公众对社区戒毒的误解,消除公众对戒毒人员的偏见,利用好社区这个资源,做好社区戒毒工作。

2. 优化社会工作的辅助作用

发挥社会工作的作用,这就要求首先要重视社会工作,这就意味着要从自身从出发,确定社会工作是否适用之后,再决定是否要引入社会工作。社会工作并不是适用每个地区,在引入社会工作时,除了结合当地经济发展水平之外,还要充分考虑当地的毒情形势。社会工作作为一项特殊的服务,应由社区戒毒机构同当地政府合作,由政府来统一购买社会服务,也可以在社会广泛招录戒毒社会工作者,全面帮助戒毒人员回归社会。但是,无论是政府统一购买还是自行招录,都要做好社会工作者的培训工作,让社会工作者充分了解社区戒毒工作,知晓社区戒毒工作的特殊性。其次,做好社会工作者使用智能设备、智慧终端的工作,结合后期所要应用的智慧 App,让其知悉自己的定位,如何利用 App 来联系所要帮扶的对象。例如,戒毒人员在综合诊断评估合格之后,离开戒治场所,在此期间系统会自动为戒毒人员匹配合适的社会工作者,社会工作者则利用戒毒 App 了解所帮助的对象,开展一对一帮扶工作。①

---

① 毕瑜:《社会治理视角下社会工作介入青少年社区禁毒研究——以重庆市为例》,重庆工商大学 2018 年硕士学位论文,第 5 章。

3. 巩固队伍管理的成效

首先，应该更加明确社区戒毒的责任主体是城市街道办事处、乡镇人民政府，责任主体有责任督促成立由社区民警、专职社区戒毒工作人员、社区戒毒人员的家庭成员、社区医务人员以及禁毒志愿者等人构成的社区戒毒工作小组，并制订完备的社区戒毒工作计划，配备专职社区戒毒工作人员。只有充分明晰权责，才能更好地开展社区戒毒工作，更好地统筹社区戒毒管理工作。其次，要更加重视社区戒毒工作人员的能力提升，加强对社区戒毒工作人员的培训，设置相关考核制度，提升社区戒毒工作人员的素质，提升社区戒毒人员的工作能力、提升工作质量和效率。这是由于部分工作人员不重视社区戒毒工作，认为只需要做好整理档案等行政工作，就能完成工作绩效，甚至部分戒毒工作者对戒毒人员存在偏见，歧视戒毒人员，这些都很难提升社区戒毒工作的质量，很难让戒毒人员放下戒备，很难对戒毒人员开展有效戒治工作。

4. 创新自助化的理念

受疫情的影响，限制人员流动是各地区疫情防控的主要手段，也正是由于疫情的影响，各地防疫要求在公共场合应保持一定的社交距离，社区戒毒机构为戒毒人员分发美沙酮时受到了一定的影响，增加了戒毒人员定时取药、按时服药的困难。在这一背景之下就需要转换面对面取药、面对面服药的思路，打造一种无接触的、自助式的服药模式。无接触式服务的优点在于，一方面可以节约大量的人力和时间成本，戒毒人员可以省去到现场排队取药的时间，工作人员也可以适当地减轻工作负担；另一方面可以提高美沙酮药物维持治疗的效率，提高自助服药的可行性。无接触式的服药模式可以结合当地毒品滥用的形势，定点设置自助取药机，戒毒人员在取药时除了要输入相关信息之外也要进行人脸识别，并在自助机器前当场服用美沙酮,整个过程由自助机器的监控设备全程记录。[①]

(二)重视戒毒人员分类管理,提升社区戒毒工作效率

完善社区戒毒模式,提高社区戒毒工作的效率,就应重视对戒毒人员信息的录入,信息录入完成之后对戒毒人员进行分类分级,为后续社区戒毒工作的开展奠定基础。

1. 规范信息录入流程,保障信息准确度

戒毒人员在前往社区戒毒机构报到时,在工作人员的引导下,在信息录入区登记身份等基本信息、收治意见和吸毒成瘾情况,此环节形成书面档案,完成书面建档。书面建档完成之后,由负责信息录入的工作人员将相关信息录入到系统中,这些信息要同步智慧戒毒管理平台,以此来满足各地信息共享,便于对戒毒人员管理。信息录入区除了要配置信息化设备,亦应配备懂得操作信息化设备的专业人才,以免出现操作不当的情形导致录入的信息无效,这样在保证信息准确的同时,也能提高社区戒毒工作的效率。

2. 丰富毒品检测形式,提高毒品检测结果

戒毒人员在信息录入区完成相关手续之后,前往毒品检测区做首次检测,此次检测的结果将作为之后分类分级的主要依据。毒品检测主要采取尿检和毛检两种方式,基于戒毒人员在尿检过程中可能出现弄虚作假的情形,以及尿检可检测时间有限,故而将毛检作为尿检的补充形式。随着生物检材的处理和分析方法不断发展,毛检技术得到了创新发展,毛发检材较于尿液,具有可追溯时间长、可检测范围广、可保存时间长、不易被污染等优点,其可以检测到近6个

---

① 熊成珠、王高喜、梁玉成:《创建"三位一体"的美沙酮自助服药模式:经验、内涵和展望》,载《中国药物滥用防治杂志》2022年第1期。

月甚至更长时间的毒品吸食情况。[①] 因此,将毛发检测作为戒毒人员首次检测的方式,尿检作为毛检结果的补充,这样可以提高毒品检测结果的有效性,保障毒品检测的真实性。

3. 重视人员分类分级,提升戒毒管理效率

基于疫情防控期间对新冠患者、接触者的分级工作,社区戒毒机构在接收戒毒人员时,可以根据戒毒人员的吸毒成瘾情况和戒治结果,对戒毒人员进行初步分类,在毒品检测结果出来之后,结合检测结果对戒毒人员进行正式的分类。戒毒人员可以分为Ⅰ类、Ⅱ类和Ⅲ类人员。Ⅰ类人员为强制隔离戒治效果良好人员,毒品检测结果良好人员,以及吸毒成瘾人员(未被要求强制隔离戒毒的人员),这类人员涉毒情节相对较轻,后续管理相对轻松。Ⅱ类人员为特殊人员,包括孕妇、哺乳期的处女、未成年人以及75周岁以上的老人,这类人

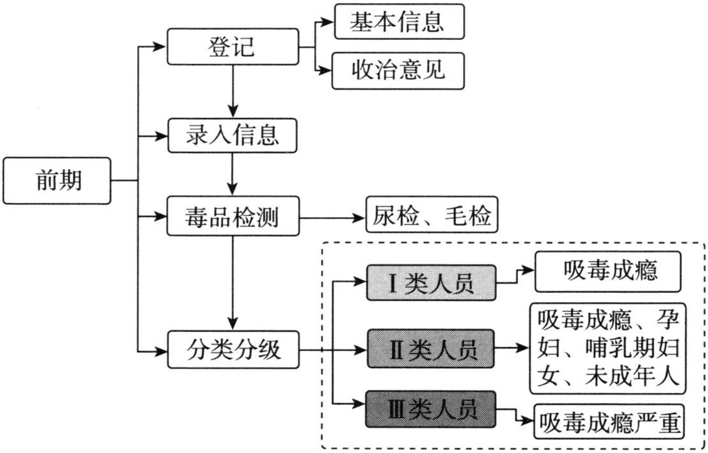

图4 完善社区戒毒模式的前期工作流程图

① 何昕宇、王燕燕、王继芬:《毛发分析在法庭科学中的应用进展》,载《分析科学学报》2021年第1期。

员因为在生理或年龄上有别于其他人，对其管理应区别于一般人员。Ⅲ类人员为强制隔离戒治效果一般、毒品检测结果不理想以及吸毒成瘾严重的戒毒人员（区别于被强制隔离戒毒的人员），这类人员是社区戒毒机构重点关注的人员。

（三）制定专门性戒治方案，提升社区戒毒工作质量

社区戒毒机构在完成对戒毒人员的分类之后，按照不同的类别，为戒毒人员制定不同的戒治方案。参照建立全国统一的司法行政戒毒模式时所划分的四区（四区即“生理脱毒区”、“教育适应区”、“康复巩固区”和“回归指导区”），为社区戒毒的三类人员分别制订更具针对性的戒治计划。

Ⅰ类人员因危险性较小，涉毒情形较轻，可直接从“教育适应区”开始戒治，在此范围内Ⅰ类人员定期前往社区接受戒毒教育、心理测试等，在此期间戒毒人员的受教育情况将形成专属的戒治档案，并同步录入戒毒系统中。Ⅰ类人员在完成一定量的戒治教育课时之后，经专门人员和智能化毒瘾评估系统综合评估达到标准之后，方可进入回归社会指导流程。在回归指导流程，根据戒毒人员的戒治情形和综合表现，为戒毒人员配备相应的社工，由社工对戒毒人员进行一对一指导，帮助其早日回归社会。Ⅱ类人员由于属于特殊群体，在为期制订戒治方案时要全面考虑其生理、年龄等情形，不可将这类群体和一般戒治人员同类化。Ⅲ类人员涉毒情形相对严重，对其制订戒治方案应将“生理脱毒”作为首要流程，参照强制隔离戒毒的情形进行脱毒处理，定期进行毒品检测，并同步利用 VR 毒瘾评估与训练系统对戒毒人员进行毒瘾评估，综合评估合格之后可参照Ⅰ类人员的戒治流程进行下一阶段的戒治。

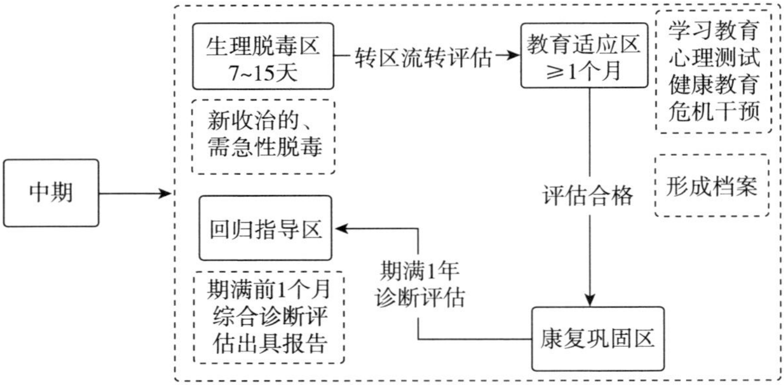

图5　四区流程图

（四）构建社区戒毒智慧模型，提升社区戒毒工作效能[①]

戒毒人员完成戒治计划，经综合评估合格之后，戒毒人员正式“毕业”，参照疫情常态化管控期间对社会成员全员赋码的情形，为完成戒治的人员赋码。疫情防控期间，健康码既便于出行，也便于掌握新冠患者、密接者行程信息，快速筛查出风险人员，为疫情管控提供准确的信息。而社区戒毒工作对戒治成功的人员赋码的意义则在于方便后续对戒毒人员的管理，便于及时掌握戒毒人员的动态信息，便于戒毒社工掌握戒毒人员的信息，为后续如何展开一对一帮扶工作提供信息。

后续帮扶工作主要依赖前期的戒治数据、戒治档案来展开，借助App客户端来了解帮扶对象。App客户端分为管理端和用户端，管理端主要针对戒毒工作人员和戒毒社工，禁毒工作人员可以在管理端发布签到信息、学习内容、毛检和尿检的时间，并随时关注戒毒人员的动态信息，戒毒社工则可以在管理端查看戒毒人员的基本信息和戒

---

① 司法部：《全国统一的司法行政戒毒工作基本模式全面建成》，载中国政府法制信息网2021年6月，http://www.moj.gov.cn/pub/sfbgw/gwxw/xwyw/202106/t20210625_428761.html。

治数据，向戒毒人员发布帮扶计划等；用户端则主要针对戒毒人员，戒毒人员可以在此完成签到，完成一定的学习任务，查看毒品检测的相关信息，也可以预约心理咨询、预约社工等。总而言之，在疫情常态化背景之下，为了减少接触，避免新冠所带来的不良影响，戒毒 App 客户端可以起到很大的平衡作用，平衡疫情管控工作和社区戒毒需求之间的矛盾，提高社区戒毒质量和效率，为提高毒品问题治理能力助力。

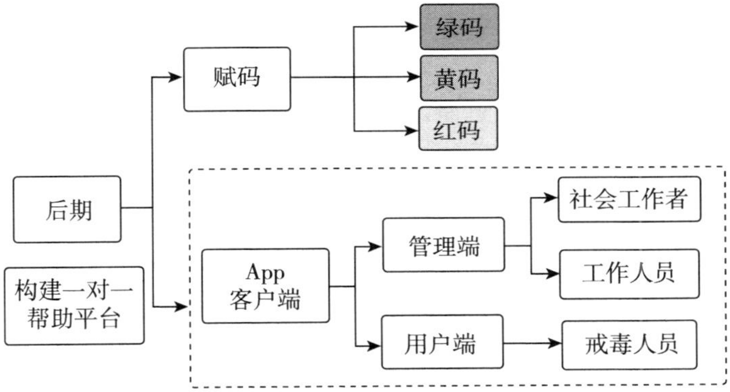

图 6　完善社区戒毒模式的后期流程示意图

（五）推进社会帮扶平台建设，提高社区戒毒工作效果

1. 加强基础设施的投入

社区戒毒智慧模式除了依靠经验丰富的工作人员和戒毒社工之外，也依靠智能化设备和智慧系统。这就要求在构建社区戒毒智慧模式时，各地政府和禁毒委加大资金投入，为社区禁毒机构提供优质人才、智能设备、智慧系统。这些设备包括便于录入和分类的智能信息录入设备、便于检测的毒品检测设备、便于分析统筹的智慧系统、便于评估的人工智能毒瘾评估系统、便于回归社会的帮扶平台。

2. 构建社区戒毒智慧模型

构建社区戒毒智慧模型主要借鉴的是疫情防控期间的人员管控措施，疫情暴发将近 3 年之久，在此期间，各级政府单位积极采取措施应对，在有效的时间内控制疫情，社区戒毒工作和疫情防控最大的相似之处则是二者均是对人员的管控，疫情常态化期间如何管控人流、物流，如何应用智能化手段管控，这些方法措施均对社区戒毒工作具有一定的借鉴意义。

为了更好地开展社区戒毒工作，提高社区戒毒的质量和效率，应构建社区戒毒智慧模型，这一模型包含戒治人员戒治模型、戒治人员吸毒预警模型和社会帮扶模型。这类模型的构建主要依靠戒毒人员的戒治信息，通过数据分析系统来构建。戒治人员戒治模型可以有效地避免戒治方案单一化的缺点，针对不同类别的戒治人员快速准确的制定出适合的戒治方案，从而使戒治方案更具指向性和针对性。戒治人员吸毒预警模型主要利用大数据分析技术，同步戒毒人员的戒治信息，精准的把握戒治人员的动态信息，在确保戒治方案有效实施的同时，防止复吸现象的发生，降低戒毒人员复吸的风险。社会帮扶模型则主要是作为戒治人员和戒毒社工、戒毒工作人员的中间人，依照戒毒管理平台的信息，打造适合戒毒人员的帮扶计划，在帮助戒毒人员早日戒除毒瘾的同时，帮助戒毒人员早日回归社会，回归正常的生活。

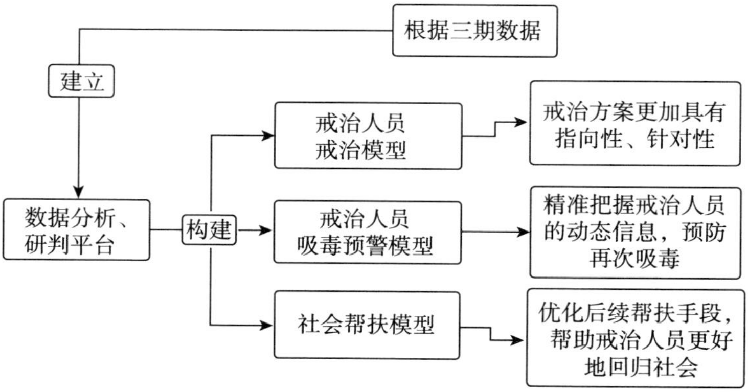

图7 完善社区戒毒模式的其他事项示意图

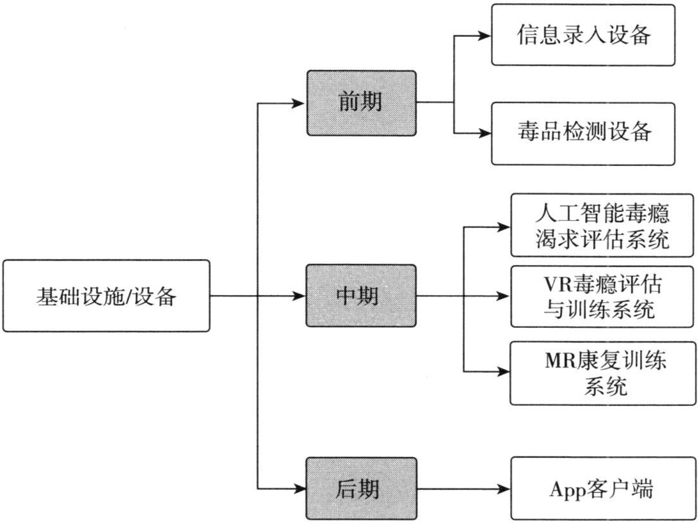

图8　完善社区戒毒模式所需基础设施示意图

七、结语

疫情常态化背景之下，在做好各项工作的前提之下，如何同时做好工作和疫情防控工作应该是当下各项工作开展的重点。疫情防控和社区戒毒在本质上都是对人员的管控，因此，疫情期间对人员管控的各项措施对社区戒毒工作都具有一定的借鉴意义。疫情防控工作和戒毒工作最大的共同之处在于二者都是对一定范围内的人员进行管理和控制，因此，疫情防控手段对戒毒工作的完善具有很大的借鉴作用，尤其是疫情常态化期间所探索创新的智能化手段，在此趋势之下，应因势利导，创新发展戒毒模式，构建能及时调整的、适应社会变化的社区戒毒模式，为提升毒品犯罪治理能力助力。

第三篇

毒品问题治理的其他路径

关于对特殊行业人群进行吸毒检测的思考与建议

黄　锐　孟文文

一、引言

最近一次的《国家药物滥用监测年度报告(2016年)》显示:药物滥用人群中,涉及一些敏感职业和人员,其中包括448名公务员、348名在校学生和212名演艺业人员。[①] 当前我国对毒品问题的研究涉猎较多的是对毒品的认定、毒品的检验技术、社康社戒人员戒毒后的复吸问题、毒品犯罪的追踪破获等方面的探讨,对于某些特殊行业人员涉毒的问题则缺乏系统的研究,虽然此前关于驾驶行业的司机吸毒问题曾经被讨论,"毒驾"已然成为与"酒驾"同样威胁公共安全的一大问题,但研究讨论的重点只是探讨"毒驾"是否应该入刑,而且该问题至今尚存争议。其他特殊行业人员也存在涉毒吸毒的问题且造成了不良影响,但是这部分特殊行业人员吸毒问题并未引起足够的重视。

---

① 国家食品药品监督管理总局:《国家药物滥用监测年度报告(2016年)发布》,载《世界临床药物》2017年第9期。

二、特殊行业界定

“特殊行业”不等同于“特种行业”。“特种行业”是指在服务业中,因经营业务的内容和性质容易被违法犯罪人员利用,需要采取特定治安管理措施的行业。① “特殊行业”主要是指一些具有公共性质的行业,相较于一般人而言,该行业中的从业人员吸毒会对社会造成更严重的不良影响。其包括:公务员行业、教育行业、公共交通运营业、医疗卫生行业、社会福利服务行业和安保行业。

(一)公务员行业

公务员因其具有与社会大众广泛接触的公共性质以及特殊的社会地位,因而应该将其作为吸毒管控特别关注的行业。公务员吸毒是对国家公职的亵渎。吸毒属于违法行为,公职人员吸毒就是知法犯法,将严重影响国家机关和政府的形象和公信力。② 官员吸毒的例子数不胜数,近年来报道和纪委通报的人员中,2011 年,原云南楚雄彝族自治州州长杨某卫被控吸毒,其有一年多的吸毒史;2014 年,德宏傣族景颇族自治州 41 名党员因吸毒被开除党籍;2015 年,原湖南临湘市市长龚某国吸毒被捕,其吸毒长达两年多。③ 公务员吸毒容易滋生腐败。一旦吸毒便会成瘾,吸毒者会想方设法寻找获取毒品的渠道而且会不惜一切代价,国家公务员是公权力的拥有者,大多数具有一定的身份地位,倘若其吸毒成瘾,势必会造成以权谋私,利用自己的职权得到更多的获取毒品的渠道,甚至对贩毒者进行包庇纵容,

---

① 台运启:《论特种行业的界定》,载《中国人民公安大学学报(社会科学版)》2010 年第 5 期。

② 侯坤:《公务员吸毒检测不妨常态化》,载《法治日报》2016 年 4 月 21 日,第 7 版。

③ 王紫一文:《公职人员吸毒问题分析及对策思考》,载《四川警察学院学报》2016 年第 4 期。

以保障其长久稳定的毒品供应。这将给我们打击毒品犯罪带来极大的障碍,有公权力者为其撑腰,贩毒团伙会越发猖獗。当前对于公职人员吸毒问题政府的监管力度不足,即使发生了官员吸毒,多数单位为了声誉大多不愿揭开遮羞布,不会将公职人员吸毒的丑事公之于众。

(二)教育行业

学校一方面向学生传授知识,另一方面也承担着保障学生安全的责任,包括培训机构等在内的教育行业要营造一个良好的环境,不仅要提高教师的专业知识和职业素养,还要杜绝教师沾染吸毒的恶习。教师吸毒会危及学生安全。人民教师面对的是广大的学生群体,教师吸毒所产生的危害受众是无辜的学生,学生大部分处于尚未成年阶段,幼儿教师面对的更是尚不懂事的学龄前儿童,在受到外来侵害时几乎没有反抗能力;教师吸毒会对学生造成负面示范作用。高校教师、学生吸毒事件时有发生,说明高校毒品预防教育工作还存在不足。[①] 教师的一言一行都会对学生产生影响,教师应该以身作则树立良好榜样,避免对未成年学生产生误导。关于教师吸毒的案例此前媒体曾有过报道,例如:湖南省衡阳市发生多名教师吸毒的事件,衡阳相关论坛都出现了该帖子,还一度登上了网络热搜,经查实,他们中有的是普通的教师,还有的是小学校长和中学校长,最终吸毒事实均已证实,相关部门对其进行了处分,几名教师被拘留;江苏英孚教育外教带着数名学生一起吸毒,涉毒人员多达 19 人。[②] 因而对于此类教师职业要求中应该明确规定,未通过吸毒检测的人员不得

---

① 徐天翊:《谈高校毒品预防教育》,载《法制与社会》2019 年第 10 期。

② 朱颖婕:《英孚教育徐州中心 7 名外教吸毒被抓　警方:还有 9 名外籍学生》,载腾讯网 2019 年 7 月 10 日,https://xw.qq.com/cmsid/20190710V06Q1R/20190710V06Q1R00。

从事该行业,这不仅是对教师职业的尊重,更是对祖国的未来负责。

（三）公共交通运营业

公共交通工具具有承载量大、客流量多的特点,公共交通工具的驾驶人员,诸如公交车司机、出租车司机、公共汽车司机、列车司机、地铁司机、船长、机长等应该被纳入特殊行业从业者的行列。公共交通驾驶员吸毒会危害道路安全。公共交通工具的驾驶人员吸毒致幻,将直接关系到所搭载的乘客的生命安全,同时也会危及相邻的其他人员的安全,造成严重的人员伤亡和巨额的财产损失。如果该危险发生在列车、飞机等交通工具上,那么造成的后果可能是无法想象的。2017 年 7 月,万宁发生一起公交司机毒驾的事件,最终被警方抓获,抓获时其车上有十多名乘客,因为被及时发现并制止才避免了严重安全事故的发生,后来司机符某旭受到严厉的处罚,不但被行政拘留,还被移送强制戒毒两年。[①] “毒驾”和酒驾成为威胁公共安全的一大问题,对公共交通运营行业的驾驶员必须进行严格要求,禁止有吸毒史的人成为公共交通工具驾驶员。

（四）医疗卫生行业

医护人员最重要的职责是有序开展医疗工作,因为其从事的工作关乎民众的健康甚至生死,因而,该行业人员在日常的工作中必须做到认真谨慎,任何的马虎大意都有可能对患者的生命健康造成威胁。医护人员吸毒会影响正常的医疗秩序。医护人员吸毒后导致的意识模糊、幻觉、情绪激动等情形会对其正常的工作造成影响,发生医生开错处方、护士注射错误药剂这样的大型医疗事故,后果十分严重。医护人员吸毒的直接影响是工作时间毒瘾发作,发生暴力伤人事件,外科医生手术时毒瘾发作可能直接导致患者的死亡。

---

① 《万宁“毒驾”司机吸完毒开公交车》,载《法制时报》2017 年 7 月 26 日,第 4 版。

(五)社会福利服务行业

社会福利机构主要是为孤儿、残疾人、老年人等提供服务和帮助的机构,为他们提供一个安全的生活环境是基础。社会福利机构的从业人员吸毒威胁服务对象安全。福利机构服务的对象是社会中的一些绝对弱势群体,他们在遭受危险时的反抗能力较小,他们中的大多数人毫无反抗能力,他们比起正常的成年人来说需要更多的关爱,因而对此类行业中的看护人员的要求应该更高,除了能够提供正常的看管照顾的服务外,还应该要求其不能有嗜酒、吸毒等恶习。因为无论是饮酒还是吸毒都会对人的神经系统造成影响,吸毒致幻更易造成暴力伤害等事件的发生,这样的暴力伤害对弱势群体来说无疑是灾难性的。

(六)安保行业

安保人员的职责在于防范危险、保障安全,要实现这一职责,首先需要确保其自身的"安全性"。安保人员吸毒会威胁公共安全。安保行业是为保障公共安全存在的,但是安保人员吸毒所造成的人身危害远远大于其所要防范的潜在危险本身,因为相较于未知的遥远的危险,身边的危险源更易让人丧失警惕,缺少防范,从而导致不幸的发生;安保人员吸毒背离了职责初衷。2017 年,邵阳市发生一起小学保安张某辉吸毒后产生幻觉伤人的恶性事件,该小学二年级学生肖某被刺伤,影响极为恶劣;①国外也有类似安保人员吸毒伤人事件,据美国媒体报道,Norman Oosterbroek 吸毒失控,最终被警察电击死亡,他生前曾担任多位好莱坞明星的保镖,②原本应该是防范危险的

---

① 澎湃新闻:《湖南一小学保安吸毒致幻重伤学生,嫌疑人及毒品提供者均被抓》,载观察者网 2017 年 4 月 1 日,https://www.thepaper.cn/newsDetail_forward_1653124。

② 网易新闻:《碧昂斯蕾哈娜前保镖吸毒失控遭 警察电击裸死》,载网易新闻 2013 年 9 月 6 日,https://3g.163.com/ent/article/9839NOL300031H2L.html。

人却成为当事人身边最大的危险。因此,安保人员吸毒的问题必须引起重视,该行业应该设置毒品检测合格的进入门槛。

三、对特殊行业人群进行吸毒检测的必要性和重要性

(一)对特殊行业人群进行吸毒检测的必要性

吸毒本身就会对吸毒者本人造成身体和心理上的伤害,同时也会危及他人甚至危害社会。对于特殊行业从业人群来说,他们从事的是社会公共性较强的行业,因而其吸毒所造成的社会影响更大,所以要让特殊行业人群接受吸毒检测。

1. 扩大损害面

职业的特殊性导致该部分特殊行业人群吸毒问题的后果相较于普通人更严重。无论是公务员、安保人员、医护人员、公共交通工具驾驶员,还是面对弱势群体的社会福利机构的看护人员,这些行业的从业者往往具有公共性质,因而伤害的受众范围更广。特别是中小学教师、福利机构等受众属于弱势群体,在危险发生时几乎没有反抗能力,此时,这些行业从业人员一旦毒瘾发作实施暴力伤害,那么造成的危害后果将远远大于普通人吸毒所带来的损害,也违背了这些机构服务大众的初衷。

2. 降低公众安全感

这些特殊行业因其具有公共性质,是社会公众日常学习、生活、工作过程中不可避免要接触的行业,如果对这些行业的从业人群不加以严格要求,使其从事吸食毒品等行为,那么这些吸毒者就如同一颗颗定时炸弹散落在密集的人群中间,随时都有可能爆发并对公众造成严重的危害,增加公众的惶恐与不安。

3. 损害职业形象

公务员行业、教育行业、医疗卫生行业、公共交通运营业、社会福

利服务行业等,这些行业在社会公众眼中往往是光荣和高尚的形象,一旦发生吸毒事件将直接损害这些行业在人们心中的光辉形象。公务员代表的是国家的形象,公务员吸毒会损害职业形象,不利于形成良好的官民关系,而且会大大降低公民对政府和国家的信任。教师行业人群吸毒甚至可能对青少年起到负面的示范作用,引起学生的好奇、模仿,损害青少年的身心健康,更有甚者,教师贩卖毒品给学生,直接将学生引上错误的道路。医生救死扶伤,医护人员吸毒会增加公众对医疗卫生行业的不信任和敌视,加剧医患关系的紧张。福利机构为弱势群体提供帮助,看护人员吸毒会改变公众对福利机构的认知。公共交通服务大众,肩负公共安全的责任,公共交通驾驶人员吸毒也会损害其职业形象等。

(二)对特殊行业人群进行吸毒检测的重要性

1.对特殊行业人群进行吸毒检测的理论意义

将特殊行业人群作为吸毒防控的专门对象,有效拓展了国家禁毒工作开展的范围,利于丰富我们毒品研究的内涵,完善我国毒品防控的理论体系,对于我们更好地掌握国人吸毒的情况具有重要意义。吸毒问题的研究对象可以是广泛的普通群众,也可以是社会大众中的某一部分群体,例如,以青少年、女性为研究对象的吸毒问题的研究,对娱乐业中存在的吸毒问题的研究等。以特殊人群为对象的吸毒问题研究,能够深刻剖析引起各种吸毒问题的社会原因,并以此为基础制定一套具有针对性的吸毒防控策略,并进一步上升至法律制度层面,从而为我们研究吸毒问题提供有力的制度法律保障,这是吸毒问题研究上的一个突破,也是我们研究毒品问题的着力点上的一个创新和进步。重大改革必须于法有据,任何措施的施行都必须以法律制度作为保障,而法律制度又要以成熟的理论为支撑,因而,我们将特殊行业人群作为吸毒防控的专门对象进行研究,具有十分重要的理论意义。

2. 对特殊行业人群进行吸毒检测的实践意义

对特殊行业人群进行吸毒检测的研究对我国禁毒工作的开展具有重要意义。首先,降低公共危险。吸毒致幻极易做出极其异常的行为,甚至发生恶性伤人案件,严重危及公共安全,特殊行业从业人员的职业性质是与社会人员发生接触,因而该类人员吸毒对公共安全造成的影响更为恶劣,因而对特殊行业人员吸毒进行研究,具有减少因吸毒致幻导致的恶性事件、降低公共危险的重要意义。其次,减少相关毒品犯罪。吸毒与贩毒是密切相关的,吸毒人员吸毒致幻后会产生不同类型的极端行为,此外还涉及贩毒等,[①]有很多吸毒人员都是以贩养吸,将特殊行业人员纳入毒品防控范围,就能同时打击相关贩毒行为,减少毒品流通、减轻毒品对社会的危害。最后,从供求关系上加强毒品防控。将特殊行业人员纳入毒品防控范围,对特殊行业从业人员进行毒品检测,能够从源头上控制吸毒人数,从而可以通过改变供求关系,减少毒品的流通,加强对毒品的防控。为此,本文关于特殊行业人群吸毒的研究将在很大程度上为禁毒工作的开展扩大管控领域,减轻毒品对社会的危害。

四、特殊行业人群吸毒的法律制度原因探究

(一)法律规定不完善

1. 未形成完善的特殊行业人群强制毒检体系

未将特殊行业人群的强制毒品检测上升到法律层面,而是被动发现之后再进行处理。目前,之所以尚未形成完善的特殊行业人群强制毒检体系,一个很重要的原因在于社会的重视程度不够。特殊

---

① 李丹阳、李潇渝、梁嘉和:《吸毒人员危害公共安全极端行为的类型、特点及其治理——基于广州市公开案例的研究》,载《燕山大学学报(哲学社会科学版)》2020 年第 4 期。

行业人群吸毒问题并没有被当作一个需要特别对待的毒品问题，特殊行业人群吸毒的危害长期以来也被我们忽视了。要构建一个完善的特殊行业人群强制毒检体系需要先将特殊行业概括分离出来，特殊行业人群强制毒检体系该包括哪些行业是需要我们探讨的一个问题，还需要学者们进行讨论。在吸毒问题上，对特殊行业从业人员与普通民众的要求是一样的，对特殊行业人群没有因为行业的特殊性而在吸毒问题上有更严格的要求，一方面，在特殊行业入职时，法律上暂无统一的强制毒品检测的规定；另一方面，入职后的从业过程中，也没有从法律上明确毒品复检的要求。这就使特殊行业人群吸毒后会成为更大社会危害性的一类群体，由于缺乏制度法律方面的强制毒检、复检的体系化管控和威慑，只能在被动发现之后按照一般的吸毒问题进行对待。相关法律的不完善导致特殊行业人群抱有不被发现就不受影响的侥幸心理，因而在这些特殊行业中存在很大一部分隐性吸毒人群。大众通过相关报道案例才对特殊行业人群吸毒现象有所了解，而这些案件的发生往往伴随着人员伤亡等社会危害的出现。在危害发生后再对吸毒者进行处罚只能是对其起到警示、惩罚的作用，造成的损失大多是无法挽回的。

2. 新精神活性物质管控不到位

毒品问题屡禁不止，吸毒人数持续攀升，毒品种类也发生了变化，出现了新精神活性物质。新精神活性物质又称第三代毒品，是对以往出现的毒品进行分子结构修饰或者改造而成，因而具有毒品的兴奋、致幻、易成瘾癖等特点，而其能否被称为毒品，还要满足“国家管制”的条件，如果还未被管控，则不能称为毒品，对毒品定性定量检验也需要有明确的法律规范。[①] 新精神活性物质问题突出，种类更新

---

① 曹铮：《毒品定性定量检验中的问题及策略》，载《法制与社会》2019 年第 35 期。

换代加快，花样层出不穷。目前，全球已发现新精神活性物质近1000种之多，我国正在积极开展新精神活性物质的滥用监测，完善新精神活性物质的快速列管机制，目前我国已列管170种新精神活性物质，并对芬太尼类物质实施了整类列管。① 但是，列管速度仍然赶不上新精神活性物质的更新速度，因而部分新精神活性物质因其具有逃避国家监管的特点而被吸毒者滥用。另外，由于新精神活性物质具有新颖性、外观具有迷惑性等特点，普通群众对新精神活性物质的性质认识模糊，导致新精神活性物质滥用的情况日益严重。

（二）行业规定多未涉及

目前而言，一些特殊行业尚未将强制毒检作为行业入职前提，未将毒检结果作为行业准入标准。对教师的体检标准各地不一致，各省在制定标准时，主要参照三个文件：（1）教育部、卫生部、中国残疾人联合会于2003年3月3日颁发的《普通高等学校招生体检工作指导意见》；（2）教育部办公厅、卫生部办公厅于2010年2月20日颁发的《关于普通高等学校招生学生入学身体检查取消乙肝项目检测有关问题的通知》（教学厅〔2010〕2号）；（3）教育部、卫生部于2010年11月1日开始实行的《托儿所幼儿园卫生保健管理办法》（卫生部教育部令第76号），这些规定中未对待检人提出毒检的要求。关于公共交通工具驾驶员体检要求，《中国民用航空人员医学标准和体检合格证管理规则》中未规定毒检项目。《公务员录用体检通用标准（试行）》第11条中提到了精神活性物质滥用和依赖者不合格的要求。

---

① 马岩、王优美：《新精神活性物质办案实用手册》，法律出版社2019年版，第206～208页。

五、特殊行业人群毒检常态化探索与实施

（一）特殊行业人群毒检常态化

根据《吸毒检测程序规定》，需要接受吸毒检测的人员主要包括有吸毒嫌疑的人，强制隔离戒毒的人员，接受社区戒毒和社区康复的人员等。吸毒检测的对象范围较小，除了已经确定为吸毒的人员外，还有涉嫌吸毒的人员，但是无论属于哪一种都是具有针对性的，而不是进行大范围的筛查。也就是说，只有该主体疑似或确定与毒品有关联之后，我们才对其进行毒品的检测。因而，在目前的吸毒检测体系之下难以实现对特殊行业人群的毒品检测常态化。特殊行业人群吸毒检测常态化是指对从事特殊行业的人群进行的广泛的毒品检测行为，这些人可能并不属于社区康复、社区戒毒人员，甚至没有迹象表明其涉嫌吸毒，仅仅是因为行业的特殊性而对其进行的毒品检测。这个检测既包括对特殊行业人群的入职体检中加入毒品检测，也包括入职之后的定期复检，因为这些行业的从业人员一旦进行吸毒，其对社会造成的危害远远大于普通人，所以相较于普通的毒品检测程序，对该部分群体应该有特别的毒品检测的规定，从法律制度层面加以确定和完善，以实现特殊行业人群毒检的常态化。

1. 特殊行业人群毒检常态化的意义

首先对禁毒的意义：一是完善禁毒体系。禁毒防控体系不仅包括具体的缉毒、戒毒工作的开展，还应包括禁毒理论研究、禁毒政策法律的制定与完善，从而形成一个完整的禁毒模式。毒品政策意味着国家对于毒品的容忍、管制、消减或者禁绝的态度，[①]将特殊行业人群纳入毒品防控范围，推动特殊行业人群毒检常态化体现了国家对

---

① 包涵：《论毒品政策的演变与抉择：国家意志与市民需求的良性互动》，载《中国人民公安大学学报（社会科学版）》2017年第4期。

毒品的管控力度。特殊行业人群毒检常态化旨在从对特殊行业人群毒品检测的角度，丰富禁毒学理论，充实禁毒预防体系的内容，从理论到政策再到措施的落实，为我们应对毒品问题提供了完整方案，使我国禁毒工作的开展更加有序、有力、有效。二是扩大禁毒防控面。将特殊行业人群纳入禁毒防控范围，该部分群体涉及行业多、领域广，可以有效扩大禁毒防控面。以往的禁毒防控主要是针对涉嫌吸毒的人员以及已确定吸毒的人员，对某些未涉毒人员仅仅因为其职业的特殊性即展开毒品检测的很少，通过前文的分析，我们得出了对特殊行业人群毒检常态化的必要性，而将特殊行业人群毒检常态化则意味着毒品检测的对象范围扩大了，毒品检测的功能得到了延伸，国家禁毒工作的防控面较之前扩大了。因此，必须坚持问题导向，持续精准发力，推进特殊行业人员毒检常态化。[①] 三是减少吸毒造成的社会危害。不断深化"智慧禁毒、精细治理"理念，[②]将特殊行业人群纳入毒品防控范围，可以把禁毒工作介入点前移，杜绝吸毒者进入相关特殊行业，对于已经进入特殊行业的从业人员，要定期接受毒品复检，避免沾染毒品，将特殊行业人群吸毒造成的危害防患于未然。其次对特殊行业的意义：一是维护职业形象。特殊行业具有公共性质，无论是公务员还是教师、医生等在公众认知中都有着高尚的职业形象，严格此类行业准入标准，要求特殊行业人群强制毒检，有利于保持行业的正面形象，维护职业尊严和获得公众认同感；二是利于工作的有序开展。一方面，特殊行业人群毒检常态化有助于营造一个纯净的工作环境，提高行业整体的业务能力，减少工作失误以及避免发

---

① 陈琳：《构建打防助教全链条禁毒体系》，载《中国禁毒报》2020 年 7 月 24 日，第 5 版。

② 冯立洲：《以"智慧禁毒"理念构建全民禁毒新格局》，载《人民法治》2019 年第 12 期。

生因吸毒致幻导致的暴力伤害事件；另一方面，有利于增加公众信任感，缓解与群众的矛盾，把党的群众路线贯彻到创新和完善中国特色的毒品问题治理的全部活动中，利于工作得到群众的支持和配合。①

2. 特殊行业人群毒检常态化的有利条件

首先，毒品检测技术的发展。目前，毒品检测技术不断改进，可用于毒品检测的人体生物样本有血液、尿液、唾液、毛发等，且一系列的快检技术能够实现对不同场合毒品检测的要求，因而，在毒品检测技术上不存在太大障碍。即使是针对目前较为泛滥的新精神活性物质，在检测方面也能够检测出其毒品特性，难点在于检测出来之后的定性问题，是否能作为毒品处理还需要满足国家明确列管的条件。对特殊行业人群规定强制毒检，需要特殊行业人群在入职体检时将毒品检测作为体检的一个必查项目。根据不同检测技术的特点，可以选择毛发检测的方法，这也是目前司法机构正在普及的检测方法。截至目前，毛发检测是最为精准、追诉期最长的检测方法。② 毛发检测相较于以往的尿检，可以避免受检人在检测前一段时间暂停吸毒以逃避检测，因为毒品在毛发中可以长期稳定地存在，通过毛发检测可以测出受检人半年甚至更久之前吸毒的情况，而且样本易于采取和保存，检测时效也较长。其次，信息化时代带来的便利。特殊行业人群强制毒检的构想不仅包括受检人毒品检测方面，还包括检测出吸毒结果后的戒毒措施的实施，信息化、网络化的发展为禁毒工作的开展带来了便利。毒品的预防、缉毒工作的开展、戒毒措施的实施，都可以将信息化网络化的方式运用到具体工作中，戒毒部门可以借助信息网络实现对在册吸毒人员的动态监测，以便实时跟踪了解吸

① 周秀银：《创新“枫桥经验”走中国特色的毒品问题治理之路》，载《人民法治》2019 年第 12 期。

② 宋伯言：《吸毒人员检测及操作流程》（下），载《派出所工作》2019 年第 12 期。

毒人员的戒毒进展。例如,《戒毒条例》规定了对吸毒人员动态管控,我们可以通过手机定位和在线视频打卡等方式代替以往的报到形式,从而实时监控吸毒人员的活动范围,更快捷高效、更精准地掌握吸毒人员的活动情况和身体状况。

(二)特殊行业人群毒检常态化的具体建议

1. 法律制约

对特殊行业人群毒检要完善相关规范,解决法律依据问题。[①] 首先,将对特殊行业人群的强制毒检通过颁布法律法规、规章等形式确定下来,包括具体针对哪些行业人群,检测项目,检测方法等内容。例如:可以通过颁布《将毒品检验纳入特殊行业从业人员入职体检范围的规定》等措施将对特殊行业人群的毒品检验上升到法律制度层面,规定特殊行业涵盖哪些领域,具体的体检包含对哪几类毒品的检验,采取哪种检验方法,需要特殊行业人群提供哪些检材等内容。目前来看,毛发检验因其取材方便、检验时效长等优点,比较适合用于特殊行业人群入职体检中的毒品检验。在检验内容上,由于新精神活性物质的泛滥,除常规毒品的检验外,还应该将常见的新精神活性物质如芬太尼类物质纳入毒品检测的范围。此外,还应明确规定对特殊行业人群的定期复检。特殊行业人群毒检常态化不但要将毒检作为特殊行业人群入职体检的内容,而且在这些特殊行业人群入职之后还要定期对其进行复检,以避免这些特殊行业人群在入职之后发生吸食、注射毒品的行为。复检的周期可以视检验技术水平的发展而进行调整,因为目前毛发检验可以检测出受检人半年甚至更久之前吸毒的情况,所以可以把毒品复检的周期定为一年,可在员工年度体检时进行。除此之外,还可以设置奖励政策,对举报特殊行业人

---

① 盛浩:《毒品问题治理的全民参与模式研究——以“凉山经验”为范本》,载《四川警察学院学报》2020 年第 2 期。

群吸毒者给予一定的奖励,以鼓励人民群众对其进行监督,杜绝特殊行业人群吸毒问题。其次,对特殊行业人群吸毒的法律制裁。对于吸食、注射毒品的,《治安管理处罚法》规定了相应的拘留和罚款处罚。除此之外,公务员吸毒还受《行政机关公务员处分条例》的约束,该条例规定了对吸毒公务员将给予撤职或者开除处分。除了按照法律规定接受行政处罚之外,对于特殊行业人群吸毒的处罚措施还应该比照公检法机关工作人员犯罪的从业禁止规定对其今后从业加以限制。例如:特殊行业人群在从事该职业期间故意吸毒的,要给予开除处分,除按照法律对其给予相应的治安处罚之外,还应该禁止其在戒除毒瘾后 5 年内从事原行业以及其他的特殊行业。这既是出于公共安全的考虑,也是对特殊行业从业人员的警示和震慑,使其不敢、不愿接触毒品,从而不去吸毒。特殊行业人群吸毒除了要接受行政处罚和从业禁止的约束外,还应该要求其戒除毒瘾。《禁毒法》第 33 条对吸毒成瘾人员规定了社区戒毒,第 38 条还规定了强制隔离戒毒措施。对于特殊行业人群吸毒的,应该按照具体情况实施自愿戒毒、社区戒毒、强制隔离戒毒等戒毒措施,使其彻底戒除毒瘾。

2. 行业限制

将毒检结果作为特殊行业准入门槛。2019 年新修订的《武汉市禁毒条例》规定:"三年内有吸食、注射毒品行为或者解除强制隔离戒毒措施未满三年……不得驾驶机动车、船舶、轨道交通、航空器等交通运输工具……"对其他特殊行业我们也应该借鉴此条例,颁布相应的行业规定,将此类吸毒人员排除在外。正如前文所述,从特殊行业的职业性质上来看,因其具有公共性质——一些特殊行业负有安全保障义务,一些面对的是弱势群体等职业的特殊性,因而,该行业本身首先应该排除从业者的危险性,所以必须对其体检严格要求,绝对不能允许吸毒人员从事此类工作,将毒品检测纳入该类行业的体检项目中,把毒检结果作为特殊行业人群的行业准入门槛。在特殊行业中,有一些行业入职需要具有相关资格证,例如医生、教师等,可以在相关资格证取得时就要求同时符合成绩合格和毒检结果合格。

公职人员吸毒检测工作的法律规制

黄　锐　张慧慧

一、公职人员吸毒检测现状

公职人员涉毒吸毒现象出现以来，关于公职人员涉毒吸毒引发的一系列话题越发受到公众广泛关注。例如，2015～2018 年，湖南省超过 400 名党员和公职人员因吸毒问题被通报，[①]这一现象对公职人员的形象造成了严重的损坏，在一定程度上影响了公权力在公众心中的权威性。为遏制这一不良势头，2016 年国家禁毒办下发了《关于切实加强公务员吸毒问题防治工作的通知》，通知明确规定要对公职人员涉毒吸毒问题做到"零容忍"，并在部分地区公职人员招录中开展吸毒检测。据此，各地政府部门进一步提高了对公职人员涉毒吸毒情况的重视。毒品检验技术的日渐成熟和推广，也为公职人员吸毒检测提供了更为方便、快捷、可靠的方法。例如，在湖南、四川等毒品滥用问题较为严重的地区，当地政府积极组织各级政府联合禁毒办和公安部门对公职人员展开了毛发毒品检测工作。从当地政府门户网站所记录的信息来看，为有效遏制公职人员涉毒吸毒问题，切

---

① 郭志强：《湖南频发公职人员"涉毒"事件》，载《中国经济周刊》2019 年第 13 期。

实加强公职人员队伍建设的纯洁性,2019 年至今,湖南省衡阳县①、永顺县②等地以及四川省资阳市③等地均对公职人员集中进行了毛发毒品检测工作,这一工作的开展既有效防范了国家公职人员涉毒吸毒问题的发生,也有效提升了公职人员队伍建设的纯洁性,为打赢新一轮禁毒人民战争奠定了坚实的基础。

二、公职人员吸毒检测存在的问题

(一)吸毒检测工作的检测对象范围有限

1. 现有法律法规关于吸毒检测对象范围的规定

就目前的情况来看,对“毒品犯罪”、“吸毒”或“涉毒”以及毒品检测等内容进行规制的法律法规主要有《刑法》《禁毒法》《吸毒检测程序规定》《公安机关办理行政案件程序规定》等,其他相关的主要是以各部委出台的工作方针、会议纪要以及通知作为参考。

《吸毒检测程序规定》第 2 条第 2 款规定,吸毒检测的对象,包括“涉嫌吸毒的人员,被决定执行强制隔离戒毒的人员,被公安机关责令接受社区戒毒和社区康复的人员,以及戒毒康复场所内的戒毒康复人员”。《禁毒法》第 32 条规定“公安机关可以对涉嫌吸毒的人员进行必要的检测”。《公安机关办理行政案件程序规定》第 83 条规定“涉嫌酒后驾驶机动车、吸毒、从事恐怖活动等违法行为的,可以依照《中华人民共和国道路交通安全法》《中华人民共和国禁毒法》《中华人民共和国反恐怖主义法》等规定提取或者采集血液、尿液、毛发、脱

---

① 《衡阳县县乡人大代表候选人开展毛发毒品检测》,载微信公号“衡阳县公安”,2021 年 8 月 23 日,https://mp. weixin. qq. com/s/8PeOOlOy5CqkwXeAeWVJtA。

② 《湖南永顺对全县公职人员进行毛发验毒　目前已开除 6 人》,载网易新闻频道 2021 年 4 月 3 日,https://3g. 163. com/news/article/G6LMT8UT00019K82. html。

③ 《县综合行政执法局开展集中毛发检测工作》,载乐至县综合执法局网 2022 年 1 月 4 日,http://gk. ziyang. gov. cn/details. aspx? dept = 189&id = 63414。

落细胞等生物样本”。

从上述规定来看，现有法律法规规定的可以进行毒品检测的主体以涉嫌吸毒的人员为主，其次是被决定执行强制隔离戒毒的人员、被公安机关责令接受社区戒毒和社区康复的人员以及戒毒康复场所内的戒毒康复人员。

2. 公职人员等法律规定之外的对象成为吸毒检测的对象

就上述内容所言，目前相关法律法规所规定的毒品检测对象并不包含公职人员以及特殊行业的人员，但是就目前形势来看，全国各地已相继展开的毒品检测活动就有针对公职人员的。在是，在当下社会，各地政府部门为加强对国家公职人员的管理，进一步净化公职人员队伍，有效防范、发现、查处公职人员涉毒违法犯罪等问题，陆续开始组织针对公职人员的毒品检测工作，但现有法律法规规定的主要是涉毒人员和已经被采取戒毒的人员。例如，在 2021 年 4 月湖南永顺对全县公职人员进行毛发验毒的新闻占据了头条。相关资料显示，早在 2019 年，永顺县禁毒办就联合县禁毒大队开展对国家公职人员的吸毒检测，对全县 11000 多名公职人员进行了吸毒检测。

与此同时，为进一步消除危害社会公共安全的隐患，防止发生因“毒驾”引发的事件，增强驾驶员以及特殊行业的拒毒、防毒意识，全国各地也陆续出现了对校车驾驶员、客运从业人员等从事特殊行业的人员进行毒品检测的现象。例如，在 2020 年，连州市禁毒办在连州市职业技术学校开展了对校车从业司机尿液、毛发进行初筛检测活动。

（二）吸毒检测纳入公职人员招录体检事项中的地区范围有限

自 2014 年起，全国各地出现了公务员涉毒问题，且这一现象愈演愈烈。基于此原因，加之为进一步加强公职人员队伍建设，国家禁毒办下发的《关于切实加强公务员吸毒问题防治工作的通知》，通知要求“毒品滥用问题严重的地方要积极配合公务员主管部门将吸毒检测项目纳入部分地区和特殊职位的公务员招录体检范围，开展对新招录公务员的身份信息与全国禁毒信息系统的碰撞比对”。据此可知，国家禁毒办明确规定要开展公务员招录吸毒检测工作，严格做好公务员吸毒问题防治工作，严格把控好公职人员的招录工作。

公职人员作为国家形象的代表，其涉毒吸毒行为会严重影响社会风气，严重威胁政府公信力的建设，严重扭曲社会价值导向，如不加以重视和打击，将会严重败坏社会道德风气，严重破坏社会安定秩序。从 2016 年国家禁毒办下达的通知来看，对毒品问题严重的地方明确规定将吸毒检测纳入公务员招录体检中，但是在此之后对于该问题并未再下达相关通知，也无相关法律法规予以规定。2016 年国家禁毒办下达的将吸毒检测纳入公务员招录体检的通知的正面效应理应被进一步推广，但目前并未找到与之相关的规定。总之，前期虽有相关的文件，但是在后期并未进行有效的推广，这就很容易使定期对公职人员进行吸毒检测的工作难以落实到位。

（三）吸毒检测相关工作缺乏一定的规范性规定

1. 吸毒检测工作缺乏法律依据

从目前的情况来看，对公职人员吸毒检测工作的开展，多数是由禁毒办、禁毒大队协同各地政法委进行的。这一工作的开展往往是政府部门下达一则通知，各级部门全力配合吸毒检测工作的开展，具有一定的强制性。由于吸毒检测工作涉及诸多法律问题，与常规的检测活动相比具有一定的特殊性，如果这一检测工作依靠政府部门的通知进行，没有相关法律法规作为参考依据，则会出现无法可依的局面，在未来便有可能会因为无法可依而阻碍吸毒检测工作的进一步开展与推广，从长远来看，这既不利于我国法治道路的建设，也不利于法治政府的建设，甚至会对国家形象造成损害。

2. 毒品检测技术缺乏技术规范

从现有情况来看,在技术标准方面,毒品检测技术标准并未统一,各地标准不一,例如,以毛发检测技术为例,虽然《吸毒检测程序规定》明确了“吸毒检测的技术标准由公安部另行制定”,但是在实践中,并未制定与毛发检测技术相关的技术标准,这便容易导致在检测数值、检测技术等方面出现差异,影响检测结果。在执行方面,毒品检测工作的开展缺乏相关的实施细则,这便容易导致毒品检测技术与毒品问题治理能力的脱节,这也就需要进一步制定实施细则来规范毒品检测工作。毒品检测技术在具体操作中需要有相关的技术标准来规范技术,需要具体的实施细则来规范检测工作,这样才能避免因标准不一、没有实施细则而出现执法困难的局面,才能真正发挥科学技术的中立作用,才能真正促进毒品犯罪案件办理规范化、有效化、精细化。①

(四)公职人员吸毒检测工作缺乏监管

从当前对公职人员开展的吸毒检测工作以及上述规定来看,吸毒检测程序在检测结果以及结果异议、强制检测、是否复检等方面缺乏有效监管。例如,在检测结果上,规定中明确规定了无论“被检测人是否申请实验室检测或复检,不会影响吸毒案件的正常办理”。但是如果“公安机关认为必要时,可以直接决定进行实验室检测或复检”。这项规定一方面肯定了吸毒检测的结果,这种肯定是包含被检测人的怀疑在内的肯定;另一方面又否定了吸毒检测的结果,因为公安机关在提出怀疑时,检测结果的真实性就存疑,即便被检测人没有提出怀疑。从这项规定来看,吸毒检测这一过程几乎是由牵头人主

① 周秀银:《吸毒案件中的毛发检测应用分析》,载《云南警官学院学报》2018 年第 6 期。

导，而相对处于弱势的被检测方则需要服从和认同。①

吸毒检测程序缺少监督所带来的直接效果是，相对国家强制力而言，被检测方几乎处于弱势地位，强制力一方的绝对权力能够为自己办案带来一定的优势，即使检测结果是由机器出具，这种具有相对客观性的结果也会因此变得不那么客观，在一定程度上严重损害了鉴定结论的客观性和科学性。

三、开展公职人员吸毒检测工作的原因分析

（一）公职人员吸毒涉毒原因分析

1. 涉毒公职人员难抵诱惑

人事改革之下，出现了一些单位机构臃肿的现象，这会经常出现人员忙闲不均的现象。在这种情形下，一小部分素质相对较低的公职人员，无所事事，为填补这份空虚而去寻找新奇刺激的事物。还有一些抗压能力低的公职人员，在生活和工作中遇到困难时，不能积极面对，也不会寻求帮助，这类人总是试图逃避现实，寻求解脱，毒品则成为他们的最佳选择。② 在各种压力和琐事的压迫下，这类公职人员的人生观、价值观等逐渐偏离正常轨道，他们不能很好地控制自己，而此时毒品就成为这类人“自我放纵”“排忧解难”的最佳选择。

总结涉毒吸毒的公职人员的共同特点时，不难发现，这类人往往自身价值观已经发生偏离、信念不坚定容易动摇、精神生活空虚万分。在人事制度改革背景之下，人员忙闲不均，部分领导干部为缓解生活和工作上的空虚，利用手中的权力，进行“权钱交易”，逐渐走向

---

① 陈伟：《吸毒检测程序的现实困境与出路探寻——以〈吸毒检测程序规定〉为中心的解读》，载《海南大学学报（人文社会科学版）》2011 年第 6 期。

② 秦总根：《国家公职人员涉毒原因及其防控对策的探讨》，载《犯罪与改造研究》2015 年第 9 期。

腐败,而腐败问题又总是和毒品问题密切相关。身为公职人员,有权力并不意味着可以为所欲为,其特殊的身份要求其谨言慎行、恪守慎独,不能轻易被诱惑所侵染。[①] 例如,原湖南省临湘市委副书记、市长龚某国利用职务之便,逐渐沦为收受巨额贿赂、吸食毒品的阶下囚,还有轰动一时的原湖南省祁东县文化馆副馆长吸毒致死事件,在这一事件中牵扯到多名公职人员。诸如此类的事件还有很多,这些事件都在时刻提醒我们要加强公职人员素质建设,保证公职人员队伍的纯洁性,将公职人员涉毒吸毒等行为"扼杀在襁褓之中"。

2. 相关管理方式不完善

进入新时代以来,特别是"十三五"时期,我国人事制度改革稳步推进,人事管理体制也在不断健全和完善。从公职人员涉毒吸毒的情况来看,公职人员的管理体制存在一定的问题。

一是政府监管力度不足。当前我国政府等相关部门对公职人员的监管主要集中在工作时间之内,对于工作之间以外的时间缺乏合理的监管措施。虽然工作以外的时间不应受到监管,但正是因为公职人员身份的特殊性,就需要对其工作以外的时间进行合理的监管,以此确保公职人员队伍的纯洁性。公职人员的朋友圈和周围环境可谓是鱼龙混杂,而"私人事务"由于监管部门不能时刻监管,很容易出现作风败坏的苗头。此外,由于社会大众缺少吸毒涉毒等的正确获取渠道,社会大众很难及时准确获取相关信息,这就导致社会监督难以发挥应有的作用。社会大众缺少对公职人员吸毒涉毒的正确认知,缺少对公职人员吸毒涉毒之后的处置等信息获取渠道,这也在某种程度上导致了社会大众对公职人员吸毒事件的不了解和误解。

二是毒情监测机制仍旧不完善,社会防范意识薄弱。首先,吸毒

---

① 王紫一文:《公职人员吸毒问题分析及对策思考》,载《四川警察学院学报》2016 年第 4 期。

行为本身就是一种隐秘性极强的行为,大多数公职人员走上吸毒道路除了自身抗压能力太弱外,大多是由于受到社会人员的诱惑,对这类人员以及其行动轨迹,相关单位并没有进行监管,社会也缺少一定的防范意识。其次,从涉毒吸毒的公职人员来看,他们中有很多将隐瞒工作做得很好,长时间不被发现从而助长了这类人员的侥幸心理。最后,公职人员涉毒吸毒通常是以群体活动的方式进行,公职人员身份的特殊性直接影响了其社交圈,因工作关系导致其朋友圈十分复杂,而毒品诱惑防不胜防,无论是谁一旦沾染毒瘾就会忘乎自我,公职人员一旦沾染就会忘记自己的身份,深陷其中,难以自拔,这就导致社会大众对公职人员的误解加深,降低公众对党和政府工作的期望值,败坏社会道德,影响社会风气。

三是对公职人员涉毒吸毒行为的打击力度仍旧不足。打击不力就容易助长涉毒吸毒公职人员的侥幸心理,这些人会选择再次冒险一试。国家公职人员本就应做好榜样工作自觉抵制毒品,积极与毒品犯罪作斗争。公职人员之所以被社会关注,是因为其代表了广大公民的利益,具有广泛的示范性。但个别缺乏社会责任感的公职人员全然不顾自己的身份和影响,不断放纵自己,受他人诱惑和教唆而涉毒,将错误的示范导向带给社会公众,极大地影响了社会主义核心价值体系的构建。

(二)开展公职人员吸毒检测工作的原因分析

1. 国家政策方针要求公职人员开展吸毒检测工作

我国向来对任何有关毒品的活动持“零容忍”的态度。公职人员作为国家形象的代表,其涉毒吸毒行为会严重危害社会风气。在2015年发布的《中国毒品形势报告》中,首次提到了当下社会已经出现了公职人员涉毒的现象,同样的情形在次年的报告中也有所体现。尽管从公布的数据来看,涉毒吸毒的公职人员人数不及涉毒吸毒群体的百分之一,但从潜在社会危害性的角度来看,公职人员作为国家形象的代表,其一旦沾染毒品,不仅是其本身的堕落,也会影响社风风气,严重损害其所代表的政府形象。相比其他群体,掌握一定公权力的国家公职人员,一旦吸毒涉毒,势必还会进一步催生各种“权毒交易”。因此,对于公职人员吸毒,必须予以高度重视、高度警惕。

在此之前,国家禁毒办下达的通知就明确指出,各地出现公务员涉毒问题的主要原因是毒品预防教育存在缺失、公职人员个人丧失底线、有关部门组织和领导教育监督不力、打击处理力度没有震慑作用。通知还指出,各禁毒部门要充分认识公务员吸毒问题蔓延形势的严峻性、复杂性,切实做好防治工作,要对本地公务员吸毒情况进行汇总梳理,分析存在的问题和原因,研究有针对性的防治办法。为进一步贯彻落实禁毒办的通知,加强公职人员队伍建设,支持禁毒工作的展开,全国各地的政府部门都陆续展开了针对公职人员的吸毒检测工作,从现有政策导向来看国家大力支持对公职人员进行吸毒检测。

2. 新型毒品检测技术助力开展公职人员吸毒检测工作

随着生物检材的处理和分析方法的不断完善与发展,加之毒品检测技术相关仪器的灵敏度、准确性和实效性的进一步提高,毒品分析检测技术已逐渐进入成熟阶段,能够有效支撑毒品检测工作的开展,满足公安机关基本办案的需要。例如,湖南省衡南县在此次针对公职人员开展的毒品检测工作中,相关部门采取了毛发毒品检测技术。诸多实践表明,毛发生物检材相对人体体液检材而言,具有可追溯时间长、可检测范围广、可保存时间长、不易被污染等优点。传统的对唾液、尿液以及血液中的毒品检测的时效性有限,而毛发作为目前法庭科学领域毒品检测的常规样本,其可以检测到近 6 个月甚至更长时间的吸食毒品的情况,毛发检测具有采集方便、保存简单、可重复采样验证、消除样本污染、检出时限长等优势而被广泛运用。[①]无论是将人体体液作为检材,还是将毛发作为检材,现有的毒品检测技术都能在一定的时效内准确、快速地支撑毒品检测工作的开展,为建设纯洁性的公职人员队伍提供技术保障。

3. 公职人员吸毒检测的意义

一是有利于加强公职人员队伍建设,保障公职人员队伍的纯洁性。党的十八大以来,党中央作出"全面从严治党的战略部署",公职人员作为党和国家形象的代表,"被社会所关注、被群众所尊重,这是因为其具有广泛的示范性和感召力"。个别缺乏社会责任感和道德感的公职人员全然不顾自己的身份和地位,给社会大众带来错误的示范导向,严重败坏了社会风气。完善公职人员吸毒检测,在一定程度上可以加强公职人员队伍建设,提升公职人员队伍的纯洁性。

二是有利于打击公职人员涉毒吸毒的行为,保障全民禁毒工作的权威性。从当前形势来看,各地公职人员涉毒吸毒问题逐渐严重,全国各地政府部门为进一步加强队伍建设,贯彻落实禁毒方针陆续开展了公职人员吸毒检测,在这一情形下,完善公职人员吸毒检测就尤为重要。对公职人员开展吸毒检测工作,首先,对涉事人员严格处理,绝不容轻视,可以严厉打击体制内人员涉毒吸毒的行为,降低公职人员再次进行涉毒吸毒活动的风险。其次,通过打击公职人员涉毒吸毒的行为,对社会可以起到一定的震慑和预防作用,这种震慑既是针对未涉事公职人员也是针对普通社会大众。

三是有利于提高毒品问题治理能力,保障国家毒品问题治理的有效性。自党的十八大以来,以习近平同志为核心的党中央高度重视禁毒工作,毒品问题的治理历来都是国家十分重视的问题,毒品治

---

① 何昕宇、王燕燕、王继芬:《毛发分析在法庭科学中的应用进展》,载《分析科学学报》2021 年第 1 期。

理事关国家安危、民族兴衰、人民福祉，厉行禁毒是党和政府的一贯主张和立场。完善公职人员吸毒检测工作是当下禁毒形势之下的必然选择，毒品问题的治理离不开各地公职人员，只有保证公职人员的纯洁性，才能更好地推动毒品问题治理工作的开展。当下公职人员涉毒吸毒的行为，需要对公职人员展开吸毒检测工作，保障队伍自身的纯洁性，为提高毒品问题治理能力打造一支纯洁的队伍。

四、公职人员吸毒检测的规制

（一）完善吸毒检测相关的法律法规

一是需要合理设定《禁毒法》、《吸毒检测程序规定》以及《涉毒人员毛发样本检测规范》中涉嫌吸毒的参照情形。目前来看，"涉嫌吸毒"的范围似乎比较宽泛，规定中涉及的主体多以"涉嫌吸毒者"来表述，而针对公职人员展开的吸毒检测活动也似乎是将公职人员当作涉嫌吸毒的主体来对待，但如果这样设定，人人都会成为涉嫌吸毒的主体，这会导致无节制的检测，这种检测既无必要也无可能。因此，需要进一步设定涉嫌吸毒的参照情形，以此为日后处理案件提供辨别依据，这样一来可以减少不必要的司法资源浪费，二来也可以提高公安机关处理涉毒案件的效率，保障公权力的权威性。

二是需要补充完善《禁毒法》、《吸毒检测程序规定》以及《涉毒人员毛发样本检测规范》细则，合理设定检测对象。"法律是社会的产物，是社会的一种制度，任何社会的法律都是为了维护并巩固其社会制度和社会秩序而制定的，法律的使命在于协调各种社会关系。"①例如，目前关于规制吸毒检测活动的法律一般依照的仍是2009年正式颁布、2016年修订的《吸毒检测程序规定》，规定的正当

① 参见付子堂：《法理学进阶》（第5版），法律出版社2016年版，第225页。

性不容否认。但是,随着社会的发展,针对公职人员的吸毒检测工作的普遍展开,公职人员这一检测主体已超出规定所涉及的检测对象,规定中所包含的检测对象被限定在“涉嫌吸毒的人员,被决定执行强制隔离戒毒的人员,被公安机关责令接受社区戒毒和社区康复的人员,以及戒毒康复场所内的戒毒康复人员”。如若将公职人员纳入“涉嫌吸毒的人员”这一范畴,那么社会上的每一个人也都可以被纳入这一范畴,这会导致办案机关的权力被无限放大,人人都可能会因为“涉嫌吸毒”而被调查,这就背离了法治理念的方向,会威胁社会主义法治国家的建设。因此,针对此种情形,在综合考虑各种因素之后,合理设定吸毒检测的对象。

三是需要规范毒品检测技术标准,制定毒品检测实施细则。针对当下毒品检测工作的实际情况,根据毒品检测技术的属性,参照《标准化法》中的标准的制定原则,最大限度地统一国家标准、行业标准和地方标准,保证毒品检测技术标准的科学性、规范性、时效性,提高标准质量。与此同时,也应制定毒品检测工作的实施细则,把握毒品检测工作由谁开展、怎样开展两个大方向;同时也应规定责任承担、权利救济的相关内容,将毒品检测工作规范化、流程化、标准化、有效化,更好地服务于公安机关办理毒品犯罪案件,为提升毒品问题治理能力提供技术保障,为禁毒工作有效开展增添动力。加快制定毒品检测技术实施细则,规范毒品检测技术标准,利于毒品检测、技术的发展,但这一局面如果得不到改善,将不利于毒品检测技术的健康发展,不利于毒品问题治理能力的提升,不利于毒品相关法律的完善发展,长此以往,将会严重阻碍中国特色社会主义法治的建设。

(二)加强吸毒检测工作的监管和救济

一是需要完善司法审查和审批制度。从针对公职人员展开的吸毒检测工作来看,这项工作一般是由禁毒办和各地政府牵头组织,纪委进行监督以此保证检测工作的有效性和真实性。从这个过程来看，吸毒检测工作的展开只需下达一则通知即可展开，这一过程缺乏一定的正当性。吸毒检测作为公安机关办理涉毒吸毒案件的必要手段，这一工作的展开需要合理正当的司法令状，需要将这一活动纳入司法审查中，从工作开始到结束都需要独立的第三方进行监督。因公职人员身份的特殊性，针对公职人员的吸毒检测则更接近于强制检测，这个过程中很容易出现权力滥用的现象，因此要进一步完善相关的司法审查和审批制度。例如，对检测结果有异议而引发的再检测，应当由上级检测机关行使决定权。

二是需要完善申辩等救济制度。从目前针对公职人员展开的吸毒检测工作来看，这个过程在程序上存在一些不合理的地方。例如，有许多程序并不规范，一则通知即可展开吸毒检测工作。设置吸毒检测的初衷是尽快办理涉毒案件，而对公职人员开展的吸毒检测，更多的是保障公职人员队伍建设的纯洁性，消除隐形危害。虽然公职人员这一身份具有一定的特殊性，但是人权保障也不能松懈，因此应为此预留一定的救济空间，允许其对检测结果等事项进行申辩。同时，也应设定相关的应急机制，以防突发危及生命、因检测方或主办方的过错导致被检对象权益受损的情况。

（三）完善公职人员招录、晋升和考核制度

禁毒办下达的通知中，就已明确规定各地各部门要协调开展公务员招录吸毒检测工作。但是从目前的法律法规或相关通知来看，吸毒检测纳入公职人员招录体检这一事项似乎已被"搁浅"，除了各地政府部门下达通知直接展开的公职人员吸毒检测活动之外，没有相关的内容再谈及此事。但是，目前严峻的形势就迫切需要将吸毒检测纳入公职人员招录体检之中，保证这一活动开展的正当性。例如，江苏省在2022年的公务员招录工作中就规定在面试前，省级公务员主管部门应同公安部门对进入面试人员进行涉毒吸毒信息比对，如果被确认为涉毒吸毒人员，将取消其面试资格。这项规定存在的问题是此项涉毒信息并不是在公职人员招录体检时获取的，而是此前已经记录在涉毒系统中的数据。为深入贯彻落实国家禁毒方针政策，提升国家毒品问题治理能力，就需要加强公职人员管理，打造一支纯洁的公职人员队伍，这就需要将吸毒检测纳入公职人员招录体检这一事项尽快提上日程。同时也应将这一事项纳入公职人员的考核、晋升工作中，提高公职人员对毒品问题的防范意识，切实提高自身素质，保障公职人员队伍建设的纯洁性。

（四）保障检测对象的合法权利

人权保障作为宪法的基本原则，理应被贯彻和遵守。公职人员自身作为独立的个体，无论其是否真正涉毒，其作为自然人所享有的权利应然存在。从权利的正当性角度来说，任何一个人在法律面前都拥有不被剥夺的权利。尽管公职人员是国家形象的代表，其一言一行都代表了党、代表了国家，但是利用毛发等方式进行的吸毒检测毕竟会涉及公职人员的部分隐私，这些内容一旦被曝光，就会直接影响其正常的生活。公职人员针对吸毒检测活动，享有一定的知情权，其有权利知晓毒品检测的相关细则，有权利知晓检测结果，有权利知晓和确定自己的相关信息不会被泄露。此外，也要做好个人信息保护工作。在开展公职人员吸毒检测工作时，应特别重视对其信息、隐私的保护，做好相关保障工作，除相关授权检测机关以及主要负责单位外，任何单位或个体都不能随意使用其个人信息。“想要借规范来规整特定生活领域的立法者，他通常受规整的企图、正义或合目的性考量的指引。”[①]因此，为了进一步推进公职人员吸毒检测工作的开

① ［德］卡尔·拉伦茨：《法学方法论》，陈爱娥译，商务印书馆2003年版，第94页。

展，从前期性的检测程序开始，就应当注重检测对象应有权利的保障。

五、结语

公职人员作为国家形象的代表，其一旦沾染毒品，不仅是其自身的堕落，也会影响社会风气，严重损害其所代表的政府形象，因此十分有必要将吸毒检测工作融入公职人员管理工作中，将吸毒检测工作常态化。同时也要注意防范这一工作开展过程中存在的问题，及时有效地调整，这是契合国家禁毒政策的有效路径，同时也是加强公职人员队伍建设的有效途径。

论社区戒毒康复模式下综合诊断评估体系的完善

黄　锐　田俊钦

2008年颁布实施的《禁毒法》,基于我国禁毒工作的实际情况,借鉴其他国家卓有成效的社区矫正戒毒治疗措施,从法律上确定了社区戒毒和社区康复的法律地位,突破了之前以强制隔离戒毒方法为主的封闭性。[①] 社区戒毒社区康复模式,因其社会化、人性化特点突出,在帮助吸毒人员戒除毒瘾方面效果明显,在戒毒工作中显得越来越重要。但在开放性的社区环境中戒毒,如果不加强规范吸毒人员的戒毒诊断评估工作,放任没有真正达到戒毒标准的戒毒人员重归社会,可能会将他们重新推向毒品市场,导致禁毒戒毒工作成效大打折扣。因此,为了巩固我国当前取得的禁毒成效并进一步扩大战果,在现有的诊断评估工作基础上,建立和完善社区戒毒社区康复模式下的综合诊断评估体系显得至关重要。目前所说的戒毒诊断评估,基本上是指强制隔离戒毒阶段的戒毒评估,对于社区戒毒和社区康复模式,则缺乏一个全国性、权威性和规范化的诊断评估标准。综

① 滕炜主编:《中华人民共和国禁毒法释义及实用指南》,中国民主法制出版社2008年版,第1页。

合诊断评估体系，是一个贯穿戒毒矫治全过程的完整的大诊断评估体系，以社区戒毒和社区康复阶段诊断评估为重点，向前延伸至吸毒成瘾认定体系，强戒诊断评估体系，亦可向后延伸至解除社区戒毒康复人员的后续照管。完善的综合诊断评估体系能够促进戒毒成效和戒毒资源利用最大化，有力地推动我国戒毒工作稳步前进。构建综合诊断评估体系，需要在现有的诊断评估法律标准的基础上，弥补其存在的缺陷，以完善的标准指导实践工作，再将完善的诊断评估标准延伸到社区戒毒康复领域，并根据社区戒毒康复的独特性进行适当调整，形成诊断评估体系的全过程无缝衔接，再辅之以改进的吸毒检测技术方法，从而提高诊断评估工作的可靠性。

一、社区戒毒社区康复运行模式

我国于 2008 年颁布了《禁毒法》之后，国务院颁布了《戒毒条例》，确认并细化了以强制隔离戒毒、社区戒毒、自愿戒毒为主，以社区康复为辅，以戒毒康复、戒毒药物维持治疗为补充的戒毒工作体系。①

（一）社区戒毒模式

《禁毒法》颁布以前，我国对吸毒人员仅视为违法者，主要依靠强制隔离戒毒和劳教戒毒等行政处罚措施进行打击。但这样的打击模式并没有完全达到预期效果，吸毒人数规模仍在不断扩大，戒毒人员复吸率居高不下，因此，有必要探讨一种新的方式帮助吸毒人员真正戒除毒瘾。政府逐渐重视对吸毒人员的社会关怀，立足于我国的国情和社会工作实际，借鉴国外社区矫正中的毒品检测措施和有效戒毒经验，开展了社区戒毒的局部试点工作。《禁毒法》第 33 条首次规

① 姚建龙：《〈戒毒条例〉与新戒毒体系之运作》，载《中国人民公安大学学报（社会科学版）》2012 年第 5 期。

定,“对吸毒成瘾人员,公安机关可以责令其接受社区戒毒”,从法律的高度确认了“社区戒毒”的重要地位。这在一定程度上表达了将社会性较强的社区戒毒作为基础性措施,而将具有行政惩罚性的封闭式强制隔离戒毒措施视为戒毒底线的立法意图。① 一般情况下,责令戒毒时可优先考虑社区戒毒,但社区戒毒不是强制隔离戒毒的前置措施。

社区戒毒,是指在户籍地或居住地社区戒毒工作小组的牵头监督下,多方签订社区戒毒协议,整合家庭、社区、公安、司法、卫生以及民政等部门的力量和社会资源,对吸毒成瘾人员实行为期三年的半自愿半约束性质的戒毒措施,包括定期尿检、心理治疗以及就业帮扶等。社区戒毒集戒断、挽救、教育、帮助于一体,目的在于帮助吸毒人员戒除心瘾和毒瘾并正常回归社会,人性化特征突出,具有明显的社会性和开放性,能让戒毒人员在开放的社区环境中戒毒,不割裂其与社会的联系,为其提供各方社会资源与支持,更有利于吸毒人员戒除毒瘾和更好地回归社会,也更符合时代发展对保障人权的要求。

(二)社区康复模式

强制隔离戒毒对严重吸毒成瘾人员进行封闭式管理,使其与社会隔离;戒毒人员在三年期满后面临的最大问题是无法很好地融入社会,一些人可能会自暴自弃,继续回到原有的毒品圈中。针对这些问题,《禁毒法》第 48 条和《戒毒条例》第 37 条都规定,对被解除强制隔离戒毒的人员,强戒决定机关可以责令其接受不超过三年的社区康复。视强戒人员戒除毒瘾的不同情况,可以在社区进行为期不超过三年的身体和心理康复,借由社区康复的开放性和社会性功能,实现强戒人员的生理戒断、心瘾戒断以及再社会化,以巩固戒毒效果,

---

① 姚建龙:《〈戒毒条例〉与新戒毒体系之运作》,载《中国人民公安大学学报(社会科学版)》2012 年第 5 期。

降低重染毒品的可能性，避免解除强戒后直接进入社会所带来的排斥性。这是整个戒治过程的后续保障环节，使戒毒治疗康复模式比以往的更加完善和科学。此外，《戒毒条例》第41条第1款规定：“自愿戒毒人员，社区戒毒、社区康复的人员可以自愿与戒毒康复场所签订协议，到戒毒康复场所戒毒康复、生活和劳动。”由此可见，广义的社区康复范围涵盖了戒毒康复场所中的自愿康复的情况，与以往的规定有显著的区别。

(三)社区戒毒和社区康复的运行管理

社区戒毒以公安机关对吸毒成瘾人员做出社区戒毒决定为前提，即社区戒毒的决定权由公安机关行使，执行权交由城市街道办事处、乡镇人民政府行使，后者负责监管戒毒人员。《禁毒法》和《戒毒条例》规定社区康复参照社区戒毒执行，基本职责和管理方式基本相同。被责令进行社区戒毒(康复)的吸毒人员，在收到由公安机关出具的《责令社区戒毒(康复)决定书》起15日内自行到执行地的戒毒(康复)执行管理机构报到。管理机构将相关信息录入吸毒人员动态管控系统。相关各方签署《社区戒毒(康复)协议书》，对相关戒毒康复活动进行约定。

社区戒毒(康复)工作小组主要由社区干部、社区医护人员、禁毒专干、禁毒民警、志愿者和吸毒者家属组成，负责具体落实戒毒康复措施。制订具体戒毒计划，对尚未生理脱毒的人员，经批准可参加药物维持治疗或到戒毒机构做脱瘾治疗；专人监护管理、定期访谈，每周至少见面一次；对戒毒康复人员进行行为矫正和违规告诫；监督定期尿检情况，三年内社区戒毒尿检不少于22次，社区康复尿检不少于12次；提供戒毒知识辅导、心理咨询服务、就业帮扶和法律援助。

社区戒毒(康复)工作小组每半年依据历次戒毒康复人员尿检结果以及实际戒毒康复表现情况做综合评估，对戒毒康复情况良好、康复期满的人员可作出解除社区戒毒、社区康复的决定;公安机关可责令严重违反协议的戒毒康复人员转入强制隔离戒毒。图 1 为社区戒毒(康复)运行流程图。

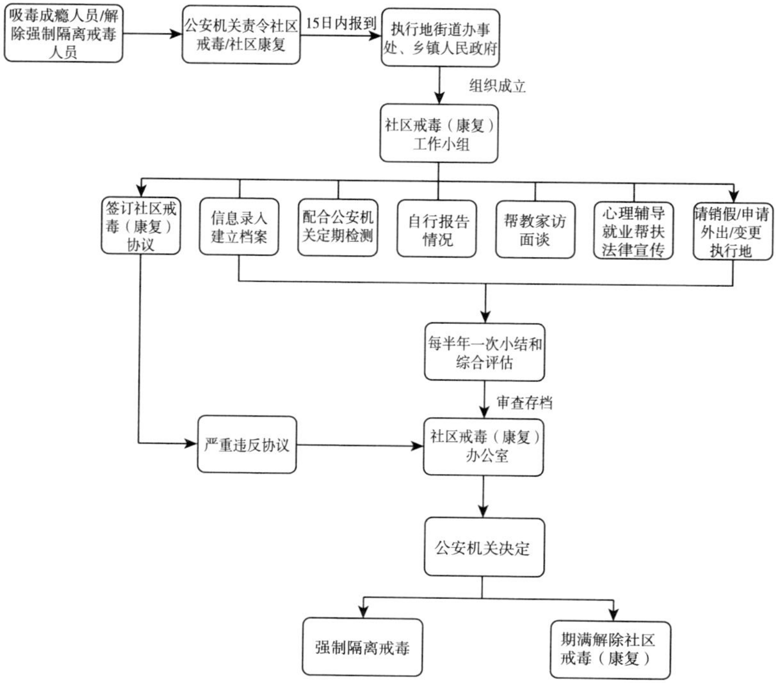

图 1　社区戒毒(康复)运行流程

二、国外一些社区戒毒康复的模式及评估

各国的社区戒毒康复模式都是在各自的毒品问题历史背景、经济社会水平、文化观念、戒毒理念以及长期实践积累的戒毒工作经验等各种因素的影响下建立和发展起来的,各具特色。研究相关国家的社区戒毒康复模式及评估方式,对推动我国社区戒毒康复诊断评估体系的完善具有借鉴意义。

（一）美国社区戒毒治疗模式

美国社区戒毒工作主要通过20世纪70年代成立的社区反毒联合体开展，并将社会各阶层包括家庭、学校、政府机构、医疗机构、新闻媒体及其他社区戒毒组织等力量纳入其中。社区反毒联合体通过下设执行委员会、小组委员会为社区戒毒工作提供详细指导，制订具体计划，协调社区活动并实行同伴教育。[①] 美国的社区治疗康复模式被称为治疗社区模式（TC模式），TC是20世纪50年代兴起于英国的针对具有共同心理问题的集体心理治疗方式，后逐渐应用于毒瘾戒除。TC模式的治疗重点不在于脱毒，而在于对吸毒成瘾人员进行脱毒后的心理治疗、行为矫治、能力培养和人格重塑，主要包括准备治疗期、核心治疗期和重返社会期，在促使吸毒成瘾人员再社会化方面成效显著。

美国对社区戒毒机构的三级评估包括：社区戒毒项目负责人的项目完成情况自身评估、国家毒品管制政策办公室主任对项目负责人工作完成效果的管理评估以及无毒社区咨询委员会对国家毒品管制政策办公室主任工作的第三方审核评估。[②] 自2005年开始，社区反毒联合体除通过管理评估系统提交戒毒工作情况数据外，还需以半年为周期提交所在社区内关于吸毒者第一次吸毒平均年龄、社区内毒品滥用情况、毒品危害普及认知度、对父母反对毒品的了解度4类数据，以不同时间段数据的对比变化反映其每个阶段的工作情况。

（二）英国社区治疗与康复模式

英国政府除通过监狱戒毒、公立戒毒中心开展戒毒工作外，同样

---

① 刘仁菲：《论美国戒毒模式的经验和启示》，载《云南警官学院学报》2016年第3期。

② 吴大华：《美国社区戒毒立法及其借鉴》，载《贵州师范学院学报》2012年第10期。

高度重视社区戒毒工作，一般将社区戒毒工作外包给各种从事戒毒康复的非政府组织（NGO）。社区戒毒主要包括：开展美沙酮维持治疗，免费提供体检评估，为阿片类成瘾者提供21天生理脱毒住院治疗，为复吸者提供重新分析诊断和戒毒治疗，为无家失业吸毒者提供住所和就业援助以及家庭戒治等。

由国家毒品证据中心通过数据的收集与分析，对治疗机构的戒毒治疗效果进行专业评估，主要依据戒毒合同的协议，标准有8条：[①]一是快速生理脱毒（6个月内有无复吸）；二是预防控制吸毒相关传染疾病传播；三是减少吸毒次生犯罪；四是提供就业帮助，实现戒毒者个人的持续性发展和再社会化；五是保障戒毒人员生活需求（有无固定住所和稳定工作）；六是帮助戒毒人员提高生理机能、恢复保持心理健康；七是帮助戒毒人员家庭社会关系缓和化；八是政府根据各戒毒机构的戒毒效果再行付费。

（三）日本的治疗性社区戒治模式

日本的治疗性社区戒毒治疗模式发展较为成熟，社会力量参与面广，主要由厚生劳动省和医院（社区诊所）指导开展戒毒工作，警方不直接参与。此外，社区和志愿者会提供资讯更新、戒毒辅导和防止滥用毒品等方面的服务。吸毒者的戒治工作主要在医院进行，一旦吸毒被查获，首先会被送进医疗机构进行为期2个月的戒毒治疗，生理脱毒为主，辅以心理治疗。在日本，吸毒属于犯罪行为，根据在医院戒治期间的表现，吸毒者会面临服刑与不服刑两种后果。表现良好、积极配合的可以不服刑，即使服刑，服刑的选择种类也很广。可根据吸毒者各自情况选择适宜的刑罚措施，不一定会限制其人身

---

① 秦静：《英国监狱、戒毒康复经验介绍及启示》，载中国政府法制信息网2015年7月27日，http://www.moj.gov.cn/pub/sfbgw/jgsz/jgszzsdw/zsdwsfxzjlzx/sfxzjlzxxwdt/202101/t20210121_133982.html。

自由。

政府部门与社会力量密切协作,形成全链条式的戒治帮扶,从戒毒人员自监狱释放或离开医院后开始进行跟踪,为其提供警察署的暂时保护、保健所的指导访问、精神病医院的尿检、福祉事务所及就业安定所的就业安排,[1]给予戒毒人员多方位帮扶,防止复吸,促其融入社会。日本的戒毒效果评估不单纯追求降低复吸率,而是以社会适应为导向,加大精神健康教育和社会适应性的比重,追求巩固戒毒的长久效果。

三、我国社区戒毒康复诊断评估法律依据及存在问题

对社区戒毒康复人员进行诊断评估的前提是戒毒康复人员被纳入戒毒体系,而根据吸毒检测结果认定吸毒成瘾,是吸毒人员进入戒毒体系的直接依据。因此,社区戒毒康复的综合诊断评估体系不仅指社区戒毒康复期间对戒毒人员进行的诊断评估,还包括前期的吸毒成瘾认定。从前期的吸毒成瘾认定延伸至后期的康复诊断评估认定,这是一个逐步递进的完整体系。作为《禁毒法》和《戒毒条例》的配套措施,2011 年出台(2016 年修订)的《吸毒成瘾认定办法》从实体和程序两方面弥补了上位法"吸毒成瘾"规定的不足之处,进一步明确了吸毒成瘾标准和认定主体资质、认定过程注意事项等重要内容,完善了我国的禁毒法律体系。2013 年颁布的《强制隔离戒毒诊断评估办法》,在对戒毒人员的戒毒效果进行科学评价,对强戒人员进行诊断评估方面,填补了法律依据的空白,推动了强制隔离戒毒工作的有序开展。

戒毒康复诊断评估体系在建立和发展实践中,发现存在取向定

---

① 司法部赴日本戒毒康复培训团:《日本戒毒制度情况介绍及启示》,载《犯罪与改造研究》2019 年第 7 期。

位矛盾、检测主体资质差异较大、诊断评估体系存在缺陷、缺乏连续的社区戒毒康复诊断评估机制等问题,需要进一步完善发展。

（一）吸毒成瘾认定标准存在取向方面的矛盾和问题

我国《禁毒法》第33条和第38条规定,对吸毒成瘾者或成瘾严重者,公安机关可以令其接受社区戒毒或者强制隔离戒毒,但是对于何种程度为“吸毒成瘾”以及如何认定“吸毒成瘾”均未作详细规定。在《吸毒成瘾认定办法》出台之前,禁毒实践中,基本依据1998年公安部《关于对吸食、注射毒品人员成瘾标准界定问题的批复》进行成瘾认定。该批复规定,“有证据证明其吸毒,且查获时尿样毒品检测为阳性的,认定为成瘾”,但是这种成瘾标准过于模糊且不符合吸毒成瘾机理,只能证明吸毒人员近期存在吸毒行为,无法证明其已达到成瘾程度。

2011年公安部发布的《吸毒成瘾认定办法》第2条规定,从医学角度对吸毒成瘾进行界定,即“吸毒成瘾,是指吸毒人员因反复使用毒品而导致的慢性复发性脑病,表现为不顾不良后果、强迫性寻求及使用毒品的行为,同时伴有不同程度的个人健康及社会功能损害”,这在一定程度上实现了对吸毒成瘾“病态说”的回归。① 虽然“使用毒品”一词在一定程度上体现了吸毒人员的违法特性,但更多的还是从医学角度将吸毒人员置于“病人”的定位上。但是第7条对认定吸毒成瘾则规定采取法律标准,需要同时满足三个条件:(1)经人体生物样本检测证明其体内含有毒品成分;(2)有证据证明其有使用毒品行为;(3)有戒断症状或者有证据证明吸毒史,包括曾经因使用毒品被公安机关查处或者曾经进行自愿戒毒等情形。

上述认定标准既强调行为上存在吸毒,也强调吸毒者因吸毒行

① 刘晖:《吸毒成瘾认定标准基本架构——兼评〈吸毒成瘾认定办法〉》,载《贵州警官职业学院学报》2012年第2期。

为受到了一定的身体损害。机体对毒品依赖程度可借由戒断症状表现出来,不同种类毒品的戒断症状也有所不同。海洛因等传统毒品一旦停止吸食或者减少用量,就会出现明显的躯体依赖症状,执法人员很容易对其戒断症状进行认定。但随着我国毒品形势的不断变化,新型合成毒品(以冰毒为代表)已占据主要毒品消费市场。这类新型毒品具有更强的心理依赖性,其戒断症状主要表现为焦虑、渴求用药、抑郁等心理症状,通常没有明显的躯体戒断症状,很容易掩饰,这给执法人员认定戒断症状带来困难。因此实践中为更方便快捷查处吸毒人员,进行成瘾认定时更偏向于使用“有证据证明吸毒史”的标准来代替“有戒断症状”,可能会导致一种情况:不符合吸毒成瘾医学要求的吸毒人员,因其重复吸毒行为被认定为“吸毒成瘾”甚至“严重吸毒成瘾”,从而纳入戒毒体系中。

此外,《吸毒成瘾认定办法》对吸毒成瘾的定义与工作实际中对吸毒人员的处理同样存在立法取向上的不一致。虽然吸毒人员是“违法者”之外更是“病人”和“受害者”,但目前我国对吸毒人员的查处,除基于违法身份给予行政处罚外,社区戒毒社区康复等戒毒措施的运用也带有一定的行政处罚性质,这体现了吸毒人员“高危违法者”的实践定位,很大程度上忽视了其作为“病人”和“受害者”的身份属性。

(二)吸毒成瘾认定主体的资质要求存在较大差异

《吸毒成瘾认定办法》第 10 条和第 14 条分别规定了公安机关和戒毒医疗机构承担吸毒成瘾认定工作所需的资质要求。其中,公安机关承担认定工作的警察需要两年以上相关工作经验、二级警员以上警衔且经培训并考核合格。据此,基层公安机关基本上在职授衔转正的民警即可达到要求,[①]此条件要求并不高。但是对戒毒医疗机

① 全国人民代表大会常委会:《中华人民共和国人民警察警衔条例》,载法律教育网 1992 年 7 月 1 日,http://www.chinalawedu.com/falvfagui/fg22598/32479.shtml。

构的医师资质要求比较严格：三年以上戒毒医疗工作经历，并具有中级以上专业技术职务任职资格。而要取得中级以上专业技术职务，中专学历的须取得初级职称满7年，大专的6年，本科的4年。[①] 吸毒成瘾认定主体的资质要求存在较大的差异，可能会导致当两个主体对同一项认定的结果有出入时，不知该以何种标准判断哪种结果更具说服力。

(三)诊断评估标准体系存在缺陷

1. 针对不同种类毒品的诊断评估标准有缺陷

根据《2018年中国毒品形势报告》，在240.4万名现有吸毒人员中，有冰毒滥用者135万名，约占56.2%，有海洛因滥用者88.9万名，约占37%，与其他种类毒品相比，滥用冰毒者数量最多。以海洛因为代表的阿片类毒品和以冰毒为代表的合成毒品对吸毒人员的作用机制差异较大，阿片类毒品对人体大脑的损害比合成毒品较小，并且是可逆的，通过戒毒康复可恢复70%的大脑功能，[②]而合成毒品不仅对人体损伤较大，而且吸食合成毒品的吸毒人员心理依赖也会更加严重。因此，以同一标准诊断评估吸食传统毒品、合成毒品、第三代毒品，缺乏针对性。

2. 诊断评估标准内容存在主观与客观的冲突

根据全国人大法工委对诊断评估的释义，从戒毒诊断评估的4个维度来看，既对生理脱毒、戒毒人员自身状况、吸毒戒毒的过往经历等客观因素进行评估，也对身心康复、行为表现、适应社会环境能力等主观因素进行评估。对于客观因素，可以通过吸毒检测结果、历

---

① 中华人民共和国卫生部：《中华人民共和国医生职称晋升制度》，载百度文库2018年6月28日，https://wenku.baidu.com/view/58576d505727a5e9856a618f.html。

② 兰菲菲：《论我国强制隔离戒毒法律制度的完善》，电子科技大学2013年硕士学位论文。

史档案记录等获得较为客观稳定的结论，但是对于主观因素，因评估人员和待估人员等主体自身因素的影响，得出的结论的稳定性不高。

诊断评估标准中认知和行为方面的分值占比较大，评分高低主要依据考试和日常奖惩考核等，主观性较强，在体现戒毒效果方面缺乏一定的科学性。主观的判断往往会被刻意伪装过的客观内容所左右，如大多数强戒人员为达到按期或提前解除强制隔离戒毒的目的，往往会功利性地高度服从以争取高分评价，且在诊断评估过程中进行伪装的情况逐渐增多，使诊断评估标准缺乏科学性和公正性，评估结果可能前后不一致，结论失实，给后续的社区康复工作增加了难度。

3. 诊断评估缺乏全国性统一标准

三部委《强制隔离戒毒诊断评估办法》并没有详细规定具体执行标准，实施细则由各省根据本省的戒毒形势自行制定。各省戒毒管理模式不同，对诊断评估实施细则的解读不尽相同，执行标准不统一，因此全国诊断评估具体执行工作也参差不齐，宽严要求程度各不相同，评估人员具有较大的自由裁量权，造成不同地区戒毒人员戒毒效果虚实有别，高低不一。

（四）社区戒毒康复缺乏连续的诊断评估机制

诊断评估办法主要是针对在戒毒所内进行强制隔离戒毒的人员，而目前社区戒毒社区康复的康复评估主要依据是戒毒康复人员的自行报告、每半年一次的小结和效果评估、定期尿检结果，其中尿检结果占据主导性地位。康复评估标准较为笼统单一，缺乏一个较为完善的诊断评估体系。三年内社区戒毒人员尿检不少于 22 次，社区康复人员尿检不少于 12 次，由于评估结果缺乏科学依据，一些地区社区戒毒社区康复人员操守率甚至高达 80% 以上，[①]可信性不高，

---

① 贾忠伟等：《基于互联网 + 和人工智能技术的吸毒人员公共卫生管理模式研究》，载《系统科学与数学》2019 年第 4 期。

有很多被报告 3 年不复吸、解除了社区戒毒社区康复的人员被再次查实复吸。

前期吸毒认定以及诊断评估均有较为科学的总领性标准，而到社区戒毒和社区康复阶段，诊断评估工作缺乏一个类似于《强制隔离戒毒诊断评估办法》的较为科学，具有实操性、权威性的具体指导标准，缺乏对社区戒毒和社区康复诊断评估工作的总领性指导，使整个社区戒毒康复综合诊断评估体系出现断层，缺乏完整连续的诊断评估机制，甚至可能使整个戒毒矫治过程出现“虎头蛇尾”的现象。因此社区戒毒康复亟须以现有诊断评估办法为蓝本，针对社区戒毒康复实际工作情况和要求，制定一个有针对性的科学标准，从而形成连续的诊断评估机制，完善社区戒毒康复的诊断评估体系。

四、社区戒毒康复诊断评估的实践检测方法问题

社区戒毒康复模式下的综合诊断评估自始至终都离不开对戒毒康复人员进行吸毒检测，检测结果能够较为客观地表明戒毒康复人员是否完成生理脱毒、是否复吸，是诊断评估结论的一项重要指标。针对目前实践中社区戒毒康复诊断评估检测方法选择单一，已无法完全满足检测需求的问题，通过分析不同检测方法的各自特性，为社区戒毒社区康复诊断评估检测方法的选择提供科学依据，为诊断评估体系的完善提供可靠的科学技术基础。

（一）诊断评估实践检测方法选择单一

《禁毒法》第 35 条规定，接受社区戒毒的戒毒人员应当定期接受公安机关的检测。《戒毒条例》（2018 年修正）中也有规定，社区戒毒康复人员应当根据公安机关的要求定期接受检测。为规范公安机关的检测工作，公安部根据《禁毒法》《戒毒条例》，制定了《吸毒检测程序规定》。《吸毒检测程序规定》明确了吸毒检测的对象包括涉嫌吸

毒的人员、社区戒毒康复人员、强制隔离戒毒人员以及戒毒康复场所内的戒毒康复人员。

《吸毒检测程序规定》明确规定，检测样本为采集的被检测人员的尿液、唾液、血液或者毛发等生物样本。尿检因具有便捷和成本低等优点，在禁毒实践中被普遍使用并形成了一定程度的依赖性，似乎尿液检测阳性是最有力的吸毒证据。但是，由于尿液检测只能检测出吸毒人员 3 ~7 天内的吸毒情况，即使是在适当的检测时间内也会因为被测者的一些故意造假行为，使常规尿检作用失效。此外，尿液检测容易受到食物、药物或者人体新陈代谢等因素的干扰而呈现出假阳性的结果，且随着我国毒品情势的发展，新型合成毒品已成为毒品消费市场的“主流”，而因尿液检测的技术限制，单一的尿检很难满足新型合成毒品的检测要求，还需要运用其他检测方法进行补充。

（二）诊断评估检测方法技术支撑

当前毒品分析的技术手段主要包括传统的色谱法、色谱质谱联用技术（GC、TLC、HPLC、GC - MS、LC - MS）、免疫法和化学法等，以及分子光谱技术（核磁共振、拉曼光谱、分子印迹技术、傅里叶红外光谱等）。[①] 我国毒品检测的国家标准方法为气相—质谱联用技术（GC - MS）和液相—质谱联用技术（LC - MS），应用较为成熟，能定量检测毒品含量。常见生物检材包括尿液、唾液、血液、毛发等，用于检测人体内毒品代谢物的技术方法也较为成熟可靠。

不同的检测技术手段和生物检材各有优缺点和适用范围，如表 1 和表 2 所示，在实践中可根据戒毒矫治的不同阶段，对吸食不同种类毒品的人员选择更为适宜、有针对性的检测方法，为诊断评估检测工作、完善社区戒毒康复诊断评估体系提供重要的技术支撑。

---

① 赵璟悠等：《拉曼光谱技术在毒品检测应用中的研究进展》，载《中国刑警学院学报》2018 年第 3 期。

表1　不同毒品检测技术方法的应用

技术方法	特性	不足	适用范围
化学检测法	检测方法比较成熟，价廉、易于操作、检测速度快、结论直观	对于含量低、化学结构相似的毒品，不易检出；毒品当中的杂质对于检测的准确性影响较大，结果不能直接作为证据使用①	常用于现场快速检测
色谱法②	灵敏度高、准确度好、重复性好、能定量及定性检测毒品	检测时间长，需要大型仪器，过程复杂，需要专业人士操作	常用于实验室毒品检测，在现场、快速检测毒品方面存在一些不足
免疫分析法③	具有灵敏度高、特异性强和检测成本低的优点，仅适用于定性分析，一般需要通过间接测量方法实现定量	操作方法烦琐，影响环节较多，需严格把控样本采集与保存以及对温度和显色等环节	目前最为流行的快检方法，广泛应用于公安部门、戒毒所、医院及征兵的毒品初筛中
红外光谱法④	无须样品前处理、测试速度快、检测成本低，绿色环保	只能检测较高含量的样品，所以无法出具阴性结论，低含量的样品需送实验室进一步用其他方法进行分析	用于案件现场查获疑似毒品的快速分析

① 华楠等:《毒品的快速检测方法开发及其应用》,载《世界临床药物》2016 年第 3 期。

② 解启文等:《毒品形势分析及检测方法研究》,载《自然杂志》2017 年第 6 期。

③ 华楠等:《毒品的快速检测方法开发及其应用》,载《世界临床药物》2016 年第 3 期。

④ 白燕平等:《红外光谱对毒品定性鉴定的特色优势和应用前景》,载《刑事技术》2019 年第 1 期。

续表

技术方法	特性	不足	适用范围
拉曼光谱法①	对样品具有检验无损、微量、过程快速和无须制备等特点，能快速识别隐藏毒品、痕量毒品	在定量分析毒品方面存在难点	现场快速检测的有效方法，共聚焦显微拉曼适合提取检验痕量物证；表面增强拉曼光谱适合生物检材的毒品检验；空间位移拉曼适用于安检保卫检测隐藏毒品

表 2　不同生物检材毒品检测方法的应用

生物检材	检测时限	特性	不足	适用范围
尿液	3～7 天	快速、无创和易于收集，检测成本最低，结果较可靠	尿液检材易污染、稀释或掺假，易被其他物质干扰	能满足阿片类毒品检测要求
血液②	时效性要求比尿检更高	可以准确定量测定毒品的使用情况	样本获取有难度，兼具一定风险，检测程序较复杂	适合短期检测，不适用现场检测

---

①　赵璟悠等：《拉曼光谱技术在毒品检测应用中的研究进展》，载《中国刑警学院学报》2018 年第 3 期。

②　刘艳：《不同生物检材在毒品检测中的适用》，载《科学技术创新》2019 年第 17 期。

续表

生物检材	检测时限	特性	不足	适用范围
唾液①	12～48 小时	易获取、不侵犯隐私、不易作假、能降低体内杂质对检验的干扰	检测窗口时间短、样品采集装置不完备、对大麻检测灵敏度不高、易污染	现场检测、随机筛查、“毒驾”检测
毛发	长达数月	易获取、性质稳定、易保存、不易作假，检测时限长	毛发中毒品代谢物含量小，内源性杂质较多，要求检测体系具备高灵敏度和高特征性	弥补尿液检测漏检情况，可适用现场检测，可作为司机、征兵等特定检测项目的采集样本

五、完善综合诊断评估体系的建议

社区戒毒社区康复人员的康复情况是评估我国戒毒工作成效的重要指标，因此对康复人员的康复情况依据完善的标准进行客观检测显得尤为重要。针对诊断评估法律标准的不足和检测技术方法较为单一的问题，需要进一步完善和细化康复检测相关法律法规，在诊断评估检测实践中推广毛发检测技术的应用。

（一）强化吸毒成瘾认定条件的医学标准

《吸毒成瘾认定办法》对“吸毒成瘾”进行医学界定，肯定了吸毒成瘾“病态说”，但同时对“成瘾认定”采取法律标准，放宽了成瘾认定条件。虽然将“有戒断症状”的医学要求纳入认定标准中，但实践中公安机关为能快速便捷查处吸毒人员，更偏向于用“有证据证明吸

① 王鑫等：《口腔液体应用于毒品检测的研究进展》，载《中国药物滥用防治杂志》2016 年第 5 期。

毒史”代替“有戒断症状”。

2008年《禁毒法》明确社区戒毒社区康复法律地位之前，我国对吸毒人员基本上采取强制隔离戒毒和劳教戒毒等封闭式戒毒措施，处罚性质较强，体现了对吸毒人员重视打击的形势。《禁毒法》肯定社区戒毒和社区康复等开放式戒毒措施的法律地位，是希望通过社会化的戒毒措施，在吸毒人员康复过程中给予人性关怀，达到帮助其戒除毒瘾重归社会的目的。

新戒毒模式更多地将吸毒者视为需要人性关怀和帮助的受害者和病人，而不单纯是违法者。吸毒者兼具病人的特殊身份，决定了仅依靠惩戒的方式效果非常有限，还需要药物、心理治疗的双重配合才能发挥功效。鉴于吸毒者首先具有“违法者”的属性，对其进行处罚无可厚非，但若重视打击而轻视其“病人”和“受害者”身份，便很难达到《禁毒法》的立法预期。《吸毒成瘾认定办法》规定了吸毒成瘾认定的三个条件。针对第三个条件的“有戒断症状或有证据证明吸毒时”，可进一步细化规定在何种情况下采取“有戒断症状”的标准，何种情况下采用“有证据证明吸毒”，同时应该优先采用“有戒断症状”标准进行吸毒成瘾认定，规范执法人员的认定行为，尽可能确保纳入戒毒体系的吸毒人员符合医学成瘾标准，使对吸毒人员的查处更加符合法律的立法取向。关于“有戒断症状”的参照标准，除2009年卫生部制定《阿片类药物依赖诊断治疗指导原则》和《苯丙胺类药物依赖诊断治疗指导原则》外，应根据我国当前毒品滥用的情形，针对不同毒品种类，尤其是新精神活性物质类的滥用现状，制定不同戒断症状和成瘾程度参照标准。例如，当吸毒人员躯体戒断症状不明显时，可适当通过综合的心理测验量表进行辅助认定。

(二)缩小不同认定主体的资质差异

在同一部法规中对同一项结论的认定主体资质的规定差异较

大,这是不合理的。因此应统一公安机关和戒毒医疗机构的认定主体资质,或者在现有资质规定的基础上,细化规定针对较易认定的吸毒情形可直接由民警认定,认定结论可作为责令进行社区戒毒的直接依据;而对于吸食新型毒品甚至多药滥用等认定难度较大的情形,可由民警进行初步认定,再由公安机关委托医疗机构进一步认定,两次认定结论基本一致即可作为采取戒毒措施的依据。

(三)完善强戒诊断评估标准

毒瘾的戒除是一个循序渐进的过程,特别是心瘾的戒除是漫长而又反复的,因此需要理性看待戒毒过程。诊断评估能够使帮教人员较为准确地把握戒毒人员不同阶段的真实情况,使矫治措施的运用更有针对性,有利于帮助戒毒人员清晰认识自我,树立戒毒信心。

在现有诊断评估标准的基础上,应该进一步根据传统毒品和合成毒品甚至第三代毒品对吸食人员身心产生的不同危害的程度,制定细化康复评估标准,有针对性地对吸食不同种类毒品的人员进行诊断,使矫治措施更加高效。现有的诊断评估从 4 个维度看似乎目标清晰,但是规定比较笼统,致使实践中各省由于对实施细则的理解不同而存在多重标准。因此应制定全国统一性的、具备实操性的、科学的、细化的评估标准,尤其是在主观性评估标准方面,使全国的诊断评估以及后续矫治的宽严要求基本一致,符合公平公正要求。对每一项评估标准,应细化规定考察哪些项目,每一个项目评分“合格”或“不合格”的标准是什么,是与正常人标准进行比较还是与戒毒人员戒毒前期情况进行比较。

(四)建立连续的社区戒毒康复诊断评估机制

为使社区戒毒社区康复真正达到帮助吸毒人员戒除毒瘾的目的,需要制定一个科学完善的康复诊断评估标准。可以在完善现有强制隔离戒毒诊断评估标准的基础上，将其延伸至社区戒毒社区康复中，保证戒毒人员在不同阶段诊断评估标准的一致性，并根据社区戒毒康复人员与强制隔离戒毒人员的不同身心特点，以及社区戒毒和社区康复措施的设置意义，做出适当的调整，使检测更加科学真实，给予戒毒康复人员人性化关怀，达到心理脱毒目的，促使其正常融入社会，戒毒成果更加真实客观。

在巩固前期生理脱毒成果的基础上，重点监测戒毒康复人员心理及行为波动变化，将戒毒人员行为、认知、意识、情绪、人格形成和发展障碍等深层次因素，以及戒毒康复人员的危险性变化、心理异常表现、戒毒康复能动性等纳入诊断评估范围，并且加强诊断评估中的心理评估比重和专业技术含量，增强对个体戒断情况的判断能力。科学专业的心理评估能够真正显示更为内在和深层次的情况，从心理学角度全面把握戒毒康复过程中的个体变化，从生理和心理方面进行较为全面客观的诊断评估，采取针对性的矫治措施，逐步完善贯彻戒治全过程、功能齐全的社区戒毒康复诊断评估体系。同时借鉴美国的戒毒评估工作经验，建立戒毒康复工作落实管理情况的评估标准，可以将戒毒康复人员对工作开展情况的评估制度化，作为社区戒毒康复工作评估的重要参考，通过戒毒工作的双重双向评估的标准化规范化，进一步完善发展社区戒毒康复综合诊断评估体系。

（五）推广实施毛发检测技术

目前毛发检测技术已经较为完善，其科学性已由多项实验论证，例如定性检测甲基苯丙胺，实验证明以毛发为样本，其检测阳性率明显高于尿液样本，尤其是在最后一次吸毒时间超过 72 小时且不承认吸毒的嫌疑人员的成瘾认证中优势明显。2018 年公安部颁布的《涉毒人员毛发样本检测规范》再次确认了毛发检测的法律效力，并使毛发检测有法可依、有规可循。相比目前禁毒实践中常用的尿液检测，依据毛发中是否含有毒品代谢物的结论，可以更客观地分析吸毒人员的吸毒史，从不同分段部位头发中毒品成分含量的检测情况，推测出吸毒人员数月至数年内滥用毒品的用量、种类和性质等相关信息。

目前浙江省已建立毛发吸毒检测的地方标准，创新应用毛发吸毒检测技术，极大降低了社区戒毒社区康复对象的复吸率。统计数据显示，浙江 2017 年年底的社区戒毒社区康复对象的戒毒操守率比 2015 年年底的提高了 14.92%。实践证明，毛发检测技术是推动社区戒毒社区康复和吸毒人员查控工作的有力抓手，应在全国各地有序开展相关培训，推广应用毛发检测，与尿液检测方法相互补充，使康复检测结果真实有效。图 2 所示为社区戒毒康复模式下完善诊断评估体系的建议。

六、结论

社区戒毒社区康复作为戒除毒瘾的主要措施，因其开放式、社会化、人性化特点，在对吸毒人员管控、帮扶和社会融入方面作用显著，未来在戒毒工作中的运用将会不断加强。但也正因为处于开放的社区中进行戒毒康复，吸毒人员面临的复吸诱惑也更大，因此诊断评估工作更应规范化。综合诊断评估体系的完善是一项涉及多方面的工作，现阶段可首先将重点放在法律标准体系的完善上；其次，以当前毒品检测技术研究为支撑，创新推广毛发检测技术应用；最后，后期在实践中不断检验综合诊断评估体系的运转，通过理论与实践的不断反馈和凝练，持续推动体系的完善。

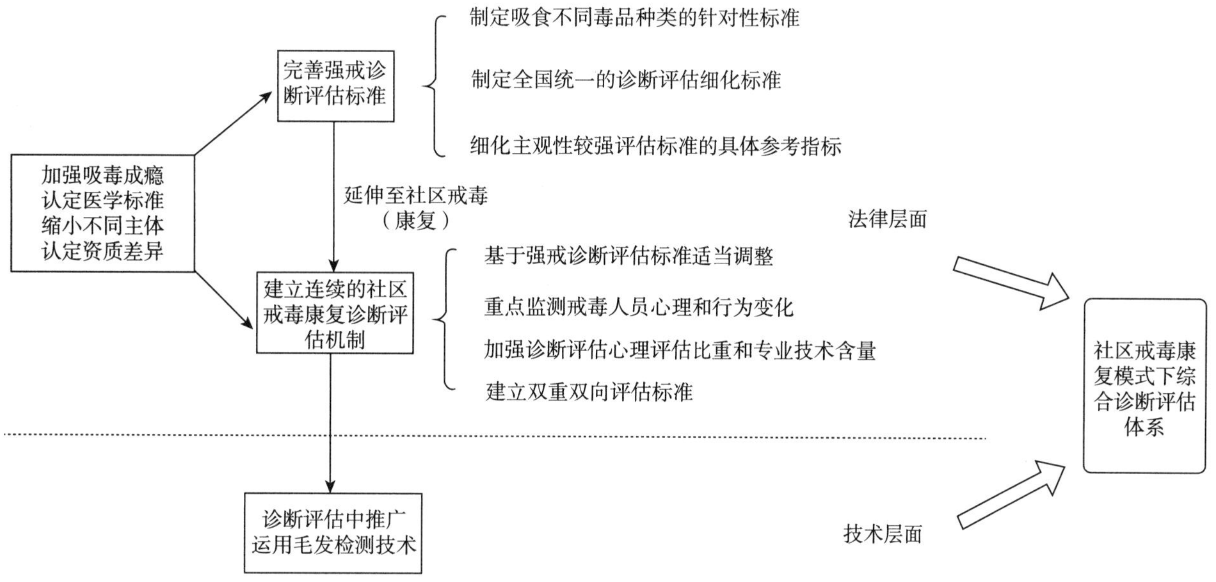

图2　社区戒毒康复模式下完善综合诊断评估体系的建议